Florian Schmitz

Erzähl mir von Deutschland,

SOUMAR

Florian Schmitz

Erzähl mir von Deutschland, SOUMAR

Wie mir ein syrischer Flüchtling mein Land näherbrachte

Bibliografische Information der Deutschen Nationalbibliothek:
Die Deutsche Nationalbibliothek verzeichnet diese Publikation in der
Deutschen Nationalbibliografie; detaillierte bibliografische Daten sind im
Internet über http://d-nb.de abrufbar.

Für Fragen und Anregungen:
info@rivaverlag.de

1. Auflage 2017
© 2017 by riva Verlag, ein Imprint der Münchner Verlagsgruppe GmbH
Nymphenburger Straße 86
D-80636 München
Tel.: 089 651285-0
Fax: 089 652096

Redaktion: Petra Holzmann
Umschlaggestaltung: Verena Frensch
Umschlagabbildung: Chalabala/istockfoto.com
Abbildungen Innenteil: © Florian Schmitz
Satz: Daniel Förster, Belgern
Druck: GGP Media GmbH, Pößneck
Printed in Germany

ISBN Print 978-3-7423-0159-8
ISBN E-Book (PDF) 978-3-95971-607-9
ISBN E-Book (EPUB, Mobi) 978-3-95971-608-6

Weitere Informationen zum Verlag finden Sie unter

www.rivaverlag.de

Beachten Sie auch unsere weiteren Verlage unter www.m-vg.de.

INHALT

PROLOG – RÜCKKEHR
IN EINE FREMDE STADT

Auf matt-glänzenden Schienen verlässt die S-Bahn den Flughafentunnel in Richtung Zentrum. Mein erster Blick fällt auf das Bestattungsforum Hamburg-Ohlsdorf. Wie ein Krematorium erhebt sich das blutrote Gebäude aus dem Grün des Friedhofs. Bilder von Konzentrationslagern kommen mir in den Sinn, und ich frage mich, ob es dem amerikanischen Rentnerehepaar, das vor mir in den Zug gestiegen ist, wohl ähnlich geht.

Es ist Anfang Februar. Die S-Bahn hält und trotz der ungewöhnlich milden Luft, die durch die offenen Türen in den Wagon strömt, beginne ich zu frösteln. Es ist mein erster Besuch in Hamburg. Als gebürtiger Ruhrpottler und nach zwölf Jahren Wahlberliner-Dasein bin ich im Dezember 2013 nach Griechenland gezogen. Ich vermisse nicht viele Dinge in Deutschland. Warum auch? Mein Umzug nach Hellas war eine längst überfällige Flucht aus dem Berliner Dschungel un- oder schlecht bezahlter Arbeit. Der Riesenstapel erfolgloser Bewerbungen hat lange und tief an meinem Selbstwertgefühl genagt. Perspektivlosigkeit. Deutschlands Nachricht an mich: »Ich brauche dich nicht.« Und wenn die Heimat einem so etwas permanent ins Ohr flüstert, muss man ihr nolens volens den Rücken kehren. Eines aber vermisse ich manchmal in Griechenland: den Regen. Regen und Kälte. In Gedanken an die unzähligen, nasskalten Junitage in

Deutschland ist das vielleicht erst einmal schwierig nachzuvollziehen. Aber wenn man in einem Land aufgewachsen ist, in dem man selbst im Juli immer auf Regen vorbereitet ist und in dem es angeblich nur falsche Kleidung aber kein schlechtes Wetter gibt, vermisst man die Witterung auf einmal. Im letzten August, an einem dieser Tage, an denen Thessaloniki in einer vierzig Grad heißen Glocke aus verdampfendem Meerwasser vor sich hin garte, lag ich bewegungslos auf meinem Bett. In meinem eigenen Schweiß badend habe ich ein deftiges 6-Gänge-Weihnachtsmenü zusammengestellt. Ich hatte die Hoffnung, dass die Gedanken an etwas Winterliches Abkühlung bringen würden. Geholfen hat schlussendlich die Hoffnung auf Wind auf dem Balkon in Verbindung mit kaltem, *sehr* kaltem Weißwein. Das ist keine Beschwerde. Es ist lediglich die Feststellung, dass Kälte nicht per se etwas Negatives ist. Im Gegenteil. Der Winter in Deutschland hat etwas Kontemplatives. Momente mit Tee und Büchern. Lange Spaziergänge durch den Berliner Januar. Kalte, frische Luft. Auf mich wirkt es oft unfreiwillig komisch, wenn die Menschen auf den Straßen von Thessaloniki bei Temperaturen über dem Gefrierpunkt in eines der wenigen Schneegestöber geraten und sich angsterfüllt den Schal ins Gesicht pressen. Und jetzt sitze ich hier, den milden, griechischen Winter in den Knochen und fröstle so vor mich hin. Vielleicht ist es ja auch nur der Ohlsdorfer Hauch des Todes, der vom Friedhof aus in die öffentlichen Verkehrsmittel weht.

Ich habe mich inzwischen an Thessaloniki gewöhnt, oder an mein ›Fremdsein‹ in Griechenland überhaupt. Vielleicht habe ich mich so an Thessaloniki gewöhnt, dass mein Fremdsein keine Rolle mehr spielt oder von der täglichen Routine zwischen Beruf und Privatleben schlichtweg überdeckt wird. Hier, zurück in Deutschland, fällt mir abgesehen von der Kälte nichts auf. Erst zum dritten Mal seit meiner Wirtschaftsflucht gen Süden betrete ich wieder heimatlichen Boden – und ich hatte es mir irgendwie spektakulärer vorgestellt.

Okay, heimatlicher Boden ist wohl etwas übertrieben. Ich war noch nie in Hamburg. Ich bin als Tourist hier. Mehr noch: Ich bin als Tourist in Deutschland. Trotzdem erkenne ich die Umgebung wieder – unwillkürlich. Die Architektur der Wohnhäuser, die Sauberkeit des Zuges, die tiefen Wolken am Himmel, die winterkahlen Bäume. Mein Blick streift die vorbeifliegenden Werbetafeln und Schilder. Ich verstehe, ohne zu lesen. Um mich herum höre ich Deutsch und ich verstehe, ohne zuzuhören. Ich verstehe, ohne verstehen zu wollen oder zu müssen. Irgendein Typ hinter mir sagt, wie geil es wäre, im Lotto zu gewinnen, gleich danach, dass er jede Nacht vom Sterben träume. Außerhalb meines Sichtfeldes erzählt eine Frau, die von ihrem Begleiter mit Laura angesprochen wird, wie man Kindern mit Migrationshintergrund Sprache und Kultur vermittelt. Drei pubertierende türkisch- oder arabischstämmige Mädchen tauschen sich über ihre Lehrstellen aus – auf Deutsch natürlich. Eine von ihnen trägt ein Kopftuch. Ich bin in Deutschland. Ich erkenne es wieder, obwohl ich fremd bin in Hamburg. Ich erkenne es anders wieder als Orte in Griechenland, an denen ich anders fremd bin. Ich schaue mich um und weiß, wo ich bin; ob ich will oder nicht.

Umsteigen am ZOB. Ich stehe in der Wartehalle des Zentralen Omnibusbahnhofs in Hamburg. Viele Sitzmöglichkeiten gibt es nicht. Dafür wird der Innenraum fast flächendeckend von einem Treppenbau eingenommen, der zur Bürogalerie im ersten Stock führt. Am Geländer hängt ein Schild mit der Aufschrift ›Outstanding Structure Award‹, wobei der Fokus auf ›Standing‹ liegt. Als ich mich zum Abfahrtspunkt begebe, steht mein Bus nach Bremen schon bereit. Ungefragt will ich meinen Businessrollkoffer im großen Gepäckraum verstauen. Sofort kommt der Fahrer auf mich zugestürmt und fragt: »Wohin?«

»Nach Bremen.«

»Gepäck auf die andere Seite.« Ich gehorche wortlos, verstaue den Koffer nach Anweisung und steige mit meinem Rucksack in den Bus.

»Wenn der Rucksack nich' in dat Ablagefach passt, dann unten rein. NICHTS kommt mir hier auffn Boooden.« Bei dem Wort ›nichts‹ überschlägt sich die ruhrpottakzentuierte Stimme dramatisch. Seine emotional-unkontrollierte Vorsichtshaltung rührt mich. Er hat diese deutsche Mein-Bus-meine-Regeln-Mentaliät, die ihm eine gewisse Autorität verleiht, ganz so, als habe ein Fahrgast keine Ahnung von den Mysterien des Busfahrens.

Aus den Lautsprechern dringt türkische Popmusik. Wir parken gegenüber der Dönerbude ›Soul Kebap‹, wo ich kurz vor der Abfahrt für geschlagene ein Euro fünfzig eine kleine Flasche Erikli-Wasser erstanden habe. »Quellwasser vom Gipfel des Uludag«, steht auf dem Etikett. Moment mal. Uludag ist ein Berg? War das nicht dieses türkische Erfrischungsgetränk?

Ein Passagier mit schwarzer Hautfarbe steigt ein. Dem wachsamen Busfahrer entgeht das nicht. Mit weit aufgerissenen Augen starrt er auf die Isomatte, die der nichtsahnende Reisende in seinen Händen hält.

»Dat in den Gepäckraum. DAS! GEPÄCKRAUM!!«

Dabei gestikuliert er wild mit den Armen, wohl in der Hoffnung, auf diese Weise die sprachlichen Barrieren zu überwinden. Der geistesgegenwärtige Passagier kombiniert richtig und beugt sich den Auflagen widerstandslos.

Wir setzen uns in Bewegung. Per Mikrofon begrüßt uns der Fahrer mit weiteren Instruktionen.

»Willkommen auf der Fahrt von Hamburg nach Duisburg via Bremen, Münster, Bochum und Essen. Bitte bleiben Sie während der *gesamten* Fahrt angeschnallt. Zu Ihrer *eigenen* Sicherheit.«

Selbst Passagieren, die kein Deutsch sprechen, entgeht die dringende Betonung auf *gesamt* und *eigenen* nicht.

»Wie Sie sehen, befindet sich in der Mitte des Busses auch 'n Klo. Dat Klo ist unbedingt sauber zu halten. Dat heißt: Auch die Männer SETZEN – SICH – H I N. Auf der Hinfahrt hatte dat jemand wohl vergessen. Könn' Se sich ja vorstellen, wie dat aussah. Also, HINsetzen. Ansonsten wünsche ich Ihnen eine angenehme Fahrt.«

Glück auf, Herr Busfahrer! Wir sind bereits auf der Autobahn. Es ist dunkel, als wir in die Stadt hineinfahren. Obwohl es eigentlich nichts Besonderes zu sehen gibt, blicke ich interessiert aus dem Fenster. Das ist also Bremen. Dem ersten Blick auf diese Stadt, die ich noch nie wirklich gesehen habe, haftet der herbe Duft von Realität an. Es ist dieser entzaubernde Moment, wenn die reine, naive Vorstellung von einem Ort auf die 70er-Jahre-Sozialbauten prallt, die man direkt neben die Autobahn gebaut hat und die auf die Bilder der gut erhaltenen Altstadt ein Licht des Zweifels werfen. Wir fahren auf einer langen Straße und schlängeln uns durch den Feierabendverkehr. Bis dato war mein einziger Kontakt mit Bremen der Bahnhof, und das immer nur dann, wenn ich mit dem Wochenendticket von Berlin in den Pott gefahren bin. Jetzt befinde ich mich mittendrin. Ehrlich gesagt, weiß ich kaum etwas über die Stadt. Weser, Becks und Werder. Während ich mir ein Bierchen am Fluss durchaus vorstellen kann, scheidet Fußball für mich aus. Selbst die WM und der vierjährliche Patriotismus samt angestautem Schwarz-Rot-Gold-Wahn lassen mich grundsätzlich kalt. Der Bus fährt am Bahnhof vorbei und dreht. Dann hält er unvermittelt an und die Türen gehen auf. Ich steige aus, blicke mich um und stelle fest, dass der ZOB in Bremen weder ein Gebäude, noch sonst irgendeine Spur von Infrastruktur aufweist. Der sogenannte Busbahnhof ist nicht mal ein Standstreifen, sondern reine Bordsteinkante. Gerade noch ›Outstanding Structure Award‹ und jetzt mit dem Rollkoffer im Bremer Hauptstraßen-Rinnsal. Ich laufe zurück in Richtung Bahnhof. Und dort, vor dem Haupteingang, steht wie verabredet Soumar.

RÜCKBLENDE – WIE ALLES BEGANN

Die großen Fähren, die die Inseln der griechischen Ägäis mit Athen verbinden, sind nach der Hauptsaison im Juli und August eigentlich leer. Die meisten Touristen sind wieder zu Hause. Nur ein paar wenige Nachzügler, kinderlose Nebensaisonbucher oder die Inselbewohner fahren zu dieser Zeit noch mit den Schiffen. Im Sommer 2015 ist alles anders. Schon seit Ausbruch der sogenannten ›Kriege gegen den Terror‹ im Irak und in Afghanistan erreichen Flüchtende die griechischen Inseln. Seit Jahren warnen Menschenrechtsorganisationen vor einer Eskalation. Die Zustände im Flüchtlingslager Amygdaleza in der Nähe von Athen sind katastrophal. Die faschistische Partei Goldene Morgenröte profitiert von der Not, die die Kriege im Nahen Osten mit sich bringen. Bei den griechischen Neuwahlen im Sommer 2015 konnte sie sich als drittstärkste Partei im Parlament neu behaupten. In Athen kontrolliert sie ganze Stadtteile.

Schon im Vorjahr hatte ich für ein Interview am Rande des Dokumentarfilmfestivals Thessaloniki die Münchnerin Anna Brass getroffen. Die Studentin war mit ihrem Film ›Leaving Greece‹ zu Gast, in dem sie minderjährige Asylsuchende begleitet, die auf der Ägäis-Insel Lesbos festsitzen und nach Deutschland wollen. Schon zu diesem Zeitpunkt sind die griechischen Behörden hoffnungslos überfordert mit dem Andrang. Warnende

Hilferufe gen Westeuropa werden ignoriert. Geflüchtete Kinder liegen anonym auf dem Friedhof von Patras begraben. In der Regel sind die Minderjährigen allein unterwegs. Ihre Familien in Afghanistan, dem Irak oder in Pakistan mussten große Opfer auf sich nehmen, um ihnen eine bessere Zukunft zu ermöglichen. In Griechenland erleben sie den europäischen Nimbus der Perspektivlosigkeit. Dabei war ihr Ziel nie Südeuropa, sondern Deutschland, Österreich, England oder Schweden.

»In Athen saß ich mit meinem afghanischen Protagonisten im Alexander-Park, um ein Theaterstück zu sehen. Dann sind wir von irgendeinem Typen aufgefordert worden zu gehen«, erzählt Anna Brass von einer Begegnung mit dem alltäglichen Faschismus im Krisen-Europa. All das liegt schon einige Jahre zurück.

Im Sommer 2015 ertönt in den Bahnhofshallen in Deutschland tosender Applaus. In großen Zahlen erreichen Flüchtende aus den Krisengebieten Westeuropa und finden nun auch bei der breiten Masse Beachtung. Derweil sitze ich mit meinem griechischen Schäferhund Nondas an Deck einer Fähre und schippere durch die Ägäis. Wir sind nicht allein. Mit uns reisen Hunderte von Kriegsflüchtlingen aus dem Nahen Osten. »Das Boot ist voll«, könnte man bei PEGIDA und AfD geistreich scherzen.

Ich fühle mich unangenehm privilegiert. Während ich ganz mondän in den Urlaub fahre, treffe ich hier auf Menschen, die in viel zu großen Gruppen mit fragilen Gummibooten von der türkischen Küste auf irgendeine griechische Insel verfrachtet wurden. Viele unter ihnen kennen Menschen, die auf dieser Überfahrt ertrunken sind.

Die große Mehrheit der spätsommerlichen Mitreisenden steigt in Lesbos zu. Über die gesamte Fläche des Hafengebiets erstrecken sich Zeltlandschaften. Die täglichen Berichte in den Medien werden dem wahren Ausmaß der Situation kaum gerecht.

13

Mein Hund Nondas ist ein wahrer Publikumsmagnet. Menschenhorden stürmen auf ihn zu, um ihn zu streicheln oder ihn mit dem Handy zu fotografieren. Dank seines diplomatischen Geschicks komme ich ins Gespräch mit den Leuten, ohne mich zu meinem vorformulierten Journalisten-Intro überwinden zu müssen. Die meisten, mit denen ich rede, sind aus Syrien, ein paar wenige aus Afghanistan. Lehrer, Ingenieure, Ärzte, Rechtsanwälte. Es scheint, als sei die syrische Mittelklasse unterwegs auf einer Kollektivkreuzfahrt. Alles zahlende Fahrgäste, die nach den Unsicherheiten der letzten Wochen zum ersten Mal so etwas wie Freizeit haben. Die Stimmung ist gut. Die Fährrestaurants machen das Geschäft ihres Lebens. Die Mitarbeiter haben inzwischen einige Sätze Arabisch gelernt. Sie warnen vor Schweinefleisch und legen stattdessen ein Geflügel-Sandwich nach dem anderen auf die Theke. Eltern spielen mit ihren Kindern, Jugendliche sitzen lachend in der Sonne und trinken Cola, ein altes Ehepaar hält sich im Arm und schaut aufs Meer hinaus. Als wir an der Insel Ikaria haltmachen, steige ich aus. Während ich mich auf Schnorcheln, Lesen und Fischrestaurants freue, fährt die syrische Mittelklasse weiter in Richtung Athen. Die Reisezeit ist günstig. In etwa drei Wochen wird Ungarn die Grenzen schließen. Im Februar 2016 auch die ehemalige jugoslawische Republik Mazedonien.

Sieben Tage später stehe ich wieder am Hafen von Ikaria. Aus den 47er-Flipflops ragen meine Beine, auf deren naturmilchweißer Haut sich eine leichte Röte ausbreitet. Auf dem Boot herrscht bereits reges Treiben. Wie auch in der Woche zuvor besteht die Großzahl der Passagiere aus Flüchtenden. Nondas' PR-Magnet läuft auf Hochtouren und ich halte mich bereit. Mein Plan: Während der achtstündigen Fahrt nach Athen so viele O-Töne wie möglich einzufangen. Plötzlich verliert mein Hund seine professionelle Contenance und zieht in Richtung Individuum. Es ist Liebe auf den ersten Blick. Vor uns steht ein Typ, Mitte bis Ende zwanzig, etwa einen Meter siebzig groß, ungeduscht und mit Wanderrucksack auf dem Rücken. Zehn Zentimeter Körpergröße trennen ihn von meinem Backpacker-Ich. Er überschüttet meinen Hund mit Komplimenten und erzählt, dass er seine Katzen in Syrien zurücklassen musste. Wir kommen ins Gespräch und ich vergesse die Dutzende von Interviews, die ich eigentlich führen wollte. Soumar ist 29 und kommt aus Damaskus. Er hat in Aleppo Ingenieurwissenschaften studiert. Ein Bombenangriff auf die Universität hat seinem Examen ein jähes Ende bereitet. Wie die meisten Flüchtenden will auch er nach Deutschland. Neben seinen Katzen hat er seine beiden Brüder und Schwestern, die Eltern und seine Schwägerin zurückgelassen, eine Amerikanerin, die trotz des Krieges an der Seite ihres Mannes bleibt, in der Hoffnung, dass der Terror und das Blutvergießen bald ein Ende finden.

Die Kykladen präsentieren sich von ihrer besten Seite. Eine Insel nach der anderen erhebt sich aus dem Wasser. Während wir an ihnen vorbeiziehen, verwandeln sie das Mittelmeer in eine sich ständig neu erfindende Landschaft. In unmittelbarer Nähe überholen uns Delphine. Die frühabendliche Sonne ist angenehm warm und taucht die Umgebung in ein leichtes Orange, durch das der Seewind den Duft der heißen Inselsteine bis an die Reling und in die Nasen der vielen Reisenden trägt. Das ganze Flüchtlingsdrama wird in eine Wolke aus Kitsch gehüllt, unter der Nationalität, Status und Durchschnittseinkommen für einen kurzen Moment keine Rolle spielen. Tourist, Krisengrieche oder flüchtende Mittelklasse: Die Katalogatmosphäre verbreitet heilsame Gleichgültigkeit.

Wir fahren an Mykonos vorbei. Reiche Europäer und Amerikaner lassen sich an zu Tode organisierten Stränden 20-Euro-Cocktails servieren. Währenddessen erzählt Soumar von der Welt, die er zurückgelassen hat; einer Welt, in der er seit Jahren nicht mehr ruhig schlafen konnte. Er erzählt von den vielen militärischen Kontrollpunkten in Damaskus, die das natürliche Chaos der Stadt zerstört und das Leben zu einem sich zäh dahinziehenden Dauerwarten degradiert haben. Er erzählt, wie bewaffnete Terroristen in seine Wohnung in Aleppo eindrangen und er in letzter Sekunde fliehen konnte. Später, in einem unserer vielen Interviews, wird er mir lachend erzählen, dass laute Geräusche, wie die Fehlzündung eines Motorrades oder das Fallen von Metall auf Asphalt auch in Bremen die Erinnerung an explodierende Bomben hervorrufen. »Was machst du dann?«, werde ich ihn fragen. Er wird antworten: »Weißt du, ich habe eine Regel. Solange du das Geräusch noch hörst, bist du am Leben und dann ist alles in Ordnung.«

Soumar und ich sitzen an der Reling. Das Meerwasser spritzt uns ins Gesicht, wir rauchen selbst gedrehte Zigaretten, stoßen auf den Atheismus an und lachen viel. Er passt so gar nicht in meine Vorstellung eines Flüchtenden. Die ganze Stimmung passt nicht zu dem, was ich mir ausgemalt hatte. Ein etwa dreizehnjähriger Junge spielt mit seinem kleinen Bruder Fußball. »Wo willst du hin?«, frage ich ihn.

»Dortmund«, antwortet er lachend und zeigt auf sein BVB-Trikot. Eine Menschentraube drängt sich um zwei Athener Hippies, die Saxofon und Gitarre spielen. Hipstertraumschiffparty. Ich besorge uns Bier. Die Sonne ist inzwischen untergegangen. Da sitzen wir und trinken Alkohol. Was soll man auch sonst tun in dem Wissen, dass ich in wenigen Stunden im Auto nach Thessaloniki sitzen werde, während Soumar seine Flucht vor Krieg und Gewalt fortsetzt? Natürlich biete ich an, ihn mitzunehmen nach Nordgriechenland. Er lehnt ab.

»Ich muss bei meinen Leuten bleiben«, erklärt er und zieht an seiner Zigarette. Eine Zeitlang sagen wir nichts. Je näher wir

Athen kommen, desto mehr rückt die Nacht die Verhältnisse wieder in ihren Ist-Zustand. Ja, hier sitzen wir, zwei Atheisten: ein Syrer auf dem hoffnungsvollen Weg nach Deutschland und ein Deutscher auf dem Weg nach Hause, nach Thessaloniki. Unsere Wege werden sich trennen. Ich werde arbeiten gehen, meine Wohnung mit Sicht auf den Olymp und den Thermaischen Golf putzen und beim Gassigehen mit den Nachbarn im Park über den griechischen Krisenalltag reden. Soumar hat den schwersten Teil der »Reise«, wie er seine Flucht bezeichnet, noch vor sich.

»Wo willst du eigentlich hin, wenn du in Deutschland bist?«, frage ich ihn.

»Nach Bremen!«

Mein Helfersyndrom windet sich vor Enttäuschung. Ich hatte es mir so schön zurechtgelegt: Alle meine Freunde in Berlin wollte ich anrufen. Ihm Wohnraum organisieren. Ich hatte ihn schon tanzend und trinkend im Kreuzberger Nachtleben imaginiert. Was will er denn in Bremen?

»Warum Bremen?«, frage ich.

»Eine Freundin von mir wohnt da und ich kann bei ihr bleiben.«

Gut. Das muss ich wohl akzeptieren. Da hat jemand einen Plan. Wir verbringen die restliche Zeit damit, nützliche Begriffe und Wortwendungen der deutschen Sprache auf ein Blatt Papier zu kritzeln:

»Wann fährt der Zug nach Bremen?«

»Wie viel kostet ein Bier?« »Wie viel kosten zwei Bier?« »Eins, zwei, drei, vier, fünf, sechs, sieben, acht, neun, zehn.«

»Ich bin Syrer und brauche Asyl.«

Die Lichter von Athen rücken immer näher.

»Wie kommt ihr nach Nordgriechenland?«, frage ich.

»Mit dem Bus«, antwortet Soumar.

Mit meinem Handy versuche ich den korrekten Abfahrtsort in Athen zu lokalisieren. Dann stellt sich heraus, dass Privatunternehmen, vermutlich vom Staat beauftragt, Busse zur Verfügung stellen, die die Asylsuchenden direkt nach Eidomeni an die griechisch-mazedonische Grenze bringen. Die Fahrt mit dem regulären Überlandbus von Athen nach Thessaloniki kostet etwa 50 Euro. Die Privatbusse geschlagene 120 Euro. Pro Kopf. Das ist ein gutes Geschäft, denn an diesem Punkt ihrer Reise verfügt die syrische Mittelklasse noch über Kapital. Natürlich haben die 1500 Dollar für den Schlepper, der sie mit dem Gummiboot von der Türkei nach Griechenland gebracht hat, die Reisekasse um einiges erleichtert. Die Fähre schlägt dann mit etwa 50 Euro zu Buche. Mein eigenes Ticket hat 30 Euro gekostet, plus Auto, aber es war ein super Angebot im Internet. Für Menschen auf der Flucht stand es leider nicht zur Verfügung. Da haben die Fährunternehmen Fixpreise festgelegt.

Das Schiff legt an. Wir verabschieden uns und ich fühle mich hilflos. Hilflos für ihn, der jetzt mit seinen Begleitern am Rande des fremden Europas steht, auf dem Weg in meine Heimat, wo er auf ein Leben fernab von Krieg und Perspektivlosigkeit hofft. »Alles, was ich mir wünsche, ist ein eigenes Bett, in dem ich ruhig schlafen kann.« Das waren seine Worte irgendwo zwischen Samos und Athen. Ich hoffe, dass irgendwo in meiner Heimat dieses Bett auf ihn wartet, gemeinsam mit einem Leben, das ihm erlaubt, Krieg, Flucht und Gewalt hinter sich zu lassen. Bei dem Gedanken an das, was jetzt vor ihm liegt, überkommt mich die mulmige Gewissheit, dass ich an seiner Misere nicht ganz unschuldig bin.

DIGITALE FLUCHTHILFE

Wir fahren aus Athen heraus in Richtung Norden. Fast niemand ist auf der Straße. Seit Instandsetzung und Ausbau der Autobahn säumen Mautstellen den Weg.

Insgesamt bezahlt man knapp 35 Euro, um alle Kontrollpunkte bis Thessaloniki zu passieren. Daher überlegen sich die meisten Griechen gut, ob sie wirklich über die Autobahn fahren oder sich über die Landstraßen schlängeln.

Ganz allein sind wir nicht. Alle paar Kilometer überholen wir einen Reisebus. Die Innenbeleuchtung ist ausgeschaltet. Auf dem schwarzen Fensterglas spiegeln sich die vorbeirasenden Lichter der Autobahn. Ich erinnere mich an Soumars Worte und weiß sofort: Das sind nicht die griechischen Überlandbusse, die den Normaleuropäer von Süd nach Nord transportieren. Es sind die Busse, mit denen die Flüchtenden durch das Land geschleust werden, um dann über die Balkanroute weiter nach Mittel- und Westeuropa zu gelangen. Privatpersonen ist es bei Strafandrohung untersagt, Asylsuchende mitzunehmen. Man macht sich damit der Schlepperei schuldig; dieses Recht bleibt nun einmal Unternehmen vorbehalten, die von der Regierung ausgesucht werden. Man kann es den griechischen Politikern nicht übel nehmen, dass sie die Flüchtenden nicht in den ohnehin schon überfüllten Lagern unterbringen wollen. Die Einsparungen im Rahmen der sogenannten Griechenlandrettung lassen Hilfe ja selbst für die Ärmsten unter den Griechen nicht zu; Menschen, die sich

keinen Strom, keine Medikamente oder kein Essen leisten können. Da sind die Geldgeberländer streng. Wer Schulden hat, muss
diese auch zurückzahlen. Man muss kein Finanzexperte sein, um
nachzuvollziehen, dass das Land dem größten Flüchtlingsstrom
seit dem Zweiten Weltkrieg trotz versprochener Zusatzmilliar-
den wohl kaum gewachsen ist.

Ich schaue auf die Busse und stelle mir vor, wie Soumar in wenigen Stunden über die griechische Autobahn fahren wird, vorbei
an Thessaloniki, auf dem langen und bald stacheldrahtgesäumten
Weg nach Bremen. Ich denke darüber nach, wie die reale Begegnung mit einem einzigen Individuum meiner bequemen Vorstellung einer homogenen Flüchtlingsmasse den Garaus gemacht hat.
Seit Wochen und Monaten berichten die deutschen Medien nur
noch vom Flüchtlingsstrom. Die Nachrichten werden zu einer
Variation ihrer selbst. Immer dieselben Bilder, immer dieselben
O-Töne: Nach dem Weg über das Meer und den Balkan, endlich
die glückliche Ankunft in den sicheren Hauptbahnhöfen der Bundesrepublik. Noch vor wenigen Wochen beherrschten Tsipras, die
griechischen Neuwahlen und das dritte Hilfspaket die Schlagzei-
len. Nichts ist seitdem besser geworden. Im Gegenteil. Trotzdem
ist Griechenland aus den Medien verschwunden. Von einem Tag
auf den anderen. Mit der Ankunft der Flüchtenden in Deutschland scheint auch die Krise verpufft zu sein. Eine bequeme Vorstellung, wie die eine Krise nahtlos übergeht in die nächste, so, als
sei auf der Welt immer nur Platz für eine Katastrophe.

Am nächsten Tag beginnt in Thessaloniki der Alltag und ich
gehe zur Arbeit. Ich bin bei einer Internet-Agentur beschäftigt,
wo ich mir meine griechische Krankenversicherung und ein paar
»Südeuros« dazuverdiene. Von Soumar kam bereits früh am
Morgen eine Nachricht über WhatsApp. Er und seine Begleiter haben es bis an die mazedonische Grenze geschafft. Die teu-
ren Reiseschlepperbusse sind schnell. Flucht und Luxus scheinen in einer globalisierten Welt kein Widerspruch zu sein. Man

muss nicht umsteigen, sieht aber leider auch nichts vom Land. In diesem Sinne kann man nur hoffen, dass die Überfahrt von der Türkei und die Kreuzfahrt durch die Kykladen einen guten Eindruck hinterlassen haben. Denn denen, die es nach Deutschland schaffen und vom Geflüchteten zur Fachkraft befördert werden, winkt Griechenland als freundliche Urlaubsdestination mit feinsten Sandstränden und türkisblauem Wasser. Man muss schon genau schauen, welche Schutzbedürftigen für Deutschland auf lange Sicht tragbar sind. Die Guten ins Töpfchen, die Schlechten zurück ins sichere Herkunftsland. Oder in die Türkei, mit der etwa ein Jahr später eine fragwürdige Vereinbarung über die kontrollierte Rückführung von Flüchtenden abgeschlossen wird, nur wenige Monate, bevor das Land nach einem gescheiterten Putschversuch im Chaos versinkt.

Über die sozialen Netzwerke sind Soumar und ich so oft es geht in Kontakt. Zum ersten Mal seit Langem werden Facebook und WhatsApp zu wirklich nützlichen Instrumenten. Ja, ich weiß. Facebook ist böse. Und WhatsApp gehört zu Facebook. Und alle unsere Nachrichten werden unwiderruflich gespeichert und können jederzeit gegen uns verwendet werden. Aber gerade geht es nicht um Genitalbilder, Shitstorms oder Starbucks-Selfies. Gerade zeigt sich, dass moderne Technologie sinnvollere Dinge kann, als die passenden Emoticons für seine Launen zu finden.

Für die nächsten Tage wird Facebook zu einem digitalen Hilfsnetzwerk. Ich komme in Kontakt mit Annette, Soumars Freundin in Bremen, die zum personifizierten Ziel der Flucht wird. Wie die anderen Flüchtenden hat auch Soumar nicht immer Zugang zum Internet. Er meldet sich aus Belgrad, wo Annette ihm die Möglichkeit organisiert hat zu duschen und ein paar Stunden in einem Bett zu schlafen. Ich denke: »Ach, wie schön, Belgrad!« In der Tat habe ich viele gute Dinge über die Stadt gehört. Aber offensichtlich ist jetzt nicht die Zeit für Kulturtourismus oder Barhopping.

Unter den Flüchtenden verbreitet sich die Nachricht wie ein Lauffeuer: Ungarn macht die Grenzen dicht. Bis zu diesem Zeitpunkt war das Land das aus der Ferne ersehnte Tor zur EU. Doch der rechtskonservative Ministerpräsident Orbán, Merkels Parteifreund auf europäischer Ebene, setzt der ungarischen Gastfreundlichkeit ein jähes Ende. Kein Gulasch, keine Salami. Nur Stacheldraht. Soumar und ich haben nur kurz Kontakt, bevor er sich von Serbien aus auf den Weg macht. Er wird einer der Letzten sein, die es über diese Route in die EU schaffen.

Die nächste Nachricht kommt ein paar Tage später. Soumar hat es mit Verzögerungen nach Österreich geschafft. Nachdem er in Orbáns Reich eingedrungen war, ist er von der ungarischen Polizei festgenommen worden. Bereits einige Tage vor dem Bau des Stacheldrahtzauns hatte man damit begonnen, die Flüchtenden systematisch zu verhaften. Diese exemplarische Kriminalisierung sollte demonstrieren, dass man es ernst meint. Nach der Traumreise durch Griechenland waren die ersten Erfahrungen mit der EU also Verhaftung, Fingerabdrücke, Verhör und Knast.

Ich telefoniere erneut mit Annette, um zu klären, wie man Soumar in Österreich am besten helfen kann. Innerhalb weniger Stunden finde ich über Freunde in Thessaloniki und Berlin hilfsbereite Kontakte in Wien. Es werden Betten und Duschen angeboten, dringend benötigte SIM-Karten zur Verfügung gestellt und jemand erklärt sich dazu bereit, Soumar und zumindest einen Teil seiner Begleiter mit dem Auto über die grüne Grenze nach Deutschland zu bringen. Wir sind zeitweise ein Team von etwa sieben Personen, die aus der Ferne und vor Ort Informationen einholen und die Flüchtenden mit Utensilien versorgen.

Der Wiener Hauptbahnhof platzt aus allen Nähten. Der akribisch zusammengestellte Fahrplan kann der hohen Nachfrage an Tickets gen Deutschland nicht standhalten.

In der Hoffnung auf detaillierte Informationen wende ich mich vertrauensvoll an das Callcenter der Deutschen Bahn:

Deutsche Bahn: »Callcenter der Deutschen Bahn, Schulz, was kann ich für Sie tun?«
Ich: »Guten Morgen. Ich habe eine Frage. Ein Freund, der aus Syrien geflüchtet ist, sitzt in Wien fest. Er versucht, ein Ticket zu kaufen, ihm wird aber gesagt, dass es unklar sei, wann die Züge fahren.«
Lange Pause. Ich höre mein Gegenüber in das Headset atmen.
Herr Schulz von der Deutschen Bahn: »Soweit wir informiert sind, fahren alle Züge von Wien nach Deutschland planmäßig ab.«
Ich: »Die Kollegen in Wien haben aber offensichtlich organisatorische Probleme. Können Sie mir sagen, wie die Situation vor Ort ist?«
Herr Schulz von der Deutschen Bahn: »Wir sind hier kein Flüchtlingslager.«

Das hätte mir Herr Schulz nicht erklären müssen. Völlig zu Unrecht befürchtet er, dass ich Flüchtende in seinem Callcenter unterbringen will. Ich entscheide mich dafür, die Deutsche Bahn in Zukunft nicht mehr mit Fragen über ihre Dienstleistungen zu belästigen. Vielleicht gibt es Internet-Foren oder eine engagierte Facebookgruppe, die sich mit den Fahrplänen, Verspätungen oder Transportfragen im Falle humanitärer Ausnahmesituationen auseinandersetzen. Natürlich freue ich mich mit dem deutschen Traditionsunternehmen über die unerwartet guten Verkaufszahlen. Meistens ist ja Fliegen preiswerter. Doch die Bahn hat Glück und profitiert von dem rechtlich ungeklärten Status der Flüchtenden. Ohne Visum kann man ja nicht so mir nichts, dir nichts auf Billigairlines ausweichen. Flucht und Flugzeug schließen sich aus. Davon hat nicht nur die Deutsche Bahn profitiert.

Der restliche Tag ist geprägt von Gerüchten. Auch dazu haben die sozialen Netzwerke natürlich viel beizutragen. Abgesehen von der fiktiven Auskunft aus der Callcenter-Gerüchteküche der Deutschen Bahn, die Züge in Richtung Deutschland führen planmäßig ab, gab es viele sich widersprechende Informationen zur Lage an der Grenze. Wer wird ins Land gelassen? Was passiert, wenn ein Zug die Grenze passiert hat? Wen greift der Bundesgrenzschutz auf und wen nicht? Sollte man besser zu Fuß nach Deutschland?

Ein Journalist vom Bayerischen Rundfunk erzählt mir von langen Schlangen am Grenzübergang Braunau. Braunau? Hitlers Geburtsort? Ich versuche mir vorzustellen, wie Soumar gerade aus dem Geburtsort des Führers heraus den ersten Schritt in die Bundesrepublik macht.

Einen Tag zuvor hatte der Münchner Oberbürgermeister verkündet, dass die Stadt an ihre Belastungsgrenzen gelangt sei. Dem Land Bayern kommt dies gerade recht. Die CSU verhärtet den Ton im Konfrontationskurs mit der Kanzlerin. Diese versichert: »Wir schaffen das!« Kurz darauf werden Grenzkontrollen eingeführt.

Soumar meldet sich. Er hat eine Zugkarte nach Landau im Saarland. Das Auffanglager dort soll noch Kapazitäten haben und man munkelt, dass gezielt Tickets verkauft werden, die den Flüchtlingsstrom dorthin lenken. Von Soumar höre ich erst am nächsten Tag wieder. Er ist in Frankfurt und auf dem Weg nach Bremen. Einige seiner Begleiter sind in Landau geblieben. Wenige Stunden später werde ich von Facebook darüber informiert, dass ich in einem Beitrag markiert wurde. Auf meiner Timeline sehe ich ein Foto von Soumar. Er sitzt in einem Wohnzimmer und prostet der Kamera eine Flasche Becks entgegen. Welcome, refugee!

WIEDERSEHEN IN BREMEN

Da steht er. Ein authentischer Neubremer, Zigarette im Mundwinkel, gepflegtes Äußeres, und lacht mir freudig entgegen. Neben den zehn Zentimetern Körpergröße unterscheiden uns nun auch seine Bremer Ortskenntnisse. Es ist die erste Begegnung seit dem Abschied am Hafen von Piräus. Soumar weiß, dass ich ein Buch schreiben will. Das ist der eigentliche Anlass meiner Reise. Wir waren in den letzten vier Monaten regelmäßig in Kontakt. Facebook, E-Mails, Interviews via Skype. Online-Kommunikation aber ist auf Dauer kein Ersatz für persönlichen Kontakt. Informationen austauschen geht. Freundschaft schließen irgendwie nicht.

Ich bin informiert über den Status quo. Ich weiß, dass Soumar offiziell bei Annette wohnt, dass er noch im Verfahren zur Bewilligung seines Asylantrags steckt, dass er als Freiwilliger für die Bremer Flüchtlingshilfe arbeitet, die Sprache lernt und gute Fortschritte macht. Er ist ein ehrgeiziger Schüler und schreibt mir die meisten Nachrichten auf Deutsch.

Wir begrüßen uns herzlich. Ich bin ein wenig nervös, da die nächsten zwei Tage darüber entscheiden, ob wir eine gemeinsame Grundlage für das Buch finden oder nicht; und ich bin aufgeregt, weil es immer ein wenig eigenartig ist, intensiv Zeit mit einem Menschen zu verbringen, den man eigentlich nicht kennt. Und all das auch noch in Bremen. Unbekanntes Terrain. Ich kenne ihn wesentlich besser als die Stadt. Er wiederum kennt Bremen wohl besser als mich. Davon zumindest gehe ich aus.

Soumar hat große Pläne für die nächsten Tage. Er will mir die Stadt zeigen und mir Leute vorstellen. Im letzten Vierteljahr war er eine verlässliche Quelle für alles, was in Deutschland in punkto Flüchtlingspolitik so vor sich ging. Wegen ihm habe ich mich zum ersten Mal bewusst mit den einzelnen Schritten auseinandergesetzt, die man bei einem Asylverfahren zu durchlaufen hat. Durch seine Erzählungen nehmen die Berichte über den Umgang mit und das Verhalten von Flüchtlingen reale Formen an. Nicht nur, weil er selbst Geflüchteter ist, sondern auch, weil seine kritische Perspektive auf beide Seiten neue Einsichten bringt. Schon in den Skype-Interviews musste ich mein negatives Bild von Deutschland häufig korrigieren.

In diesem Moment kann ich mir noch nicht vorstellen, was die nächsten Tage und Monate mit sich bringen werden. Insgesamt sieben Mal werde ich nach Bremen fliegen, um Zeit mit Soumar zu verbringen. Ich werde eine Stadt kennenlernen, die mir bisher eher egal war, und werde mich mit einem Syrer anfreunden, der mich mit ihr verbindet. Integration in die Heimat.

Unsere Priorität in diesem Moment ist Bier. Wir ›schnacken‹ ein wenig, wie man im Norden sagt, während er zielstrebig den Weg nach Hause einschlägt. Wir gehen keine 100 Meter, bis wir auf Bekannte stoßen. Es sind Mitschüler aus dem Sprachkurs. Kurzes Gespräch auf Deutsch, dann gehen wir weiter. Er fragt mich ausführlich nach meinem Hund und nach der Reise. Ich erzähle ihm, dass es immer ein wenig eigenartig ist, wenn ich nach Deutschland komme. Im Dezember war ich nach langer Zeit mal wieder für ein paar Tage in Berlin. Da ich nicht weiß, an wie viele Details meiner Biografie er sich erinnert, erkläre ich, dass ich in Berlin studiert und gearbeitet habe, ursprünglich aber aus dem Ruhrgebiet komme.

»Woher?«

»Aus der Nähe von Dortmund«, antworte ich auf Deutsch. Ich versuche zu beschreiben, dass Verstand und Herz unterschiedlich reagieren, wenn ich zu Besuch in Deutschland bin. Ich berichte von meiner Erfahrung, als Ex-Berliner über den Hermannplatz zu laufen. Mehr als sechs Jahre habe ich dort in der Nachbarschaft gewohnt. Ich kenne jeden Winkel dieser Gegend. Ich weiß, wie die Ampeln geschaltet sind und welchen Eingang ich benutzen muss, um so in die U8 einzusteigen, dass ich am Alexanderplatz direkt an den Treppen aussteige, die zur U2 führen. Als ich noch in Berlin gewohnt habe, hat das natürlich keinen großen emotionalen Wirbel verursacht. Wenn ich jetzt zu Besuch bin, dann *denke* ich: »Hermannplatz«. Aber ich *fühle*: »Krass! Hermannplatz!« Selbst der Blick auf Karstadt wird zum Erlebnis. Und jetzt laufe ich durch Bremen und bin – vielleicht wegen des Klimas oder des Döneraromas in der Luft – in einem eigenartigen Heimat-High. Soumar nickt verständnisvoll. Wie empathisch von mir. Da rede ich über Berlin, darüber, wie alles gleichzeitig alt und neu ist, bin emotional ganz aufgelöst und vergesse dabei, dass mein Gegenüber so bald wohl nicht die Gelegenheit haben wird, über irgendeinen Hermannplatz in Damaskus zu laufen und darüber nachzudenken, wie eigenartig sich Heimat und was immer auch damit gemeint ist, anfühlen kann. Ich bin freiwillig aus Berlin nach Griechenland gegangen. Ich bin der Abenteurer, der bewunderte Expat. Menschen klopfen mir auf die Schulter für meinen Mut. Dabei war es eine Mischung aus Zufall und tiefer Verzweiflung, die mich nach Thessaloniki getrieben hat. Berufliche Sackgasse. Generelle Umgebungsermüdung. Und während ich meinen Umzug nach Thessaloniki vor anderen gerne als Wirtschaftsflucht bezeichne, beschreibt Soumar seine Flucht aus Syrien als Abenteuer oder Reise.

Wir laufen weiter durch die feucht-kühle Bremer Abendluft. Soumar klärt mich darüber auf, was wir die nächsten Tage vorhaben. Er nimmt das Projekt ernst und hat sich Gedanken darüber gemacht, was uns weiterbringen könnte. Er erzählt von Bremen, den Leuten – »so freundlich« – und zeigt zwischendurch auf Wohnhäuser, die ihm besonders gefallen – »so schön«.

Soumar liebt sein neues Zuhause. Selbst Häuser, die mir kaum auffallen, bekommen durch seine Freude über sie einen neuen, sehenswürdigen Charakter. Ich frage mich, ob seine beinahe kindliche Euphorie dem Mangel an Routine entspringt, die sich nach vier Monaten in der Stadt noch nicht eingestellt hat. Wahrscheinlich aber ist es weit mehr als das. Vielleicht ist es eben nicht das Kindliche, sondern das sehr reife Bewusstsein darüber, in Sicherheit zu sein und auf die Chance zu hoffen, ein neues Leben zu beginnen. Ich kann das verstehen. Mir geht das in Griechenland ähnlich. Freunde dort halten mich oft für τρελός – verrückt. Mein Neusein in Thessaloniki geht einher mit Wellen der Tatkraft. Alles, bei dem ich in meinem Berliner Alltag blockiert war, ergießt sich in Thessaloniki in einen neurotischen Yes-We-Can-Spirit, der auf meine Umgebung nicht immer nur motivierend wirkt. Zumindest am Anfang war das so. Inzwischen konzentriere ich mich, wie die meisten Thessaloniker, auf das Meer.

Durch Soumars Augen sehe ich Bremen auf eine Art, mit der ein Ur-Bremer mir die Stadt wohl niemals zeigen könnte. Aus seinen Worten dringt kein Stolz oder überfrühter Lokalpatriotismus, sondern Dankbarkeit. Und zwar nicht die eines Geflüchteten in Sicherheit oder die leicht unterwürfige eines Geholfenen. Es ist seine ureigene Art, die Welt zu betrachten. Wer in ihm einen Islamisten sucht, wird tief in der Ignoranzkiste graben müssen.

Wir machen halt an einem Kiosk. Natürlich kennt Soumar die etwa Mitte-zwanzig-jährige Verkäuferin. Irgendein Typ, offensichtlich Stammkunde oder ein Freund, leistet ihr Gesellschaft. Das Ganze hat ein wenig was von Olli Dittrichs ›Ditsche‹. Ich ordere Tabak und Blättchen und fühle mich wie in einer Eckkneipe. Keine Ahnung, ob alle Bremer Kioskverkäufer so sind oder ob ich von Soumars Sympathievorarbeit profitiere. Auf jeden Fall wird der Rauchwarenerwerb zu einem überaus angenehmen Ereignis.

Die Nachbarschaft, in der Soumar wohnt, entspricht ganz dem deutschen Klischee. Schöne Ein- bis höchstens Vierfamilienhäuser. Gartenzaun. Ruhe und Ordnung. Es ist etwa neun Uhr abends. Keine Menschenseele auf der Straße. Der gut erzogene, deutsche Haushund hat sich selbst begraben. Soumar öffnet das kleine Tor zu seinem Vorgarten. Vor vier Monaten hatte er nichts als einen Rucksack, Fingerabdrücke in Ungarn und abstrakte Vorstellungen von Deutschland. Jetzt hat er schon einen Vorgarten. Wir verbringen den Abend zu Hause in der Küche. Soumar hat Essen vorbereitet und der Kühlschrank steht voll mit Bier. Ich lerne Annette kennen, die mit ihrem Mitbewohner, dem zweiten Besitzer des Hauses, in der Küche sitzt und Flaschenbier trinkt.

Meine anfänglichen Bedenken, dass unser Kommunikationsniveau vielleicht nicht für tiefer gehende Interviews reichen könnte, verflüchtigen sich innerhalb weniger Minuten. »Guck mal!« Er zeigt auf einen Stapel Papier auf dem Tisch. Ich nehme die Blätter in die Hand und sehe meine eigene Handschrift. Es ist der kleine Deutschführer, den wir auf der Fähre zusammengestellt haben. Beim Durchlesen stelle ich fest, dass die frische Seeluft offenbar keinen guten Einfluss auf meine Deutschkenntnisse hatte.
»Da sind Fehler drin«, gebe ich betreten zu.
»Ich weiß!«, antwortet er und lacht. Anders als auf Skype gerät das Gespräch nicht ins Stocken. Wir reden über alles und nichts. Auf Englisch und auf Deutsch.
»Wie hast du dir Deutschland eigentlich vorgestellt?«
»Ich habe viel Schlechtes gehört, ehrlich gesagt. Dass es nicht gut ist und die Leute schlecht reagieren auf Flüchtlinge. Aber einige haben erzählt, dass die Deutschen sehr hilfsbereit sind. Also habe ich nach diesen Deutschen gesucht.«

»Und? Hast du Menschen gefunden, die helfen, oder war das schwierig?«

»Ich kenne viele Leute von der Flüchtlingshilfe Bremen. Da wollen alle helfen. Aber wenn ich im Bus oder in der Straßenbahn bin, dann wird schon viel geglotzt. Ich komme mir dann fremd vor, und darauf war ich nicht vorbereitet, auf dieses Gefühl. Einmal auf der Straße hat eine Frau mich angesehen und ist stehen geblieben, bis ich an ihr vorbei war. Dann hat sie ewig hinter mir her gestarrt. Ein anderes Mal sitze ich im Bus und zwei Männer reden von ›Scheiß Flüchtlingen‹. Ich habe mich dann eingemischt und gesagt: ›Wir sind auch nur Menschen.‹ Daraufhin haben sie mich verdutzt angeschaut und gefragt, ob ich verstünde. ›Ich habe alles verstanden‹, habe ich geantwortet. Dann sind die aufgestanden und haben sich woanders hingesetzt. Sowas habe ich schon oft gehört, aber dieses Mal bin ich so wütend geworden.«

Dort sitzt derselbe Soumar, der mir noch vor wenigen Stunden ganz euphorisch Bremer Einfamilienhäuser präsentiert hat und von den Menschen geschwärmt hat. Aus Soumar dem Individuum ist ein Geflüchteter geworden, dem ein Klischee vorauseilt, gegen das er sich täglich zur Wehr setzen muss. Dabei hätte er eigentlich wichtigere Sachen zu tun.

»Davon hast du bei Skype kaum erzählt, nur von Einzelfällen. Ist es schlimmer geworden?«

»Seit den Anschlägen in Paris hat sich die Situation in der Stadt verändert. Ich werde mehr angeschaut als vorher. Vor ein paar Tagen war ich auf dem Weg nach Hause. Es war ungefähr zehn Uhr abends. Eine Frau hat mich auf Deutsch angesprochen und nach dem Bahnhof gefragt. Ich habe auf Englisch geantwortet. Daraufhin hat sie mich gefragt, wo ich herkomme. ›Aus Syrien‹, habe ich gesagt. Dann hat sie sich umgedreht und ist gegangen, ohne Danke zu sagen. Das kenne ich aus Bremen nicht. Eigentlich sind die Menschen immer sehr höflich.«

Nein, denke ich, normal ist das nicht. Aber wohl alltäglich. Und zwar nicht nur in Bremen, sondern überall in Europa. Ich denke an die vielen Geflüchteten, die in bestimmten Stadtteilen Athens gejagt und misshandelt werden, an die ungarische Journalistin, die nach einem flüchtenden Vater mit seinem Kind tritt und an brennende Notunterkünfte in Deutschland. Es ist die eine Sache, so etwas aus den Medien zu erfahren und den Kopf zu schütteln. Jemanden vor sich zu haben, dessen Leben erschwert wird dadurch, dass man ihn für einen potenziellen Terroristen hält, ist etwas anderes.

»Das Problem ist, dass die meisten Leute keine Ahnung haben, wen sie meinen, wenn sie über Geflüchtete reden«, erklärt Soumar. »Vor allem nach Paris und der Silvesternacht in Köln. Weißt du, erst war in den Medien überall diese ›Welcome-refugee-Stimmung‹ und alle Menschen waren offen. Dann hat sich der Ton geändert. Jetzt stellt man uns als Aggressoren dar.«

Ich muss überlegen. Es stimmt schon, seit dem Sommer hat sich der Ton in den Medien geändert. Die anfängliche Euphorie ist verpufft, auch weil es wohl keine Bilder mehr gibt von applaudierenden Menschenmassen in den Bahnhöfen.

»Na ja, man redet nicht über syrische Flüchtlinge. In Köln ja sogar eher über nordafrikanische. Das Problem sind die Automatismen. Wenn die Leute heute ›Flüchtling‹ hören, denken sie sofort an Syrer, und wenn was passiert, dann sind Geflüchtete immer ein guter Sündenbock. Ist schön einfach. Dabei sind die Attentäter von Paris ja in Europa geboren. Sie sind Europäer arabischer Abstammung.«

»Ja. Und viele Araber, die in Syrien kämpfen, sind aus Europa gekommen und kommen jetzt zurück. Auf der Flucht.« Wie absurd. Da sitzen wir in der Küche und trinken Bier, während irgendwelche Jugendliche aus dem Sauerland oder von der Schwäbischen Alb freiwillig in den Dschihad ziehen. Darüber müssen wir lachen. Und trotz einiger klischeebedingter Zwischenfälle

31

scheint Soumar sich nicht unwohl zu fühlen. Er geht zum Kühl-schrank, nimmt sich ein Bier und öffnet es gekonnt mit dem Feuerzeug. Wenn das mal nicht ein gutes Zeichen im laufenden Integrationsprozess ist. Er erzählt, wie er in die Uni eingeladen wurde, um mit Studenten über die Situation zu sprechen. Viel wüssten die nicht über Syrien, berichtet er. Dann erzählt er von Begegnungen mit anderen Geflüchteten im Camp und darüber, welchen Stellenwert die Sprache hat.

»Das Wichtigste ist die Sprache«, sagt er. Auf Deutsch. »Leute, die hier leben wollen, MÜSSEN die Sprache lernen.« In linken Kreisen ist das mit dem MÜSSEN ein Reizthema. Kann ich einen Menschen dazu zwingen, eine Sprache zu lernen? Ich schlucke meinen vorformulierten Protest herunter, einfach, weil er mir sinnlos erscheint. Vor mir sitzt kein konservativer Politiker oder irgendein Stammtischheinze aus Franken, sondern Soumar. Muttersprache Arabisch.

»Mit Englisch kommt man in Bremen nicht weiter«, ergänzt er. Ich denke an meine Situation in Griechenland und daran, wie nervtötend Gänge zum Amt oder zur Krankenversicherung sind, ohne die Sprache richtig zu können. Ist es wirklich unmenschlich, Menschen einen verpflichtenden Sprachkurs zu finanzieren, damit sie in solchen Situationen nicht permanent auf Hilfe angewiesen sind?

Als ich am Ende des Abends mein Aufnahmegerät in die Tasche stecke, kommt es mir schwerer vor. Es hat viel Material in sich, ganze Diskussionen, über die ich nachdenken muss. Wir verabreden uns für den nächsten Morgen. Ich mache mich auf die Suche nach einem Taxi. Die Bremer Donnerstagnacht ist leer. Nach mehr als 30 Minuten kommt mir das wohl einzige Taxi entgegen, das um halb drei morgens noch auf Suche nach potenziellen Kunden ist. Der Fahrer ist Kurde, wie sich später herausstellt. Als ich ihn frage, woher er komme, antwortet er leicht verwirrt: »Aus Bremen!«

Soumars Reise – Teil I

»Ich wollte eigentlich früher weg aus Syrien, aber es hat nie geklappt. Ich bin im August nach Beirut geflogen und von dort nach Adana, in die Türkei. Dann bin ich nach Istanbul, wo ich insgesamt zehn Tage geblieben bin. Mein erster Versuch, nach Griechenland zu kommen, ist gescheitert. Es war furchtbar. Wir sind nach Aksaray in Istanbul. Das ist ein berühmt-berüchtigter Treffplatz für Menschenschmuggler. Dort sind wir dann abends mit vielen anderen in einen kleinen, fensterlosen Lieferwagen gepfercht worden. Jeder von uns musste 1500 Dollar bezahlen. Gegen zehn Uhr hat sich das Auto in Bewegung gesetzt. Alle Türen waren fest verschlossen. Fast zehn Stunden mussten wir so ausharren. Als wir rausgelassen wurden, waren wir irgendwo an der türkischen Küste, keine Ahnung, wo genau. Wir haben bis acht Uhr abends gewartet und sind dann zum Boot gebracht worden. Wir waren insgesamt 45 Leute, aus Syrien und Pakistan. Wir sind los und nach einer Zeit ist der Motor ausgegangen. Es war dunkel, und wir konnten nicht sehen, wo wir waren. Niemand konnte die Sprache des Fahrers, sodass wir nicht wussten, was los war oder was passieren würde. Irgendwie hat er den Motor dann wieder anbekommen, doch nach ein paar Minuten ist er wieder ausgegangen. Dann haben wir lange gewartet. Ich weiß nicht, ob ich Angst hatte in diesem Moment. Danach hatte ich Angst, daran erinnere ich mich. Aber auf dem Boot? Nein, wenn ich genau darüber nachdenke, hatte ich keine Angst. Ich wusste irgendwie, dass uns nichts passieren würde. Eine Freundin, die neben mir saß, hat angefangen zu weinen. Ich habe sie umarmt und zu ihr gesagt: ›Nichts wird passieren. Du wirst es bis nach Deutschland schaffen. Du wirst deinen Freund wiedersehen. Hab' keine Angst.‹ Ich habe später erfahren, dass an diesem

Tag 20 Menschen ertrunken sind. Unter ihnen vielleicht auch Kinder, das weiß ich nicht. Es waren Kinder auf meinem Boot; sieben, acht, neun Jahre. Viele Leute hatten Angst. Einige von ihnen waren regelrecht panisch. Irgendwann kam die Küstenwache und hat uns eingesammelt. Es war sehr kalt. Wir mussten drei Stunden an Deck des Bootes warten. Sie haben uns unsere Pässe abgenommen und uns registriert. Ich bin vor Erschöpfung eingeschlafen. Dann sind wir zurück zum Festland gefahren und sie haben uns in eine Polizeistation gebracht, wo schon viele andere Flüchtlinge waren. Jemand hat mir erzählt, dass bei der Überfahrt Menschen aus dem Boot gefallen sind. Man ist einfach weitergefahren und hat sie ihrem Schicksal überlassen. Ein Mädchen hat mir erzählt, dass sie aus dem Boot gefallen ist und niemand sie gerettet hat. Sie waren schon lange unterwegs gewesen, wahrscheinlich auf der griechischen Seite. Sie ist zurück in die Türkei geschwommen, um bei ihrem Bruder zu sein. Ist das nicht traurig? Sie hat gesagt: ›Ich wollte nur sterben. Es war Nacht und ich war ganz alleine, irgendwo im Meer. Ich wusste nicht, wo Griechenland ist und wo die Türkei.‹ Sie hatte Jeans an, die schwer waren vom Meerwasser und sie nach unten gezogen haben. Sie ist sieben Kilometer geschwommen. So etwas passiert jede Nacht. Wir hatten noch Glück, weil wir aufgesammelt wurden. Manchmal kommen sie eben nicht. Der Cousin eines Freundes von mir ist im Meer ertrunken. Wir hatten ihn drei Tage zuvor noch getroffen.

Als wir zurück waren von dieser Reise – die Leute hier lachen immer, wenn ich Reise sage –, zurück in Aksaray, haben wir unsere Schmuggler gesucht und unser Geld zurückbekommen. Natürlich nicht alles, aber was willst du machen. Also haben wir es ein zweites Mal versucht. Wieder mit dem Lieferwagen an die Küste. Diesmal mussten wir ewig auf einem Berg warten. Wenn man Durst hatte, musste man ein ganzes Stück zu einem Brunnen laufen. Nach zwei Tagen hat man uns dann auf das Boot gerufen. Insgesamt sollten 58 Leute auf die andere Seite gebracht werden, unter ihnen 11 Kinder. Ich habe das gesehen und wusste: ›Ich werde hier nicht mitfahren.‹ Warum? Wenn irgendetwas passiert, wie soll ich dann noch diese vielen Kinder retten? Mein Begleiter hat versucht, mich zu überreden: ›Los! Lass uns hier mitfahren!‹ Aber mein Entschluss stand fest. ›Nein, ich mache das nicht. Ich kann nicht.‹ Also sind wir gegangen. Zurück nach Istanbul. Dort haben wir erfahren, dass es auch dieses Boot nicht bis zur anderen Seite geschafft hat. Ich hatte entschieden, dass mein dritter Versuch mein letzter sein würde. Wenn es dann nicht funktioniert hätte, wäre ich in der Türkei geblieben.

Also wieder alles von vorne. Dieselbe Reise, dasselbe Auto. Diese Schmuggler sind nichts anderes als die Mafia. Allesamt. Es ist kein Akt der Menschlichkeit, 45 Menschen auf ein kleines Gummiboot zu quetschen und 1500 Dollar von jedem von ihnen zu verlangen. Ich habe meinen Eltern nichts davon erzählt, bis ich in Bremen war. ›Stellt euch vor Leute, ich hab's dreimal versucht!‹ Wie auch immer, wir sind auf einer kleinen griechischen Insel angekommen. Ein wunderschöner Ort. Dort hat man unsere Personalien aufgenommen. Dann sind wir ein paar Tage später nach Samos gebracht worden. Wir haben ein Papier bekommen, das uns 90 Tage Zeit gegeben hat, das Land wieder zu verlassen. Wusstest du, dass es für einen Flüchtling finanziell leichter ist nach Deutschland zu kommen als für einen Studenten?«

DIE HÄRTESTE TÜR BREMENS

Das soziale Netz in Griechenland ist völlig abgetrennt vom Staat. Wer Hilfe braucht, der bekommt sie von der Familie. In Deutschland beschwert man sich zu Recht über die Agenda 2010. Trotzdem kann man sich dort glücklich schätzen, denn in vielen anderen Ländern Europas, von Syrien ganz zu schweigen, wird der Sturz aus dem Arbeitsleben nicht durch Steuergelder abgefangen. Ich begleite Soumar und Annette zum Sozialamt, wo ein Formular abzugeben ist. Soumar ist ein sogenannter ›Außenschläfer‹, was bedeutet, dass er nicht im Auffanglager, sondern bei Annette wohnt, was mit diesem Papier bestätigt werden soll.

Auf dem Weg zum Amt muss ich an meine eigenen, eher unschönen Begegnungen mit dem deutschen Verwaltungsapparat denken. Vor und während des Studiums beschränkte sich das auf den Gang zum Einwohnermelde- oder Bürgeramt. Als ich dann in freudiger Erwartung auf ein Leben nach dem Examen an meiner Magisterarbeit saß, habe ich einen auf Studenten spezialisierten Beratungsservice des Arbeitsamtes in Anspruch genommen. Das Beratungsbüro befand sich direkt auf dem Campus. Rückblickend war der Fokus wohl eher auf Büro als auf Beratung gelegen. Auf meine erste Frage, was ich mit meinem Literaturstudium draußen so tun könne, antwortete die Dame:

»Da gibt es nichts.«

Gut. Das wusste ich. Aber noch wollte ich nicht aufgeben und verwies hoffnungsvoll auf meine Fremdsprachenkenntnisse. Die Sachbearbeiterin studierte daraufhin noch einmal meinen Lebenslauf, nur um folgerichtig festzustellen:

»Kein Russisch.«

So viel Realismus auf einmal. Auch mein weiteres Vorfühlen in Richtung *Was-könnte-denn-vielleicht-gehen* metzelte sie einfach mit einem leisen Kopfschütteln nieder. In meiner Verzweiflung fragte ich, ob ich denn zumindest Hartz IV beantragen könne. Daraufhin atmete die Dame tief ein. Durch die zum Überlegen aufgeplusterten Lippen bließ sie die Luft in meine Richtung. Den herben Geruch meines eigenen Versagens, der ihrem Atem anhaftete, rieche ich noch heute. Die Lippen aufeinandergepresst, bewegte sie den Kopf lamentierend nach rechts und links.

»Also, da müssen Sie schon richtig bedürftig sein.«

Dafür hatte ich die Arbeit an meiner Magisterarbeit unterbrochen? Um mir den Tag vermiesen zu lassen von einer einsamen Arbeitsamtstante, die wahrscheinlich schlecht gelaunt war, weil ihre Kollegen in irgendeinem Berliner Amt ja ach so viel Spaß zusammen hatten, während sie dazu verdammt war, hoffnungsvolle Studenten an ihre Überflüssigkeit zu erinnern? Na ja, ganz Unrecht hatte sie ja nicht. Aber immerhin gewährte mir das Jobcenter Neukölln dann doch Hartz IV. Dafür war ich – Gott sein Dank – bedürftig genug. Alle Leistungen bewilligt. Vom Staat grundgesichert. Und dann kam die obligatorische Zwangsberatung, zweifelsohne der größte Geniestreich der Agenda 2010. Ich machte mich auf alles gefasst und wurde nicht enttäuscht. Wie schriftlich angewiesen, brachte ich mein Abschlusszeugnis der Freien Universität Berlin mit und legte es dem Bundesagentur-Beamten auf den Schreibtisch. In der Vorfreude, bedürftigen Akademikern helfen zu dürfen, schien er am Morgen sein Hemd nicht vollkommen zugeknöpft zu haben. Aus der Wölbung über seinem stattlichen Bauch quoll dichtes Schamhaar. Zum ersten

Mal hob der Mann den Kopf, schaute mir verwirrt entgegen und fragte:»Was ist das?«

»Das ist mein Abschlusszeugnis.«

Nichts.

»Von der Uni«, fügte ich, gleichfalls verwirrt, hinzu.

Der bauchfreie Beamte musterte das Papier, tippte eine Zahlenkombination in seinen Rechner und mein Name erschien auf dem Bildschirm. Ich war im System. Dann forderte der Computer ihn auf, eine Berufsbezeichnung einzugeben. Anstatt mich zu fragen, begutachtete er mein Zeugnis. Allgemeine und Vergleichende Literaturwissenschaft, Spanisch und Lateinamerikanistik. An seinem Gesichtsausdruck war deutlich abzulesen, dass die Untersuchung meiner Unterlagen nicht zum gewünschten Ergebnis geführt hatte. Allgemeine und Vergleichende Literaturwissenschaft schien keinen Sinn zu ergeben und was Latein mit Amerika zu tun haben sollte, leuchtete auch nicht ein. Kurzum entschied er sich für eine naheliegende Lösung. Beruf: Spanisch. Dezent machte ich ihn darauf aufmerksam, dass Spanisch eine Sprache bzw. eine Staatsangehörigkeit sei und leider kein Beruf. Wer war hier eigentlich wessen Berater? Nach unserem ersten Termin habe ich den Mann nie wieder gesehen. Mein Fall wurde dann an eine Art Sonderberatung für Hochqualifizierte weitergereicht. Das Einzige, was mir dort dann geraten wurde, war:

»Herr Schmitz, Sie wissen doch selbst besser, wo Sie sich bewerben. Machen Sie mal.«

Viel Wahrheit. Wenig Beratung. Meiner Freundin Miri, die als zweites Magisternebenfach Psychologie hatte, wurde geraten, sich als Psychologin zu bewerben. Es war nicht einfach, die Dame vom Amt davon zu überzeugen, dass potenzielle Arbeitgeber primär an tatsächlichen Psychologen interessiert waren.

Zum Glück habe ich dann, trotz Beratung, eine Arbeit gefunden. Jahresvertrag beim Bundesministerium für Arbeit und Soziales, an der Quelle der Jobberatung sozusagen. Nach einem Jahr dann ALG-I anstatt ALG-II. Und bevor ich wieder ins Jobcenter absacken konnte, bin ich nach Griechenland geflüchtet. Da bin ich auch ohne Amt auf mich selbst gestellt und kann außerdem im Meer baden gehen.

Annettes Parkmanöver setzt meinen Erinnerungen ein brüskes Ende. Es scheint ruhig zu sein. Wir gehen durch die Eingangstür und laufen durch einen langgestreckten Vorbau. Alles ist leer.
»Heute ist nicht viel los«, erklärt Soumar. »Normalerweise stehen die fast bis auf den Hof. Viele kommen schon gegen sechs Uhr morgens, damit sie drankommen.«
Wir betreten die Vorhalle. Überall sind Menschen. Zwischen den hinteren Bürogängen und dem Foyer halten zwei türkische Sicherheitsdienstmitarbeiter die Stellung. Beide haben stattliche Figuren. Einer ist vielleicht Anfang dreißig, der andere um die 18.
»Termin?«, fragt der Ältere.
»Frau Fricke hat gesagt, ich soll ohne kommen«, antwortet Soumar.
Annette versucht zu erklären, dass es nur darum ginge, ein Papier einzureichen, dass man dem Amt damit die Arbeit erleichtere, und Frau Fricke Soumar zugesichert habe, dass er ohne Termin kommen könne. Während der ältere Türsteher mit den Informationen aus sprachlichen Gründen völlig überfordert zu sein scheint, meldet sich der Jüngere zu Wort. Sein Deutsch ist deutlich besser. Er versteht, nimmt das Papier und macht sich auf in Richtung Frau Frickes Büro. Nach ein paar Minuten kommt er unverrichteter Dinge zurück. Soumar und Annette dürfen selbst bei Frau Fricke vorsprechen, während ich aufgefordert werde zu warten. Ich fühle mich wie vor dem ›Berghain‹. So lange gewartet und dann einfach abgewiesen. Ich bin nicht der Einzige. Routiniert schickt der ältere Türsteher alle Fragenden ohne Termin wieder weg. Wahrscheinlich ist es nicht schlecht, dass er weder richtig Deutsch noch Englisch kann. Irgendwo habe ich mal gele-

sen, dass ein Texaner auf ein Gürteltier geschossen hat, die Kugel am Panzer des Tieres abgeprallt ist und den Texaner schwer verletzt hat. Der Türsteher ist das Gürteltier und die Worte der Wartenden die Munition – wirkungslos gegen den Schutz des mangelnden Wortschatzes.

Soumar und Annette kommen zurück.

»Und? Alles klar?«

Ich sehe schon beim Fragen, dass Soumar das Papier immer noch in der Hand hält.

»Frau Fricke hat gesagt: ›Sie müssen warten wie die anderen Flüchtlinge auch‹.«

Annette ist gereizt. »Jetzt habe ich wieder Blutdruck.«

Frau Fricke und meine Arbeitsberaterin von der Uni sollten sich kennenlernen. Sie hätten sich so viel zu sagen. Später erzählt mir Soumar, dass eine Frau in einem anderen Sozialamt ihm gesagt habe, sie möge keine Flüchtlinge. Das muss man akzeptieren. Schließlich mag auch nicht jeder Beamte. Auf Anhieb zumindest. Generell aber hätten ihm die Ämter keine Probleme gemacht. Ich habe auf einer Konferenz einmal den Vortrag eines syrischen Flüchtlings aus Berlin gehört, der mit Freunden eine App entwickelt hat, die Geflüchteten und allen anderen Menschen, die kein Deutsch sprechen, die Amtsgänge erleichtern soll. Ein Afghane, der in Griechenland wohnt, hat ihn daraufhin gebeten, so etwas doch auch der hellenischen Verwaltung zur Verfügung zu stellen.

»Gibt es denn da auch Probleme mit der Verwaltung? So schlimm wie in Deutschland kann es nicht sein«, hatte der Syrer daraufhin geantwortet.

Dabei kenne ich keine schlimmere Bürokratie, als die griechische. Dort kommt man sich vor, als sei man in einer Satire über Bürokratie gefangen. Die Ämter sind untereinander nicht vernetzt. Oft gibt es keine Computer. Dort ist noch alles ganz romantisch, mit Stempel und Papier. Da ist man der Willkür vollkommen ausgeliefert. Als ich mein Gesundheitsbüchlein bei der Krankenkasse abholen wollte, hat der Typ am Schalter mich von oben bis unten gemustert und dann verächtlich gefragt: »Warum?« Auf die Frage war ich nicht vorbereitet. Warum? Soumar kennt diese Willkür aus Syrien. Und – wenn man an Frau Fricke denkt – wohl auch aus Deutschland. Später erzählt er mir, wie er nach langer Wartezeit endlich einen Termin beim Bundesamt für Migration und Flüchtlinge hatte, um offiziell Asyl zu beantragen.

»Ich hatte den Termin morgens um neun. Und dann kam ein Brief, wo drinstand, dass ich um ein Uhr beim Sozialamt sein muss. Ich war morgens mit einer Freundin beim BAMF. Das Problem aber war, dass da Dutzende Leute saßen, die morgens um neun einen Termin hatten.«

Aha. Zehnfachbelegung. Besser als beim Bürgeramt in Berlin, wo man frühestens nach drei Monaten einen Termin beim Bürgeramt bekommt. Schlimmer als bei einer Computertomographie. Der Bürger als Kassenpatient.

»Wir waren um eins immer noch nicht raus und ich dachte nur: ›O nein, jetzt muss ich wieder ewig warten.‹ Meine Freundin hat mir dann vorgeschlagen, einfach beim Amt anzurufen. ›Das geht?‹, dachte ich. Wir haben dann beim Sozialamt angerufen. Die wiederum haben sich beim BAMF gemeldet und das BAMF hat den Kollegen erklärt, dass ich da sitze und warte. Ich konnte es kaum glauben.«

Ich freue mich über Soumars gute Kritik. Aus eigenen Erfahrungen weiß ich natürlich auch, dass Ämter in Deutschland kein Zuckerschlecken sind. Aber wenn ich an Griechenland denke, gerade auch, was die Sozialleistungen für Geflüchtete – und Griechen gleichermaßen – betrifft, dann sehe ich bei aller Kritik zumindest auch die Vorteile.

»Als ich alle meine Papiere hatte und beim Amt dann endlich die Bestätigung für den Erhalt von Essensgeld, Kleidergeld, Miete und alles andere unterschrieben habe, wusste ich, dass ich in

Sicherheit war«, erklärt Soumar. »Es war ja keine Überraschung, dass es das gab. Aber dann auf einmal meinen Namen auf dem Papier zu sehen, war etwas anderes.«

Hoffnungsschimmer der Bürokratie. Und es sind immer noch die Ausnahmen, die die Regel bestätigen. Doch jetzt und hier stehen wir im Bremer Sozialamt, mit einem Stück Papier in der Hand und kommen nicht weiter. Dann schlägt sich das Schicksal plötzlich auf unsere Seite. Eine klein gewachsene Frau läuft über den Flur. Sie trägt einen Haufen Akten in der Hand und Soumar erkennt sie wieder. Es handelt sich um Frau Petersen. Den nordischen Nachnamen hat sie wohl von ihrem Ehemann. Deutsch zumindest sieht sie nicht aus. Ich schätze Türkisch, aber, na ja, als Deutscher sieht man in jedem dunkelhaarigen Ausländer einen Türken. Soumar erklärt die Situation und Frau Petersen nimmt das Papier entgegen.

»Jetzt, da ich Ihre Adresse habe, kann ich Ihnen auch Geld überweisen.«

Geht doch. Und im Gegensatz zu den Flüchtenden, die nach Schließung der Balkanroute in Griechenland oder Serbien festsitzen, hat Soumar eine finanzielle Grundlage. Schließlich geht man deswegen zum Amt und nicht für den freundlichen Service.

DER NERVIGE LINKE

Als die AfD mit fast 25 Prozent in den Landtag von Sachsen-Anhalt einzog, haben einige auf Facebook damit gedroht, aus Deutschland zu flüchten. Ich bin ihnen da natürlich einen Schritt voraus. Doch man sollte nicht vergessen, dass Deutschland vor AfD und PEGIDA zumindest nach außen hin die letzte europäische Bastion ohne allzu offenkundigen Hang zum Rechtspopulismus war. Da war die CSU einfach nicht stark genug. In Griechenland ist die faschistische Chrysi Avgi (Goldene Morgenröte) drittstärkste Partei im Parlament. In Frankreich wettert Marine Le Pen gegen alles, was nicht niet- und franzosenfest ist. Ebenso Geert Wilders in den Niederlanden, der sich vor Gericht verantworten muss. Viktor Orbán in Ungarn, dessen Polizeibeamte Soumar drei Tage lang in den Knast gesteckt und verhört haben. Kaczyński in Polen. Die Liste ist lang. Als ich zum Erasmus-Studium in Madrid war, sind die Falangisten zu Francos Geburtstag legal an seinem Grab aufmarschiert. Legal! Dass so viele Flüchtende nach Deutschland kommen, hängt wohl auch damit zusammen, dass sie auf ein friedlicheres Land hoffen. Auf dem Balkan und in den ehemaligen Ostblock-Staaten haben sie zu befürchten, wie Freiwild gejagt zu werden. Proportional niedrig ist dann auch die Bereitschaft dieser Länder, Flüchtende aufzunehmen.

In diesem Sinne würde ein Flucht aus Deutschland wohl wenig Sinn machen (sagt der Richtige). Und während die Bundesrepublik eifrig über PEGIDA und besorgte Bürger diskutiert, bemühen sich engagierte Bürger um die Sicherheit und das Wohlergehen von Menschen, die auf unseren Schutz angewiesen sind. Über diese Menschen reden wir kaum. Dabei bringen sie den Geflüchteten nach Monaten oder Jahren der Unsicherheit wieder so etwas wie Würde und ein Gefühl von Sicherheit. Erst bei einem unserer letzten Treffen hat Soumar mir erzählt, wie es sich nach Krieg und Flucht angefühlt hat, in Deutschland anzukommen.

»Weißt du, in Syrien hätte ich jederzeit verhaftet werden können. Von jedem. Nicht nur von der Polizei. Überall gibt es militärische Gruppen, die dich auf einmal aus dem Bus ziehen und Ausweiskontrollen durchführen. Wenn die dann zum Beispiel sehen, dass du in einem alawitischen Dorf geboren bist, dann nehmen sie dich fest. Was dann passiert, weiß man nicht. Als ich in Bremen angekommen bin, hatte ich erst Angst, von der Polizei verhaftet zu werden. Aber ich wusste auch, dass, solange ich keinen Scheiß baue, mir nichts passieren würde. Hier übernimmt der Staat Verantwortung für die Sicherheit. Und das spürt man auch.«

Gut, dass Soumar in Bremen gelandet ist. Nicht überall sind Polizei und Staat so umsichtig mit Geflüchteten. Oder mit Ausländern generell. Aber wenn Soumar von Syrien erzählt und wenn ich an die Polizei in Griechenland denke, die Schlägertruppen in bestimmten Stadtteilen Athens freie Hand lassen bei der Jagd auf Asylsuchende, dann denke ich, dass meine Polizeistaatrufe bei Ersten-Mai-Veranstaltungen vielleicht etwas übertrieben waren. Soumar musste sich an dieses plötzliche Gefühl von Sicherheit erst einmal gewöhnen.

»Ich saß da bei Annette im Haus und auf einmal fiel mir ein: Wow, ich kann ja einfach raus, ein Bier trinken und rumlaufen. Ohne Kontrollen. Ohne Angst. Also bin ich raus, habe mir am Kiosk ein Bier gekauft und bin losgelaufen. Ich kannte mich noch gar nicht aus und es war mitten in der Nacht, aber ich dachte mir, dass ja nichts Schlimmes passieren kann. Ich bin einfach gelaufen und gelaufen. Und irgendwann wusste ich nicht mehr, wo ich war. Vor mir und hinter mir war Wasser. Erst später habe ich verstanden, dass ich auf einer der Weserinseln war. In dem Moment aber war ich völlig orientierungslos. Ich wollte dann bei Google gucken, aber mein Akku war leer. Erst war mir das alles nicht geheuer. Dann ist mir eingefallen: Du bist ja in Deutschland. Niemand will dich umbringen. Ich kann einfach jemanden fragen, wenn ich den Weg nicht weiß. Dann bin ich weiter und irgendwann habe ich ein Hinweisschild zum Bahnhof gesehen. Dann bin ich von da nach Hause. Aber ich hatte keine Angst. Das Schlimmste, was hätte passieren können, war, dass mir jemand mein Handy klaut oder mein Portemonnaie, wo kein Geld drin war. Aber ich hatte zum ersten Mal seit Langem keine Angst um mein Leben.«

Soumar nimmt mich mit zu einer Freundin, die er von der Flüchtlingshilfe Bremen kennt. Ich bin ein wenig skeptisch. Flüchtlingshilfe klingt richtig und gut, aber meine Gedanken kreisen um Klischees. Bilder aus Uni-Zeiten kommen mir ins Gedächtnis. Bilder, in denen Heerscharen von Bio-Linken um das moralische Zepter kämpfen. Ganze Ozeane an erhobenen Zeigefingern, Wahrheit aus Suppenkellen, Demo-Plakate aus dem Kartoffeldruckstudio, immer einen strafend-überheblichen Blick auf Lager. Bin ich vielleicht zu Deutsch, ohne mir dessen bewusst zu sein? Vielleicht. Zumindest bin ich Auslandsdeutscher und das in Griechenland. Da zeige ich mich solidarisch mit dem gebeutelten Volk. Ein klarer Pluspunkt.

Ich habe Schlagwortparolen wie Solidarität und Revolution so oft gehört und gelesen, dass sie in ihre phonetischen Einzelteile zerfallen sind und bar jeder Bedeutung ein Dasein zwischen Bioladen und Hörsaal fristen. Einmal ist bei einem der Berliner Uni-Streiks eine politisch aktive Studentin in die Lehrveranstal-

tung gestürmt und hat uns politisch inaktive Studenten dazu aufgefordert, die Veranstaltung zu boykottieren (noch so ein Wort).
Sie hat erklärt, dass Anwesenheitspflicht in Seminaren gerade für
studierende Mütter über dreißig eine große Last sei. Ich habe nie
verstanden, warum man in den legitimen Protest gegen das Ba-
chelor- und Mastersystem eine Forderung einbringen muss wie
›Anwesenheitspflicht in Seminaren abschaffen‹. Will ich wirklich studieren und einen Schein für eine Veranstaltung bekommen, die ich nicht besucht habe? Das Argument der Mütter aber
leuchtete mir damals ein. Zur Rettung kam dann eine brasiliani-
sche Kommilitonin mit folgender Aussage:

»Ich bin dreißig. Ich habe ein Kind und ich arbeite. Ich habe
noch nie eine Lehrveranstaltung verpasst.«

Daraufhin ist das Protestsegel der politisch aktiven Boykott-
studentin in sich zusammengesackt und sie musste das Feld räu-
men. Eine andere Kommilitonin hat mich einmal entrüstet an-
geschrien, weil sie ihren Protest nicht unterstützen wollte. Sie
hielt es für richtig, dass in der Schweiz Kinder nicht mehr auf
den Schoß vom Weihnachtsmann dürfen, um sie vor Missbrauch
zu schützen. Ich fand, dass man damit Weihnachtsmänner an
sich unter einen pädophilen Generalverdacht stelle, konnte mit
diesem Argument aber nicht zu ihr durchdringen. Offensichtlich
hatte ich die Dringlichkeit dieses Problems unterschätzt. Nun
sollte ich ihr wohl dankbar dafür sein, dass sie mich auf meine
Ignoranz aufmerksam gemacht hatte und sich zumindest einer
von uns um das Schicksal der Schweizer Kinder und die Krise um
notgeile Weihnachtsmänner kümmerte. Vielleicht tue ich ihr Unrecht, aber für mich lag der Störfaktor eher bei Kommilitonen,
die nach zwei Monaten Rucksackurlaub in Peru mit Poncho zu-
rückkamen und sich bemühten, ihr schlechtes Spanisch mit einem künstlichen, südamerikanischen Akzent zu unterlegen. Bei
Referaten dann immer das obligatorische Bild Favela-Selfie mit
irgendwelchen bettelarmen Einwohnern. Eine Studentin, von der

ich dachte, dass sie Deutsche sei, aus dem einfachen Grund, weil ihre Eltern Deutsche waren, sie in Deutschland geboren wurde und aufwuchs und ausschließlich die deutsche Staatsbürgerschaft besaß, meldete sich regelmäßig, wenn die Dozentin einen spanischen Muttersprachler zum Vorlesen suchte. Sie war es auch, die bei Morgenveranstaltungen immer zu spät kam und ungehindert folgendes Ritual vollzog: In aller Seelenruhe stellte sie eine Thermoskanne auf den Tisch, dazu die Dose mit Mate und den authentischen, argentinischen Trinkbecher. Vor aller Augen goss sie dann den belebenden Trunk auf. Während sich beim Durchziehen die Lebendigkeit Argentiniens im prüden deutschen Wasser ausbreitete, packte sie ihr Strickzeug aus und machte sich eifrig ans Werk. Fleischgewordene Satire.

Die Uni, 12 Jahre Berlin und einige seelenlose Begegnungen mit der Antifa Recklinghausen haben mich von links her traumatisiert. Dabei definiere ich mich selbst als links, offensichtlich aber nicht links genug für die Hardcore-Linken und ihre oft sehr festgefahrenen Meinungen. Jetzt stehe ich vor einer Bremer Tür und befürchte einen erneuten Konkurrenzkampf mit Gleichgesinnten.

Grund des Besuchs ist ein Interview. Irgendjemand schreibt über Flüchtende. Herrlich. Da geht's ja direkt los mit dem Wettbewerb. In Griechenland muss ich mich nie rechtfertigen oder werde komisch beäugt, zumindest nicht für meine politischen Ansichten. Ich bin der einzige deutsche Journalist, der fest in Thessaloniki wohnt. Das macht mich scheinbar konkurrenzlos. Und zu einem Phänomen. Einmal stand ich in einem Gemüseladen und der Verkäufer fragte, wo ich herkomme. Als ich ihm die ganze Geschichte erzählte, kam er aus dem Staunen nicht mehr raus und hat sogar seinen Kollegen gerufen:

»Ey! Jorgos! Komm mal eben. Hier ist ein Deutscher, der nach Griechenland ›rübergemacht‹ hat!«

Dann hat er mir Äpfel geschenkt. In Deutschland bin ich immer auf der Hut; und heute speziell vor den ›Kollegen‹ und vor Helfersyndromlinken mit Hass auf Landsmänner.

Die Tür geht auf und Soumars Freundin entpuppt sich als völlig unkompliziert. Keine kritischen Blicke oder stilles Moralaposteln. Es gibt Kaffee aus der Maschine und selbst gemachten Marmorkuchen. Sie zeigt uns das ganze Haus. In den oberen Stockwerken wohnt sie mit ihrer Frau. Unten wohnt Abdou, ein syrischer Urologe, der auf seine Arbeitserlaubnis wartet und ebenfalls interviewt werden soll. Direkt vor dem Haus fließt die Weser und gegenüber braut Becks Bremer Bier. Abdou wird mich später darüber aufklären, dass die Amerikaner die Brauerei aufgekauft haben. Ein Stück Bremen wird in diesem Moment für immer aus mir verschwinden.

Es klingelt an der Tür. Die von mir befürchteten Spiegel-Journalisten sind zwei Abiturientinnen, die an einem Jugendmedien-Projekt teilnehmen. Keine wirkliche Konkurrenz also. Ich atme auf und fühle mich angenehm überlegen. Wir stellen uns vor und ich bemühe mich um Zurückhaltung. Natürlich brenne ich darauf, den ›erfahrenen‹ Kollegen raushängen zu lassen. Den freien Auslandskorrespondenten. Der Satz »Ich bin Autor und lebe in Griechenland« ist die schärfste Klinge im Kampf gegen innerdeutsche Empfindlichkeiten.

Das Interview entwickelt sich zu einer lebhaften Tischdiskussion. Ich erfahre viel Unerwartetes. Auch über mich: Der einzige, nervige Linke am Tisch bin ich selbst. Man erzählt von Aspekten der Bremer Flüchtlingshilfe, die ich mit meinem journalistischen Hang zum Negativen lieber ignoriert hätte. Immer besser mit dem Finger in die Wunde drücken, als Potenzial zu offenbaren. Aber gut, positive Geschichten verkaufen sich halt schlecht.

Soumars Freundin erzählt von den verschiedenen Aktionen der Bremer Flüchtlingshilfe, von ›Zeitspenden‹, bei denen Bürger einen Geflüchteten beispielsweise zum Amt zu begleiten oder Deutsch zu unterrichten. Es gibt den ›Markt der Möglichkeiten‹ oder Kennenlerncafés in den Camps. Sofort versucht der linke Blogger in mir, Schwächen aufzuzeigen. »Kommen da denn nicht nur Leute hin, die ohnehin kein Problem mit Flüchtlingen haben?«, frage ich.

»Nein«, antwortet Soumars Freundin. »Es kommen auch Leute, die generell keinen Kontakt zu Flüchtlingen haben.«

Schade. Meine erste implizite Lektion »Kritisches Nachfragen« hat ihr Ziel um Längen verfehlt. Ich gebe nicht auf.

»Aber es ist schwierig, Gelder zu finden?«, frage ich – ganz suggestiv.

»Eigentlich nicht. Wir bekommen viel Geld aus der freien Wirtschaft, auch in Form von Sachspenden. Die Bereitschaft ist hoch und viele wollen nicht einmal genannt werden.«

Ich fange gleich an zu weinen.

»Aber vom Bund kommt nichts?«, bäume ich mich ein letztes Mal auf.

»Also, eigentlich wollen wir keine Unterstützung vom Bund. Man kann Gelder bei Behörden beantragen, aber es ist organisatorisch oft besser, das beim Volk zu lassen, da der Bund zu viele Bedingungen stellt. Aber das Land Bremen hat viel geholfen, auch ohne große Auflagen.«

Ich kann mit dieser Antwort leben. Zumindest bekommt der Bund sein Fett weg.

Die beiden Nachwuchsjournalistinnen machen ihre Sache eigentlich gut. Trotzdem gebe ich immer wieder meinen Senf dazu. Diesmal will ich wissen, ob die einzelnen Hilfsorganisationen nicht in starker Konkurrenz zueinander stünden. Und tatsächlich erfahre ich, dass ein großer Träger die Facebook-Seite der Flüchtlingshilfe Bremen sperren und Patenschaftsprogramme verbieten wollte. Endlich! Da ist doch kritisches Potenzial. Wenn mich jetzt noch jemand fragen würde, wer ich eigentlich bin, könnte ich endlich meinen Autor-in-Griechenland-Satz in die Runde werfen, aufstehen und mich verbeugen.

Zum Glück nimmt das Gespräch auch so seinen Lauf und man wendet sich den wichtigen Themen zu. Soumar und Abdou entsprechen beide nicht der Vorstellung des armen, ungebildeten und strenggläubigen Flüchtlings. Abdou wohnt zusammen mit einem lesbischen, verheirateten Paar und auch Soumar scheint keine radikale Umstrukturierung der deutschen Gesellschaft zu planen. Endlich reden wir über Syrien. In Deutschland tut man das selten. In Griechenland auch nicht. Dabei könnte man sich an das ein oder andere, interessante Detail erinnern. Zum Beispiel, dass die Syrer nicht als Flüchtlingsvolk geboren wurden. Im Gegenteil. Syrien war nicht nur einmal selbst Ziel von Flüchtenden, vor allem von Irakern. Und auch das lief nicht immer glatt.

»Am Anfang war alles gut. Jeder Syrer hat seine Tür für die Iraker geöffnet. Es gab keine Zelte oder Lager. Aber wir haben das Problem unterschätzt. Nach zwei Jahren ist es den Syrern zu viel geworden, denn Dinge im Land haben sich durch sie verändert. Das ist auch mit den Menschen aus dem Libanon passiert. Wir dachten, wenn wir uns gegenseitig lieben, dann wird es schon gehen, aber dann haben wir die Kontrolle verloren«, erklärt Soumar.

Es fallen Stichworte wie AfD und PEGIDA. Abdou verurteilt nicht, sondern vergleicht die Situation mit Syrien:

»Die Leute können sagen, was sie wollen, aber sie dürfen nicht gewalttätig oder kriminell werden. Auch in Syrien hat es mit Demonstrationen begonnen, jetzt wird gemordet. Inzwischen ist Recht und Unrecht nicht mehr voneinander zu trennen.«

Als wir auf die berüchtigte Silvesternacht in Köln zu sprechen kommen, kritisiert Soumar vor allem die Medien. Ständig brächte man die Geschehnisse mit den Flüchtlingen allgemein in Verbindung.

»Manchmal denke ich, ich muss mich schämen, ein Flüchtling zu sein. Und wenn das so losgeht, dann müssen wir uns darüber bewusst werden, dass dies die Art und Weise beeinflussen wird, wie sich die Gesellschaft in Deutschland entwickelt.«

Abdou dreht den Spieß um und redet über die Menschen in den Camps in Bremen.

»Ich persönlich fühle mich sehr willkommen in Deutschland. Bei anderen Geflüchteten ist das nicht unbedingt der Fall, aber oft liegt es daran, wie die Gesellschaft in Syrien funktioniert. Viele Menschen in den Camps haben Angst und gehen nicht raus. Ich sage ihnen, dass sie raus sollen, um ihre Umgebung kennenzulernen, aber sie weigern sich.«

Soumars Freundin von der Flüchtlingshilfe berichtet von den Problemen, mit geflüchteten Familien zu kommunizieren:

»Die Frauen haben Angst und oft wollen die Männer nicht, dass sie allein reden.«

Die Unterhaltung setzt meine Profilneurose vorerst außer Gefecht und ich beginne nachzudenken. Ich weiß natürlich, was ich in Deutschland hatte. Oder habe. Und auch, dass ich durch die zufällige Gegebenheit, deutscher Staatsbürger zu sein, einen Pass besitze, der mir alle Türen offen hält, während Soumar nicht einmal Bremen verlassen darf. Diese Freiheiten sind mir bewusst, aber meistens egal, weil sie bis dato niemals wirklich in Gefahr waren. Das geht mir durch den Kopf, als ich Soumar und Abdou zuhöre. Ich wohne in Griechenland, ohne dass mir der Zutritt nach Deutschland verwehrt bleibt. Ich praktiziere mein Recht, als Europäer in jedem anderen europäischen Land leben und arbeiten zu dürfen, und habe dabei gelernt, dass die Grenzen zwischen Morgen- und Abendland fließend sind. Denn im christlich-orthodoxen Griechenland ist der Nahe Osten kulturell fest verankert. Nicht nur durch Geschäfte und Restaurants wie in Deutschland, sondern im Alltag. In etlichen Situationen, in denen ich mit Soumar durch Bremen laufe, durch diese kleine, schöne, saubere und geordnete Stadt, erzähle ich von Griechenland; vom Verkehr, davon, dass man sich Kaffee nach Hause liefern lassen kann, über den großen Einfluss der Familie auf das Leben oder dass Dinge eher improvisiert als geplant werden. In fast allen Fällen antwortet Soumar:

»Wie in Syrien.«

Absurd. Ein Syrer und ein Deutscher laufen durch Bremen. Sagt der Deutsche: »In Griechenland ist alles anders.« Sagt der Syrer: »Ich weiß, was du meinst.«

Soumar und Abdou reden über die Gesellschaft in Syrien und über soziale Zwänge.

»In Syrien kannst du kein Mädchen umarmen, mit dem du nicht verheiratet bist. Das ist kein Gesetz, aber es steckt tief in den Menschen.«

Ich erinnere mich an eine Situation am Vormittag, als ich Soumar von der Sprachschule abgeholt habe. Wir waren in der Straßenbahn und eine Mitschülerin, ebenfalls aus Syrien, hat uns begleitet. Ich wollte ihr zur Begrüßung die Hand geben, doch sie hat nicht reagiert. Soumar hat später erklärt, dass sie über die Familienzusammenführung nach Deutschland zu ihrem Mann gekommen ist. Händeschütteln mit anderen Männern geht nicht. Ich konnte das akzeptieren, Soumar nicht. Wie Abdou waren auch ihm die sozialen Zwänge in Syrien ein Dorn im Auge. Schon an meinem ersten Abend in Bremen hat er mir von einem ägyptischen Vater erzählt, der seine Tochter zurückschicken will, sobald sie heiraten kann. Für Soumar sind es diese sozialen Zwänge, die viele Menschen davon abhalten, die Camps zu verlassen:

»Das Problem der Syrer hier ist, dass sie sich nur auf andere Syrer verlassen. Sie denken nicht: ›Ich tue das, weil ich das tun will oder weil ich das entschieden habe.‹«

Dabei kommen viele Deutsche auch nicht wirklich aus dem Quark.

Eine Million Menschen aus dem Nahen Osten sind vor Ort und könnten endlich darüber aufklären, was es mit diesen Kriegen auf sich hat, von denen man ständig in den Nachrichten hört. Die Kommunikation aber scheint nur stockend voranzukommen. Eher scheint man sich Gedanken darüber zu machen, wie man sich mit so vielen Geflüchteten im Land fühlt und ob man der Integrationsaufgabe gewachsen sei. Das ist zumindest mein Eindruck, wenn ich von Thessaloniki aus die Medien verfolge. Jetzt aber sitze ich in einer Wohnung an der Weser mit einer ganzen Gruppe von Menschen, die sich unterhalten. Die einfach reden über die Situation und der theoretischen Debatte, ob Integration denn überhaupt möglich ist oder nicht, eine ganz real gelebte Situation entgegenstellen. Und immer mehr zeigt sich, dass integrative Prozesse ohne das wertvolle Wissen von Insidern wie Soumar und Abdou keinen Schritt vorankommen werden. Soumar erzählt von völlig überzogenen Freiheitsvorstellungen, die man in Syrien mit Deutschland assoziiert, gerade was die Sexualität angeht.

»Einige denken, man kann hier Frauen einfach auf der Straße auswählen. Und wenn ich dann erkläre, dass das nicht so ist, glauben sie mir nicht und denken, dass ich das Paradies für mich allein behalten will.«

Ich muss an die vielen öffentlichen Klos und Raststätten denken, auf denen verheiratete Männer es beim Anblick anderer verheirateter Männer dann doch nicht so ernst nehmen mit der Ehe. Und da spielt auch die Nationalität keine Rolle. Ja, unterdrückte Sexualität ist kein Spaziergang. Das weiß man in Europa aus eigener Erfahrung. Wahrscheinlich hat die Bundesregierung deswegen eine Aufklärungskampagne zum Thema Sex unter Flüchtlingen gestartet. Auf schematischen Zeichnungen werden dunkelhäutige Menschen in verschiedenen Positionen gezeigt. ›Man muss nicht nur im Bett Sex haben‹, rät Berlin den Menschen, die vor dem Krieg geflohen sind. Vielleicht sollte man die Integration wirklich besser dem Volk überlassen. Ich persönlich habe nie daran gezweifelt, dass man auch jenseits der bundesdeutschen Grenzen auf Alternativen zum Bett ausweicht. Soumar sollte sich überlegen, ein syrisches Kamasutra zu veröffentlichen. Zwar schafft man damit keinen Frieden im Nahen Osten, wohl aber könnte eine öffentliche Sexstellungsdebatte ein wenig Würze in die kulturelle Annäherung bringen. Pre-Integration mit Geilheitsfaktor. Und wer weiß, vielleicht gibt es ja sogar Stellungen, die nicht nur die Flüchtlingscamps erotisch beflügeln, sondern auch die deutschen Schlafzimmer. Auf der anderen Seite könnte man darüber diskutieren, ob die überzogenen, sexuellen Erwartungen einiger Männer vielleicht auch das Produkt einer medialen Projektion des Westens auf die arabische Welt sind. Wenn jede Kaugummiwerbung von einem Bikinimodell ausgeht, könnte der Eindruck entstehen, dass Freiheit bedeutet: ›Nimm dir, was dir zusteht, aber kauf vorher Kaugummis.‹

Zumindest heute am Tisch herrscht ein wahrer Hauch von Freiheit. Einfach bei Maschinenkaffee und Zigaretten. In Bremen. Und niemand von uns ist nackt.

MEINE
BUNDESLIGAPREMIERE

Ich bin im Ruhrgebiet aufgewachsen. Meine Schulklasse war ein Meer aus Schalke- und BVB-Schals. Bei einem der berüchtigten Ruhrpottderbys wurde ich am Dortmunder Hauptbahnhof als Schalker Sau bezeichnet, weil ich ein blaues T-Shirt trug. Persönlich habe ich den Hype um Fußball nie verstanden. Als Deutschland 2014 Weltmeister wurde, lag ich in Thessaloniki im Bett und habe geschlafen. In den immerhin 20 Jahren, die ich im Ruhrgebiet gelebt habe, war ich nie im Stadion und habe nicht ein einziges Bundesligaspiel gesehen. Beim Sportunterricht wollte mich niemand in seiner Mannschaft haben. Wer mich nehmen musste, hat in der Regel verloren. Wenn mir ein Dreijähriger aus Versehen einen Ball zuspielt, gerate ich in Panik. Kurzum: Ich hasse Fußball.

Soumar dagegen ist großer Fußballfan. Bei einem unserer frühen Skype-Interviews, etwa zwei Monate nach seiner Ankunft in Bremen, trug er eine Werder-Jacke und prostete mir mit Becks aus einem Werder-Glas zu. Für heute Abend hat er geplant, in einer Fußballkneipe das Spiel Werder Bremen gegen Mönchengladbach zu sehen.

»Ich war schon in Syrien Fußballfan, aber nie für Syrien«, erzählt er auf dem Weg. »Der Fußball da ist irgendwie langweilig. Alles ist korrupt. Wer gewinnt und wer verliert, entscheidet das Geld.«

Der Name Robert Hoyzer schießt mir durch den Kopf. Ist Fußball nicht auch in Deutschland korrupt? Keine Ahnung.

»Kanntest du deutsche Fußballmannschaften?«

»Ja. Sogar Werder Bremen. Ich war schon in Syrien Fan der Bundesliga und habe viele Spiele gesehen.«

Kaum vorstellbar, wie sich die Syrer Deutsche vorstellen müssen, wenn Günter Netzer und Gerhard Delling durch das Spiel führen.

»Ich wusste auch, dass es nicht gut steht um Werder Bremen.« Selbst im kriegsgebeutelten Nahen Osten ist das Drama eines deutschen Sportklubs kein Geheimnis.

»Warum bist du dann Werder-Fan geworden und nicht Bayern- oder Dortmund-Fan? Irgendeine Mannschaft, die weiter oben steht in der Tabelle?«

»Na ja, als ich hier ankam, waren alle Leute um mich herum Werder-Fans. Ich dachte: ›Wie cool. Das ist der Verein meiner Stadt und ich kann ins Stadion gehen, wann ich will.‹ In Syrien war ich noch nie im Stadion.«

Zum Glück bleibt mir das erspart, denke ich, und fühle mich nicht sonderlich integrationswillig. Nicht nur werde ich mich zu Tode langweilen. Ich werde nichts verstehen. Ich werde mit Fußballfans reden müssen. Ich werde lieber nicht sagen, dass ich gerne in die Oper gehe, dass ich kein Problem mit sechsstündigen Theaterinszenierungen habe und sicherlich auch nicht, dass das einzig Interessante am Fußball die entblößten, trainierten Beine der überbezahlten Spieler sind.

Wir machen uns auf ins ›Viertel‹, dem Bremer Szenebezirk. Auch die kleinen, pittoresken Häuschen, die hippen Bars und Restaurants oder die vielen Ausgänger täuschen nicht über die Tatsache hinweg, dass wir unseren Abend mit dem deutschen Pöbel verbringen werden. Das zumindest ist meine Befürchtung. Unterdessen redet Soumar voller Entzücken über das Viertel, wie schön es hier sei und wie gern er hier wohnen würde.

Natürlich trägt er seine Werder-Jacke. Gleich werden wir seine Freunde treffen. Fußballeuphorische Menschen, die Spieler mit Namen kennen, sich an Tore aus den 70er-Jahren erinnern und Vereinsfarben tragen. Ich sehne mich zurück nach Hause, nach Thessaloniki.

Wir biegen ab in eine kleine Seitenstraße und stehen vor der *kleinen Kneipe*. Der Name ist Programm. Auf den gefühlt fünf Quadratmetern stapeln sich Menschen. Auf zwei Großbildfernsehern ist schon der heilige Rasen zu sehen. Grün schimmert er durch den dichten Zigarettenrauch, aus dem die Stimmen der Gäste wie eine böse Erinnerung aus meiner Schulzeit dringen. Sie erzählen von damals, als meine Freunde zu Fremden wurden, nachdem sie sich ihre Fanschals um den Hals wickelten und ich für neunzig Minuten plus Halb- und Nachspielzeit auf einer Insel der Einsamkeit verweilen musste.

Schritt für Schritt durchdringen wir die Masse aus blauem Dunst. Ich hoffe, dass die Gestalt, die sich schemenhaft vor mir abzeichnet, wirklich Soumar ist. Von allen Seiten wird er gegrüßt und umarmt. Der Ruf seines Namens hallt von den Wänden. Wie lange ist er in Bremen? Vier Monate oder vier Jahre? Einer seiner Anhänger löst sich von der Menge.

»Das ist Jens!«, erklärt Soumar.

Freundlich reicht Jens mir die Hand und weist uns einen Platz zu. Ich setze mich neben Hansen, einen OP-Pfleger aus Bremerhaven. Mir gegenüber sitzt Brigitte, eine attraktive Frau im besten Alter und überdies die Lebensgefährtin von Jens. Soumar hat mir eine Brücke gebaut, die von der Insel der Einsamkeit mitten hinein ins Geschehen führt. Doch die Überquerung ist ein riskantes Unterfangen. Überall lauert Gefahr; Fußballfachsimpeleien, irgendwelche deutschen Wörter, die ich kenne, aber nicht verstehe, Momente der Peinlichkeit. Das Spiel beginnt und ich bestelle Bier. Wenn ich über diese Brücke will, führt der Weg auf keinen Fall am Alkohol vorbei. Ein bis zehn kühle Blonde werden

den gigantischen Stock in meinem Arsch in seine Einzelteile zersetzen, durch die Harnröhre nach außen spülen und über die Bremer Kanalisation, die Weser und die Nordsee auf eine Reise schicken weit weg von mir und meiner Kulturpanik. Am Tisch herrscht reger Small Talk. Ich erzähle Hansen und Brigitte, dass ich ein Buch über Soumar schreibe.

»Das ist ein wichtiges Spiel, wir dürfen nicht verlieren«, höre ich ihn neben mir zu Jens sagen. Eifrig pflichtet man ihm bei. Immer wieder kommen Leute an den Tisch, um ihn zu begrüßen. Er ist ein Superstar und ich seine schweigsame Entourage.

Endlich kommt das Bier. Wir stoßen an und ich nehme ein paar große Schlucke. Wenn Alkohol auch keine Lösungen bereithält, für das richtige Maß an Gleichgültigkeit ist er immer gut. Mit jedem Schluck steigt mein Integrationswille.

»Heute gewinnen wir!«, frohlockt Jens.

»Das wäre schön«, antworte ich hilflos, während sich meine Hand fest um das Glas klammert. Kurz darauf fällt das erste Tor, offensichtlich für die falsche Mannschaft, wie sich am Raunen der Kneipengesellschaft unschwer erkennen lässt.

»Es lief nicht gut diese Saison«, sagt Soumar.

Hansen erklärt mir, dass Werder Bremen auf dem drittletzten Tabellenplatz ist.

»Willst du Bremen oben sehn, musst du die Tabelle drehn«, erinnere ich mich laut an eine Fußballweisheit, die ich nur kenne, weil mein Freund Björn sie bei einem Besuch in Thessaloniki auf die griechische Wirtschaft umgetextet hat. Niemand lacht. Angstschweiß dringt aus meinen Achseln. Meine Ignoranz ist riechbar. Wären wir Hunde, würde das Rudel jetzt kurzen Prozess mit mir machen. Das Bier hat mich unvorsichtig gemacht. Besser die Klappe halten. Schüchtern frage ich, was ein Relegationsplatz sei. Die Antwort hält kaum Erklärungen für mich bereit. Irgendwas mit Qualifizierung, Auf- und Absteigen zwischen der ersten und zweiten Liga. Zumindest weiß ich um die Existenz der ersten und zweiten Liga, doch bei diesem Potpourri an Fachausdrücken fällt mein Gehirn in Schockstarre. Ich bestelle eine zweite Runde, passend zum zweiten Tor, das gerade gefallen ist. Wieder für die falsche Mannschaft.

»Ich gehe fast gar nicht mehr ins Stadion«, lamentiert Jens. »Das halte ich nicht mehr aus.«

Wir kommen auf die Stadt zu sprechen. Ich erzähle, dass ich zum ersten Mal hier bin und dass Soumar mir alles zeigt.

»Weißt du, was man über Bremen sagt?«, fragt Jens und blinzelt dabei verschwörerisch mit den Augen. Ohne meine Antwort abzuwarten, löst er das Heimaträtsel: »Hamburg ist das Tor zur Welt. Aber Bremen hat den Schlüssel!«

Alle lachen. Nach meinem verpatzten Fußballwitz hat sich die Stimmung erholt. Auch die Tatsache, dass Werder Bremen auf ganzer Linie zu verlieren scheint, tut der heiteren Grundlaune keinen Abbruch. »Abseits!«, ertönt es aus allen Ecken. Ich hasse dieses Wort und den ganzen Rattenschwanz an Fußballterminologie, der damit verbunden ist. Ich schaue zu Brigitte in der Hoffnung, dass mein Unwissen in ihr eine Gefährtin findet. Verständnisvoll lächelt sie mir zu. Jens beginnt mit seiner Erklärung. Selbst ein Vierjähriger könnte problemlos mitschreiben. Er ist nicht der Erste, der versucht, mich in das Abseits-Geheimnis einzuweihen. Er erläutert, dass ein Spieler im Abseits stehe, wenn er sich allein zwischen dem gegnerischen Tor und den beiden Abwehrspielern befinde. Daran konnte ich mich sogar erinnern. Aber warum? Mir will partout nicht einleuchten, welchen Sinn so eine Regel haben könnte.

»Was soll damit bezweckt werden?«, frage ich Jens, ehrlich daran interessiert, diese Wissenslücke endlich zu schließen.

»Damit soll vermieden werden, dass ein Spieler die ganze Zeit vor dem gegnerischen Tor auf lange Pässe wartet.«

Wow. Das macht Sinn. 35 Jahre lang bin ich im Dunkeln getappt. Endlich ist der Groschen gefallen. Ich werde jetzt sicherlich kein Sportschaugucker, aber es ist ein erster Schritt in Richtung Versöhnung, ein vorsichtiger Flirt mit der Fußballgemeinde, ein Händeschütteln mit dem deutschen Sport. Ich bekomme Lust auf ein Mettbrötchen. In diesem Moment fällt das dritte Tor gegen Werder Bremen.

»Der Drops ist gelutscht«, kommentiert Jens kopfschüttelnd. Auch Soumar sieht geknickt aus. Zum Trost bestelle ich neues Bier.

»Wann ist denn Halbzeit?«, frage ich ihn, und er macht mich darauf aufmerksam, dass wir uns seit etwa sechs Minuten in der zweiten Spielhälfte befinden. Das muss mir bei dem Stress zwischen dem Werder-Witz und der Abseits-Regel irgendwie entgangen sein.

Lange passiert nichts, doch auf einmal jubelt der Raum. Überall um mich herum werden Umarmungen ausgetauscht. Ein Menschenhaufen in Grün-Weiß, aus dem der Gesang roher, ursprünglicher Freude dringt. Jemand mit dem Namen Pizarro hat ›den Ball reingemacht‹. Ach Pizarro, gut, dass es dich gibt.

»Jetzt ist alles wieder offen!«, ruft Jens und ich verkneife mir, ihn darauf aufmerksam zu machen, dass Bremen immer noch zwei Tore zurückliegt. Und die Mannschaft scheint sich an Pizarro kein Beispiel zu nehmen. Spätestens in der 70. Minute, als Mönchengladbach das 4:1 schießt, verpufft die Hoffnung, und die Gespräche entfernen sich merklich vom Sportgeschehen. Für mich ist das okay. Bremen muss nicht gewinnen, um den Abend für mich zu einem Erfolg zu machen. Ich texte einigen Freunden vom Abi auf WhatsApp, dass ich in einer Fußballkneipe in Bremen sitze und das Spiel gucke. Und ich denke an meine Schulfreundin Anja, ein feistes Fußballmädchen mit Schiedsrichterschein und einer im Ruhrgebiet ungewöhnlichen Liebe für Werder Bremen, die ihr viel Spott gebracht hat. Selten habe ich mich ihr so nahe gefühlt. Wie geht es ihr gerade? Ob sie ein Pizarro-Poster im Zimmer hat? Ersäuft auch sie gerade die Enttäuschung über das nicht mehr zu verhindernde Verlieren der Mannschaft mit Bier? In der 88. Spielminute fällt das 5:1. Kopfschütteln im Raum.

»Deswegen gehe ich nicht mehr so oft ins Stadion«, bekräftigt Jens seinen Beschluss.

Abpfiff. Das Spiel ist vorbei. Der schlimme Teil des Abends ist überstanden und endlich kann man sich dem Wesentlichen zuwenden. Es brauchte also einen Syrer, damit ich mich endlich dem deutschen Fußball stelle. Ich kam als Fremder unter Deutsche. Welten standen zwischen uns. Nun verbindet uns das Abseits, ein erhöhter Promillewert und Syrien.

»Wir müssen auf jeden Fall mal zusammen ins Stadion!«, schlägt Soumar vor. Ich bestelle das fünfte Bier.

PRO(U)ST IN BREMEN – BIER IST MEINE MADELEINE

In Marcels Prousts Roman ›Auf der Suche nach der verlorenen Zeit‹ geht der Protagonist auf eine sinnliche Reise in die Vergangenheit. Der Verzehr eines Stückes in Tee getunkte Madeleine beschwört ein emotionales Déjà-vu herauf. Es ist der Geschmack seiner Kindheit. Dabei erinnert er sich nicht einfach nur an die Geborgenheit der Madeleine-Tee-Nachmittage bei seiner Tante, er fühlt sie regelrecht. Mein sechstes Becks hat eine ähnliche Wirkung. Ich merke: Ich bin in Deutschland. Winterjacken auf den Barhockern, schlechte Musik aus dem Radio, Bundesligagespräche: Die Situation macht Sinn. Ich bin zum ersten Mal in dieser Kneipe und erkenne sie trotzdem wieder. Hunderte Male habe ich in solchen Kneipen gesessen – oder sie gemieden –, im Ruhrgebiet, in Berlin, München, Köln, Magdeburg, Leipzig, Dresden. Dabei ist nicht ausschlaggebend, was man trinkt, sondern wo. Der Ort an sich. Rustikaler Bartresen, braune Holzvertäfelung, gedämmtes Licht. Durch die bunten Milchglasfenster sieht man nichts von der Außenwelt und wird auch von außen nicht beobachtet. Der Fokus liegt nicht auf Stil, sondern auf dem Trinken an sich, ungeschönt. Natürlich wird überall getrunken, auch in Griechenland. Aber meistens kommt Wein oder Tsipouro auf den Tisch, ein Schnaps aus Traubenschalen, der im Norden eine Art Nationalgetränk ist. Die Griechen sind dem Alkohol alles andere als abgeneigt, aber die deutsche Trinkkultur unterscheidet sich merklich. In Deutschland trinkt man, um betrunken zu werden. In Griechenland stehen Konversation und Essen im Mittelpunkt. Da merke ich mitunter, dass mich andere Traditionen geprägt haben. Vorglühen, Wegbier, dann eine Runde nach der anderen in netter Gesellschaft bei unterhaltsamen Dummfaseleien: Das ist Deutschland. Ab dem fünften Bier kann es dann mal philosophisch werden, zumindest gefühlt. Trinkspiele helfen dabei, die Konversation nicht zu weit vom Alkohol zu entfernen. In Thessaloniki musste ich, gerade am Anfang, aufpassen, um mich auf die Unterhaltung zu konzentrieren und vorsichtig am Tsipouro zu nippen. Ein Wort zählt mehr als tausend Kurze.

Ich beobachte Soumar. Trinkkulturell scheint er vollkommen integriert zu sein. Er spült gut durch, wie man im Fachjargon anmerken könnte. Fehlen nur noch urdeutsche Spezialitäten wie Schokotraum oder Appelkorn, diese Plörre, die Frauen in Karnevalsvereinen am Rosenmontag in Kinderplastiktrinkflaschen füllen, um Stimmung auf dem Umzug zu verbreiten. Jugendliche haben sich auf deutschen Campingplätzen mit Vanilletraum die Kante gegeben, lange bevor Alkopops einen Flair von Internationalität ins Komasaufen brachten. Vielleicht sollte Soumar diesen Teil einfach überspringen. Seine Integration scheint auch ohne die fragwürdigen Produkte der Firma Berentzen von Erfolg gekrönt.

Jens spendiert einen Kurzen.

»Für dich einen Ouzo, oder?«, fragt er.

Natürlich. Griechen und Menschen, die in Griechenland wohnen, trinken Ouzo und essen Feta.

»Gerne!«, sage ich und versuche erst gar nicht zu erklären, dass meine Kurzen sich traditionell eher im Bereich Jägermeister oder Kümmerling bewegen. Der Ouzo wird meinem Madeleine-Moment ein jähes Ende bereiten. Der kulturelle Wiederfindungsprozess ist drauf und dran, eine Schlappe zu erleiden. Da überlebe ich mein erstes Bundesligaspiel, lerne, was Abseits ist und scheitere am Schnaps. Ich habe immer noch die Hoffnung, dass die sechs großen Biere genügend Grundlage geschaffen haben und das Schlückchen Mittelmeerschnaps gegen die vielen Liter keine Chance hat. Neben mir grinst Soumar. Ich weiß nicht, ob es die naive Freude eines Angetrunkenen ist, die mir entgegenschlägt, oder ob er die äußeren Anzeichen meiner Zwangshellenisierung erkannt hat.

»Alles gut?«, fragt er und ich erkläre ihm den Sachverhalt. Er lacht, aber es scheint ihm egal zu sein. Die deutsche Trinkart hat sich durchgesetzt. Sobald er seine Arbeitserlaubnis bekommt und innerhalb der Bundesrepublik reisen darf, wird er sich auf den Weg machen und in deutschen Kneipen Erinnerungen sammeln, die, ganz so wie Proust es beschrieben hat, unmittelbar mit dem Geschmack von Bier verbunden werden. Irgendwann wird er in seinem Bremer Vorgarten mit seinen Arbeitskollegen Bratwürstchen und Nackenkoteletts grillen. Alle werden in Grün-Weiß gekleidet sein und auf dem, mit vielen Verlängerungskabeln im Garten installierten Flachbildfernseher das Spiel verfolgen. Sein 16-jähriger Sohn, der das blonde Haar seiner Mutter geerbt hat, wird besoffen mit dem Rad nach Hause kommen und Soumar wird sich erinnern, wie es war, als er früher unterwegs war.

Ich muss ein paar Dinge für das Buch notieren, damit der Abend nicht gänzlich im Suff verschwindet. Dummerweise verstößt Schreiben gegen die Antiintellektualitätsregel in deutschen Kneipen. Aber es geht nicht anders. ›Was ist ein Autor?‹, fragt der französische Philosoph Michel Foucault in einem Essay. Heute Abend ist ein Autor jemand, der Bier trinkt und Notizen macht, jemand, der auf der Schwelle zwischen aktiver Erfahrung und alkoholbedingtem Gedächtnisverlust auf die falsche Seite zu kippen droht.

Der Laden leert sich so langsam. Jens kommt mit den Kurzen wieder und ich begieße meine wiedergefundenen Kneipenerinnerungen mit Ouzo. So langsam verstehe ich, dass sich hinter den grün-weißen Fankostümen nicht, wie von mir vermutet, die Bremer Trinkelite befindet, sondern respektierte Mitglieder der Gesellschaft. Lehrer. Anwälte. Ärzte. Ein Bouquet akademischer Berufe. Ich unterhalte mich mit einem Verleger und Buchladenbesitzer über mein Projekt und frage mich, was die Menschen eher zusammenschweißt, das Trinken oder der Fußball? Wahrscheinlich eine Mischung aus beidem. Der Sport gibt zumindest eine ausreichende Begründung, um den Abend gemeinsam in einer Kneipe zu verbringen. Im Nachhinein erst, bei meiner letzten Reise nach Bremen, erzählt Soumar, wie er Jens kennengelernt hat.

»Wir haben uns Ende Oktober in einer Kneipe getroffen. Werder hat gespielt und ich war mit Freunden von Annette da. Wir waren gerade dabei, eine Partie Kicker zu spielen, als Jens mich gefragt hat, ob ich arbeiten wolle. Das wollte ich natürlich, aber ich durfte noch nicht. Dann hat Jens sich meine E-Mail-Adresse notiert und meinte, er wolle im Jobcenter für mich nachfragen und mir dann Bescheid geben. Dann, direkt am Montag darauf, hat er mich angerufen und mir erzählt, dass er schon im Jobcenter war, ich tatsächlich nicht arbeiten dürfe und zuallererst die Sprache lernen müsse. Jens ist ein Freund des Besitzers der Casa-Sprachschule. Bis heute weiß ich nicht, ob er Geld bezahlt hat oder nicht. Aber wir haben uns dann in der Schule getroffen und ich konnte den A1-Kurs machen.«

Offensichtlich schlägt Jens' Herz nicht nur für Werder.

»Und du weißt nicht, ob Jens das bezahlt hat?«

»Auf jeden Fall hat er mit dem Besitzer geredet. Ob Geld im Spiel war oder nicht, keine Ahnung. Sicher ist, dass er mir einen Platz besorgt hat. Als ich mit A1 fertig war, habe ich für drei Monate Taschengeld beim Sozialamt beantragt. Das habe ich zuerst nicht bekommen, aber als der Antrag bewilligt wurde, wurde mir das Geld rückwirkend für drei Monate ausgezahlt. Damit habe ich die Hälfte von A1.2 bezahlt. Den Rest habe ich in Raten abgestottert. Dafür hat Annette mir Geld geliehen. Und du hast mir mal was gegeben. Jens aber verdanke ich die allerersten Schritte.«

»Jens hat dir viel geholfen, was?«

»So unglaublich viel.«

Vielleicht geht es doch nicht nur ums Trinken oder um den Sport bei diesen Fußballfans. Vielleicht ist der Sport, so sehr er mir auch ein Dorn im Auge ist, einfach eine Möglichkeit, um soziale und kulturelle Unterschiede für einen Moment außer Acht zu lassen, sich nach Rauch und Bier stinkende Fanschals umzubinden und gemeinsam Leidenschaft für einen Verein, für Alkohol und, beizeiten, selbst für die Bundesrepublik zu zeigen. Dass sich zwischen Kicker und rustikalen Barhockern Szenen beispielhafter Solidarität abspielen können, hatte ich mit meinem elitären Stock im Arsch bisher einfach ignoriert.

»Nach ein paar Wochen in Bremen war ich mal mit einem Freund im Auto unterwegs«, erinnert sich Soumar. »Ich hatte meine Werder-Jacke an. Und als wir an der Ampel halten mussten, stand neben uns ein Typ, der irgendwas rübergerufen hat. Ich hatte keine Ahnung, worum es geht. Mein Freund hat mir dann erklärt, dass mich da ein Borussia-Fan sanft darauf aufmerksam gemacht hat, dem falschen Verein anzugehören.«

In mir passiert nichts, als ich Borussia höre. Keine Nostalgie. Pure Gleichgültigkeit. Vielleicht würde ich heute noch im Pott wohnen, wenn ich mehr Leidenschaft für den Fußball entwickelt hätte. Jetzt wohne ich in Thessaloniki neben dem Iraklis-Stadion und bin einer von denen, die sich darüber aufregen, dass bei Heimspielen die ganze Straße zugeparkt ist. Aber, wie gesagt, ich sehe das Meer.

Hansen ist schon lange weg und auch Jens und Brigitte verabschieden sich. Soumar und ich bestellen noch etwas zu trinken und ich entscheide, dass es Zeit wird für mein Coming-out. Selbst unter westeuropäischen Männern ist es nicht immer einfach, zu seiner Homosexualität zu stehen, nicht zuletzt, weil Diskriminierung in der Schule, bei der Arbeit oder einfach auf der Straße immer noch zum Alltag gehört. Mitten in Berlin, dem Hort der Toleranz, hat man mir am hellichten Tage mit dem Tod gedroht, nur, weil ich mit meinem damaligen Freund, einem Perser, Hand in Hand gelaufen bin.

»Beim Führer hätte es sowas nicht gegeben. Der hätte euch alle kalt gemacht«, war der Satz eines Mittvierzigers am Prenzlauer Berg.

Man ist also immer ein wenig vorsichtig. Und jetzt sitzt vor mir ein Syrer, der zwar ein überzeugter Atheist ist, aber es geht ja nicht nur um Religion. Ich richte das Thema erst auf meinen Hund, um ein paar Sympathiepunkte zu sammeln, druckse so vor mich hin und sage dann einfach: »Weißt du, ich bin in Thessaloniki mit einem Mann zusammen.«

»Okay«, antwortet Soumar und verzieht sein Gesicht in Gleichgültigkeit.

Das war es schon. Ein Hoch auf die Toleranz. Ein Hoch auf Alkohol, über den Homer Simpson gesagt hat, er sei die Ursache *und* die Lösung für alle Probleme des Lebens.

Wir sind faktisch die letzten Gäste. Die Besitzerin der kleinen Kneipe setzt sich zu uns, eine Brasilianerin mit niederländischen Wurzeln. Sie ist seit vielen Jahren in Bremen und erklärt uns, dass sie das Lokal gemeinsam mit ihrem Mann übernommen habe und die offizielle Eröffnung eigentlich erst morgen stattfinde. Ich begleiche die Rechnung. Der angenehme Alkoholpegel treibt uns weiter ins wilde Bremer Nachtleben. Auf ins Viertel! Wir stolpern durch die kleinen Gassen, die Soumar mit der Altstadt von Damaskus vergleicht.

»Die alten Häuser, die Pflastersteine, das ist wie in Damaskus.« Proust, du alter Fuchs.

»Die Straßen sind so eng hier. Man kommt kaum durch mit dem Auto. Dann ist es schön ruhig. Überleg mal, wie viele Menschen über die Jahrhunderte schon hierher gelaufen sind. Und früher gab es hier Kutschen und keine Autos.«

Ich habe mal gelesen, dass bis vor ein paar Jahren Haake-Beck-Bier noch mit Kutschen ausgeliefert wurde. Dann wurde die Brauerei von einem großen Konzern gekauft und es war Schluss mit Romantik.

»Das hier war der Ursprung der Stadt!«, träumt Soumar. Bier-Erinnerungen kennen keinen Krieg. Auf einmal wird jene norddeutsche Stadt, von der vor wenigen Stunden behauptet wurde, sie habe den Schlüssel zur Welt, zu einer arabischen Metropole.

Wir betreten die allererste Kneipe, die wir finden. Hinterm Tresen schenkt eine Frau mit kurzem Rock und tiefstem Ausschnitt Bier aus. Mit russischem Akzent fragt sie uns, was wir wollen. Von der nicht anhaltenden, internationalen Wendung dieses Abends fühlen wir uns zu Wodka inspiriert. Neben uns scheint eine burschikose Mittzwanzigerin mit kurzen Haaren wohl schon vorher und öfter als einmal auf dieselbe Idee gekommen zu sein. Sie hängt auf dem Barhocker wie ein Kartoffelbauer, dem man die Subventionen gekürzt hat. Ihr Kopf liegt auf dem Tresen gebettet, ihre Lippen und Augen bewegen sich unter dem Aufblitzen kurzer Gedankenfragmente, die unkontrolliert durch ihren Kopf irren. Sie schaut uns an, hebt mit allerletzter Kraft den Oberkörper, ruft der Bedienung einen Satz zu, aus dem sich weder Sinn noch Herkunft feststellen lassen, und kehrt dann in ihren Ruhezustand zurück. Soumar und ich prosten ihr mit dem Wodka entgegen und kippen den Kurzen zum bereits bestehenden Alkoholvorrat in unsere Mägen. Aus dem Spielautomaten neben dem Klo singt uns eine digitale Enya einen Abschiedsgruß zu. Es wird Zeit zu gehen. Die nächste Bar, die wir anpeilen, ist bereits geschlossen. Ein großer Vorteil der Muttersprache aber ist, dass man auch bei merklich erhöhtem Alkoholgehalt im Blut noch vollständige Sätze bilden kann. In Griechenland hätte ich wahrscheinlich gar nicht versucht, mit meinen miesen Sprachkenntnissen um ein letztes Getränk zu bitten. Hier habe ich Glück. Mein Biercharme öffnet uns das Tor und wir befinden uns mitten auf einer Privatparty. Aus den Lautsprechern dringen Hits der 80er-Jahre. Wir singen laut mit und man lächelt uns zu. Offensichtlich schätzt man unsere Heiterkeit. Zur Feier gibt es Tequila.

»Hast du eigentlich manchmal Probleme, wenn du in Kneipen oder Cafés gehst? Ich meine, wirst du da schlecht behandelt oder angepöbelt?«, erkundige ich mich.

Soumar überlegt.

»Selten. Meistens sind alle sehr nett«, erklärt er. »Einmal wollte ich mit Freunden von der Sprachschule tanzen gehen. Ich kam ein wenig später und wollte in diesen Club. Der Türsteher hat mich aber nicht gelassen und auch nicht gesagt, warum. Ich habe dann eine Freundin angerufen, die rauskam und dem Türsteher erklärt hat, dass ich zu ihr gehöre. Da war aber nichts zu machen. Neben mir hat er die Leute reihenweise durchgewunken. Meine Freundin meinte, dass es wohl an meinem arabischen Aussehen gelegen hat.«

Ja, viele Türsteher in Deutschland sind dem Orient in der Warteschlange nicht gerade freundlich gesonnen. Sobald der Teint deutlich dunkler ist, wächst der Widerstand.

»Und einmal war ich alleine in einer Kneipe und habe ein paar Bier getrunken. Der Typ an der Bar hat mich von oben bis unten gemustert. Und während alle anderen einen Deckel hatten, musste ich jedes Bier separat bezahlen. Irgendwann hat er mich gefragt, wo ich herkomme. Ich habe dann erklärt, dass ich Syrer sei, woraufhin er mich wirklich gefragt hat, ob es überhaupt legal sei für mich, Alkohol zu trinken. Ich habe ihm dann erklärt, dass Alkohol in Syrien nicht verboten ist. Dann war er netter und ich musste auch nicht mehr jedes Getränk einzeln bezahlen.«

Als Sorge getarntes Misstrauen. »Aber einige Menschen sorgen sich wirklich«, fährt Soumar fort. Er sei eine Zeitlang öfter ins ›Wohnzimmer‹ gegangen, ein Café im Viertel. Jeden Tag eigentlich. Und er habe sich auch immer mit den Kellnern unterhalten.

»Als ich einen Tag mal nicht da war, hat man sich am nächsten Tag direkt erkundigt, ob alles in Ordnung ist.«

Es ist genug für heute Abend, beschließen wir. Als einziger Ortskundiger stolpert Soumar vor in Richtung Zuhause. Kurz vor dem Ziel tappen wir in die übliche Falle: die letzte offene Kneipe vor dem Bett. Natürlich gehen wir nicht vorbei. Wir setzen uns an die Bar. Neben mir schläft jemand im Sitzen. Die anderen nennen ihn Kai. Ich schalte mich in das Gespräch ein und versuche, eine Atmosphäre der Intimität zu erzeugen. Leider scheitere ich diesmal. Die Bedienung, eine junge, durchaus attraktive Brünette, könnte unfreundlicher kaum sein. Demonstrativ abwertend knallt sie uns das Bier auf den Tresen. Uns gegenüber sitzt ein Schwarzafrikaner. Auch er hat an diesem Abend wohl zu tief in zu viele Gläser geschaut. Die Stimmung ist gereizt. Offensichtlich gab es schon vorher Streit. Beleidigungen in schlechtem Englisch machen die Runde. Ich habe Hunger und denke an Grünkohl mit Pinkel. In Griechenland gibt es keinen Grünkohl, der mir im Winter manchmal abgeht. Ich versuche, mit der Frage nach einem guten Grünkohllokal schlichtend auf die Situation einzuwirken.

»Den muss man hausgemacht essen«, antwortet die unfreundliche Bedienung brüsk.

Derweil unterhalten sich Soumar und der Schwarzafrikaner auf Arabisch. Bei den anderen Gästen kommt das gar nicht gut an. Langsam wird mir klar, warum man uns schlecht behandelt.

Mein Begleiter ist Ausländer, offensichtlich Araber. Zumindest in dieser Kneipe scheint dies nicht gern gesehen zu sein. Zum ersten Mal in meinem Leben bin ich Opfer oder zumindest Kollateralschaden rassistischer Diskriminierung. So fühlt sich das also an. Der Schwarzafrikaner entpuppt sich als Geflüchteter aus Somalia. Und weil es Probleme mit ihm gab, mag man Soumar nicht, und weil man Soumar nicht mag, mag man mich nicht. Offensichtlich wirken wir wie ein Dreigestirn des Terrors auf die biodeutschen Trinker. Und wenn sich der Syrer und der Somalier auf Arabisch unterhalten, dann ist wohl Vorsicht geboten. Später erzählt Soumar, dass er ihn einfach beruhigen wollte, um eine mögliche Eskalation zu verhindern. Geholfen hat das nicht. Er fängt Streit mit einem Begleiter des schlafenden Kai an. Soumar geht mit ihm vor die Tür und beendet die Situation friedlich, bevor es zur Schlägerei kommt. Als wir zurück in die Kneipe gehen, spendiert die unfreundliche Bedienung auf den Schock einen Becherovka. Allen außer uns. Die Szene erinnert an eine Anti-Rassismuskampagne des Bundesamtes für Migration und Flüchtlinge. Acht Menschen sitzen am Tresen und sechs bekommen einen Schnaps. Ausgeschlossen wird ein besoffener Grünkohlfanatiker und derjenige, der die kritische Situation des Abends zu schlichten vermochte. Mein alkoholisierter Gerechtigkeitssinn lässt mich zwei Becherovka bestellen. Soumar und ich prosten uns zu, setzen an, trinken aus und gehen, ohne uns zu verabschieden. Hausgemachter Grünkohl allein führt offensichtlich nicht zu moralischer Überlegenheit.

WO SICH METT UND IGEL GUTE NACHT SAGEN

Mett ist uncool. Zum Igel geschichtetes, rohes Schweinehack mit Zwiebelstacheln und Pfefferaugen: Das kulinarische Highlight jeder gut bürgerlichen Hochzeit der 70er-Jahre hat einen tiefen Reputationsniedergang erlitten. Mett ist das ultimative Symbol deutscher Biederkeit. Wer als akademischer Großstadtdeutscher heute noch Mett isst, gilt als kulturloser Ewiggestriger. Viele stellen Fleischessen an sich schon gleich mit Rassismus, wenn nicht noch schlimmer. Mett ist dann unterste Schublade. Die NPD des Fleischkonsums. Kaum vorzustellen, wie die Kreuzberger Biomutter reagieren würde, wenn man vor ihr und ihrem Bio-Nachwuchs ein Mettbrötchen essen würde. Sie wäre traumatisiert, für sich und ihr Kind zusammen. Bei Rot über die Ampeln gehen oder Kiffen ist cool, da kann man nichts sagen. Mettbrötchen und Plastikspielzeug aus Taiwan aber sind Kapitalverbrechen und die Visitenkarte des ignoranten Bürgers von heute. Ich habe einmal aus Spaß einen Mettigel zu einem Geburtstagsbrunch mitgebracht. Er war ganz klein und aus Biofleisch. Die Gastgeberin konnte darüber gar nicht lachen. Irgendwann lag das arme Tier samt Teller im Mülleimer. Offizieller Grund war die Salmonellengefahr. Meine Mousse au Chocolat mit sechs rohen Eiern schien dagegen kein Risiko darzustellen. Alles aufgegessen und Schüssel gespült zurückbekommen. Vielleicht hätte ich den Mettigel ethnisch re-branden sollen. Himalayisches Erkenntnis-Pâté oder südindisches Meditations-Mus. Fernöstliche Labels geben halt ein gutes Gefühl und so passt das Mettbrötchen auch zum Yoga-Kurs.

Ich bin zum zweiten Mal in Bremen und die Stadt fühlt sich schon ein wenig vertrauter an. Nachdem Soumar mich vom Bus abgeholt hat, stehen wir vor dem Supermarkt im Viertel. Inzwischen wohnt Soumar nicht mehr bei Annette, sondern mitten im Bremer Szenebezirk. Jens, der Werder-Bremen-Gefährte, hat ihm eine Wohnung vermittelt. Dies hat zwar zum Verlust des Vorgartens bei Annette geführt, doch der Drang nach den eigenen vier Wänden war stärker. Soumar war die Entscheidung nicht leicht gefallen. Via Skype hatten wir oft darüber gesprochen, ob es eine gute Idee ist oder nicht, jetzt schon allein zu wohnen. Unabhängigkeit und Selbstständigkeit sind ja schön und gut. Aber würde es dann nicht ein wenig einsam werden? Bei Annette hatte er ja nicht nur ein eigenes Zimmer, sondern auch jemanden, für den er nicht nur ein Flüchtling war, sondern ein Freund.

»Annette kennt die Situation in Syrien. Sie hat keine Vorbehalte oder behandelt mich nicht wie jemanden, der Hilfe braucht. Für Annette bin ich einfach Soumar. Weißt du, manchmal weiß ich nicht, ob die Leute hier mich um meinetwillen mögen oder nur, weil ich ein Flüchtling bin.« Mit anderen Worten: Helfen sie, weil sie denken, sie müssten oder wollen sie sich anfreunden? An Unabhängigkeit mangelt es Soumar offensichtlich nicht. Immerhin war er unabhängig genug, um nach Deutschland zu kommen und sich in nur wenigen Monaten die Grundlagen für ein neues Leben zu schaffen. Der zweite Schritt der Integration scheint die Überwindung des Flüchtlingslabels zu sein, die Anerkennung als eine Person, die in der Lage ist, selbstständig zu handeln, und der nicht permanent geholfen werden muss. Das bedeutet auch, dass nicht jeder Kontakt mit Soumar ein Akt der Barmherzigkeit ist.

»Das Einzige, was ich will, sind Freunde«, hatte mir Soumar bei meinem ersten Besuch erzählt. Und auch, wie seine Mutter ihm einmal gesagt hat: »Du! Du kennst jeden und hast überall Freunde.«

Viele Griechen, die wegen der Krise nach Deutschland gehen mussten, erzählen mir, dass es nicht leicht sei, in Deutschland Freunde zu finden. Gerade der erste Kontakt gestalte sich schwierig. Für Geflüchtete ist das vielleicht anders. Da gab es den ersten Kontakt, Hilfsbereitschaft und Mitleid. Aber entstehen daraus dann Freundschaften? Die sind ja, wenn man mal drüber nachdenkt, das einzig wirklich hilfreiche Werkzeug der Integration. Immer redet Soumar mit großer Dankbarkeit über alles und jeden, der ihm bei seiner Flucht und nach seiner Ankunft in Bremen zur Seite stand. Und so wichtig Hilfe auch ist in diesen Situationen, schafft sie Ungleichheit. Sie macht aus den einen Bedürftige und aus den anderen Wohltäter. Der Schritt in die eigene Wohnung ist für Soumar auch eine erste Überwindung der Ungleichheit, ein Beweis seiner Selbstständigkeit und – nicht zu vergessen – einfach das Grundbedürfnis eines erwachsenen Menschen.

»Was willst du essen?«, fragt mich der neue Bremer Wohnungsmieter.

Als wir zum ersten Mal im Viertel waren, hat mir Soumar erzählt, dass in Bremen große Wohnungsnot herrsche und dass es sehr schwierig sei, überhaupt eine Unterkunft zu finden. Das Viertel sei hart umkämpft. Jetzt steht er vor seinem Nachbarschafts-Rewe. Nach so kurzer Zeit in Deutschland hat er ein Netzwerk aufgebaut, das ihn mitten in den Bremer In-Bezirk befördert hat.

»Keine Ahnung. Lass uns mal reingehen und gucken.«

Das Innere des Rewe-Marktes weckt in mir das Bedürfnis nach einem klassisch-biederen Abendbrot. Eine Variation aus Schweinefleisch: Wurst, Wurst und Wurst. Und dazu Bier. »Hast du Bock auf ein authentisch deutsches Abendessen?«, frage ich Soumar.

»Auf jeden Fall.«

Ich führe den Einkaufswagen vorbei an Gemüse und Obst in Richtung Fleischtheke. Kennt man einen Supermarkt in Deutschland, kennt man alle. Griechische Supermärkte sehen ähnlich aus, sind aber anders strukturiert. Da muss ich noch überlegen, wo was steht. In Deutschland kann ich einfach das Gehirn ausschalten und blind nach rechts und links greifen. Den Rest erledigt der Trieb.

»Was darf's bei Ihnen sein?«, fragt die etwa 50-jährige Frau in weißem Kittel.

Bei ihr bin ich sicher. Niemals würde sie mir einen moralischen Konflikt aufbürden, nur weil ich Mett will. In Berlin habe ich gelernt, dass Mett Hackepeter heißt und mir angewöhnt, zu Brötchen Schrippen zu sagen. Wenn ich dann mal im Ruhrgebiet war, habe ich mir als Neu-Berliner oft selbst gefallen, wenn ich beim Bäcker auf Berlinerisch bestellt habe. Schön angeben, schön anders sein. In Bremen will ich mir das sparen und bestelle 300 Gramm Mett. Die Fleischfachverkäuferin schaut mich irritiert an.

»Halb und halb?«

Wie jetzt?

»Na das, was man sich so auf's Brötchen schmiert.«

»Also Hackepeter!«

Ich bin völlig verwirrt. Ist Mett etwa nicht der offizielle und internationale Ausdruck für ein verzehrfertiges Rohfleischprodukt? Ist Thüringer Mett nur ein regionales Sprachspiel und der offizielle Name ist Hackepeter? Die begriffskluge Verkäuferin wiegt das Fleisch ab.

»Darf's noch was sein?«

»Ein Stück Fleischwurst ohne Knoblauch und ein Stück feine Leberwurst.«

Das Abendessen ist komplett. Ich frage mich, was der Dame wohl durch den Kopf geht, als sie einem offensichtlich verwirrten Deutschen und einem Moslem, wie sie vielleicht mutmaßt, das Schweinefleischtriptychon überreicht. Soumar hat oft erzählt, dass er komisch angeschaut wird, wenn er Bier trinkt oder ein Würstchen ist. Darf er das denn? Passiert gleich was mit ihm? Trifft ihn der Blitz? Einmal hat er mir folgende Geschichte erzählt:

»Ich habe mein Sparschwein zur Bank gebracht mit meinem ganzen Kleingeld. Die Frau am Schalter war sehr freundlich. Als sie meinen arabischen Namen sah, hat sie mich gefragt, ob das mit dem Schwein für mich okay sei.«

Kein schlechter Ansatz, aber das Schwein ist ja aus Plastik und mit Münzen gefüllt. Vielleicht wird die Sparkasse in Zukunft für muslimische Kunden auf Sparziegen und für vegetarische Kunden auf irgendein Gemüse der Saison ausweichen.

Ich nehme der Verkäuferin das Fleisch ab und überlege mir, wie schön ein Wurstbouquet jetzt wäre, so ein Teil, das man manchmal auf Werbebildern von Metzgereien sieht: Aus kunstvoll arrangierten Fleischwurstkringeln ragen die Spitzen kleiner Rügenwalder Teewürste hervor. Auf Mettenden drapierte Salami- und Schinkenblüten lockern das Ensemble ein wenig auf. Kleine Spieße mit jungem Gouda, Weintrauben und Salatgurke sorgen für die vegetarische Alternative. Auf so viel Ästhetik zum Thema Schwein müssen wir verzichten. Nichtsdestotrotz sind wir gut ausgestattet.

»Bier habe ich im Kühlschrank«, versichert Soumar, sodass wir uns auf den Weg nach Hause machen können.

Seine Wohnung befindet sich in unmittelbarer Nähe der kleinen Kneipe, in der wir unseren Bundesligaabend hatten. Neubau, zwei Zimmer, Küche, Diele, Bad. Jeder Bremer Student würde über Leichen gehen, um hier zu leben. Soumars Bude ist geprägt vom Charme der neu errungenen Selbstständigkeit. Sie erzählt die Geschichte von einem, der sich aufmachte, um das Leben zu finden, und dabei ausrangierte, funktionale Möbel aus verschiedenen Quellen sammelte.

»Tisch und Couch sind von einer Nachbarin und Brigitte hat mir die komplette Kücheneinrichtung überlassen«, beginnt und beendet Soumar die Wohnungsführung in einem Satz.

»Hast du endlich das Bett, in dem du ruhig schlafen kannst?«, frage ich.

»Na ja, noch nicht richtig«, antwortet er und geht lachend vor ins Schlafzimmer. Der kleine Raum ist zu zwei Dritteln ausgefüllt mit einer quadratischen Schlafcouch, die als Platzhalter das Bett zumindest andeutet.

»Ist das bequem?«

»Nein, nicht wirklich«, sagt Soumar ohne den geringsten Anschein von Beschwerde. Mein Blick fällt auf ein paar Cowboystiefel, die neben dem Bett stehen.

»Ähm, kannst du das erklären? Warum hat ein syrischer Geflüchteter in einer Bremer Wohnung solche Stiefeletten neben dem Bett stehen?«

»Die hat mir die Mutter meiner Schwägerin geschickt. Ich musste 100 Euro Zollgebühr nachzahlen, aber das hat sich gelohnt!«, lacht Soumar und geht zurück ins Wohnzimmer, wo Mett- und Leberwurstbrötchen uns nebst großen Stücken Fleischwurst als Salatbeilage erwarten. Dazu gibt es Bier und es wird Zeit für mein hochprozentiges Gastgeschenk: Tsipouro! Da steht der Syrer nun mit Schnaps und rohem Schweinefleisch. Im Radio läuft frühbarocke Musik.

»Ist das typisch deutsch?«, fragt Soumar.

Ich schaue mich um und überlege, was nicht ins Bild passt.

»Na ja, alles bis auf barocke Vokalmusik und den Syrer«, antworte ich, beiße in mein Mettbrötchen und versuche einzuschätzen, ob Soumar sich mit dem deutschen Abendessen anfreunden kann.

»Sehr lecker!«, sagt er, als er von allen Schweinevarianten probiert hat.

Ein paar Monate später werde ich ihn nach seinem deutschen Lieblingsessen fragen und er wird »Mett« antworten. Ich hoffe inständig, dass ich ihm damit keine Feinde bereite, entweder radikale Islamisten oder radikale Vegetarier. Wer Mett isst, ist deutscher Konsumkapitalist. Sollte ich mich schämen? Soumar teilt sein Leben in Deutschland mit mir, lädt mich in sein Haus ein, stellt mir seine Freunde vor und zeigt mir mein Land fernab meiner Gewohnheiten. Im Gegenzug verführe ich ihn zu kulinarischen Abenteuern, die seine Großstadtintegration gefährden und ihn vor zukünftigen Bildungsfreunden diskreditieren könnten. Dann muss er aufs Dorf flüchten, sich PEGIDA anschließen und tagein tagaus seinen Integrationswillen durch den Verzehr von Mett unter Beweis stellen. Aber man will ja nicht den Teufel an die Wand malen. Wir unterhalten uns stattdessen über den Status quo. Zum ersten Mal erzählt er mir, dass ihm das Deutsche Probleme bereitet. Er versteht viel, aber natürlich nicht alles, wie auch, nach so kurzer Zeit. Beim zweiten Sprachkurs kommt er nicht so schnell mit wie erhofft. Dennoch ist er zufrieden.

»Ich mag den deutschen Lebensstil. Man arbeitet von Montag bis Freitag und dann ist Wochenende. Außerdem ist das Leben hier sicher.«

Ich weiß nicht genau, wie ich darauf antworten soll. Bis auf das Jahr im Ministerium hatte ich nie geregelte Arbeitszeiten und ich kann nicht genau sagen, worauf Soumar seine Aussagen stützt. Sind es Vorstellungen von Deutschland? Sind es Beobachtungen oder sind es Vergleiche mit Syrien? Ich schwanke zwischen ›der Wohlstand der Bundesrepublik wurde dem Neoliberalismus geopfert‹ und ›man sollte sich bewusst machen, was man in Deutschland alles hat‹. Es ist nicht einfach, hier das richtige Mittelmaß zu finden, wenn es das überhaupt gibt. In Griechenland erkläre ich den Leuten oft, dass die Situation in Deutschland sich nicht so rosig darstellt, wie das zu Beginn der Krise von der Bundeskanzlerin und der damaligen Arbeitsministerin von der Leyen in Europa verbreitet wurde. Natürlich ist es besser als in Griechenland, aber bei einer Jugendarbeitslosigkeit von über 50 Prozent dort ist das auch nicht schwierig. Und ja, die Menschen in Hellas, die Not leiden, wären froh darüber, Hartz IV zu bekommen, sodass nicht die ganze Familie auf die Rente von Opa Adonis angewiesen wäre. Ich erzähle Soumar von diesen Erfahrungen, der Krise, dem Identitätsverlust bei der Arbeitssuche. Ich versuche zu erklären, dass die Arbeitslosenquote schön aussieht, aber dabei viel getrickst wird, dass es freie Stellen gibt, aber nicht jeder Schulabsolvent bereit ist, eine Ausbildung zum Pommesfachverkäufer zu absolvieren. Aber was soll ich jemandem sagen, dessen Universität zerbombt wurde und der dem lähmenden Alltag eines Landes im Krieg entflohen ist? Soumar erzählt mir von einem Geflüchteten, der in Syrien Arzt war und dem das Amt in Deutschland einen Job an der Kasse eines Getränkemarktes aufgebrummt hat. Er habe sich nicht wohlgefühlt und sei dann nicht mehr hingegangen. Dabei ging es nur darum, dass sein Deutsch für die Arbeit als Arzt noch nicht gut genug war, erzählt Soumar kopfschüttelnd.

»Ich kann ihn irgendwie verstehen«, sage ich. »Da studiert man Medizin, heilt Menschen und auf einmal verkauft man Abiturienten Bier. Da wird man doch depressiv. Und lernt man da genügend Deutsch, um im Krankenhaus jemandem zu erklären, dass er Krebs hat?«

Soumar beißt von seinem Leberwurstbrötchen ab. Mohn klebt an seinen Vorderzähnen.

»Lecker!«, wiederholt er, trinkt einen Schluck Bier und lässt sich Zeit mit seiner Antwort.

»Er muss arbeiten gehen. Warten bringt nichts.«

Schon wieder sind wir in einer Situation, in der ich mir nicht sicher bin, ob ich zu naiv oder er zu pragmatisch ist. Ich erinnere mich an Guido Westerwelles Vorschlag, die Hartz-IV-Empfänger zum Schneeschaufeln zu verpflichten, und daran, dass ich nie wieder vom Amt abhängig sein will, eben aus diesem Grund. Darf der Staat Hilfsbedürftige kontrollieren? Prinzipiell habe ich nichts dagegen, wenn das Amt bestimmte Auflagen stellt. Aber wem hilft es, Langzeitarbeitslose zu Arbeiten zu zwingen, die einen bestrafenden oder, im besten Falle, ›pädagogischen‹ Charakter haben und meistens auch nicht zu einer angemessenen Beschäftigung führen? Und: Ist es sinnvoll, wenn ein syrischer Arzt Getränke kassiert? Vielleicht. Vielleicht denke ich zu idealistisch. Vielleicht aber denkt Soumar auch zu pragmatisch. Vielleicht wäre es besser, billiger und effizienter, ihm sprachliche Unterstützung zur Seite zu stellen. Einzelunterricht mit dem Fokus auf Gespräche zwischen Arzt und Patient. Dann hätten gleich zwei Leute eine sinnvolle Beschäftigung. Leider weiß ich allerdings aus eigenen Erfahrungen, dass Jobcenter und Sozialämter nicht gerade für ihre Kreativität bekannt sind. Dennoch verstehe ich Soumar. Ihm muss Deutschland in vielerlei Hinsicht wie ein Paradies erscheinen. Viele Dinge funktionieren besser als in Syrien – oder in Griechenland. Paradoxerweise wird er in Bremen von vielen in die Islam-Schublade gesteckt, während er in Syrien als Alawit verfolgt wurde und seinen Atheismus verstecken musste. Dasselbe Weltbild, das ihm jetzt erlaubt, das letzte Mettbrötchen mit einem guten Schluck Bier herunterzuspülen. Die Unterhaltung hat die Stimmung im Raum spürbar verändert.

»Fühlst du dich manchmal einsam in Deutschland?«, frage ich.

»Natürlich. Ich sitze hier und frage mich, was aus mir wird in der Zukunft.«

Ich kenne dieses Gefühl, besonders aus Griechenland. Dann sitzt man da, fühlt sich allein und fragt sich, ob es richtig war, wegzugehen. Und dann fehlen Freunde, um das abzufedern. An einem neuen, fremden Ort dauert es, bis Freundschaften eine gewisse Qualität erreicht haben. Da ist es auch egal, ob man in einem Land ist wie Griechenland, wo man sich mit jedem in eine Unterhaltung verstricken kann, oder in Deutschland, wo die Menschen mehr auf Abstand gehen. Dieses Gefühl des Alleinseins, mit dem Soumar jetzt in seiner neuen Wohnung sitzt, hat nicht nur mit seinem Dasein als Geflüchteter zu tun, sondern mit dem Fremdsein an sich. Wenn man ein neues Leben beginnt, dann ist das Alleinsein ein ständiger Begleiter, egal wie viele Menschen man kennt. Man beobachtet von außen und nicht von innen. Es gibt keine Gewohnheiten, die man hinnehmen oder verteufeln kann. Jeder Schritt bringt Neues mit sich. Viel davon ist gut, aber nichts ist wirklich greifbar. Alles wird an Erfahrungen gemessen, die man in einer anderen Welt gemacht hat. Wenn ich Mett esse, dann geht der Geschmack unter in einer Unsumme von Erinnerungen, in denen ich Mett gegessen habe und die nicht voneinander trennbar sind. Alle gehen irgendwie zurück auf die Samstagabende in meiner Kindheit und ziehen ein ganzes Netz an Bildern und Gerüchen mit sich, die irgendwo Teil meines Lebens waren. Für Soumar ist Mett eine völlig neue Erfahrung, offensichtlich eine gute. Es ist ein naiver Schritt in ein neues Leben. Keine Assoziationen mit deutscher Biederkeit, Massentierzucht, Salmonellen oder irgendwelchen Hochzeitsfotos aus den 70er-Jahren. Vielleicht wird er irgendwann von einem Veganermob terrorisiert, aus der Stadt vertrieben und muss ein Dasein als mettessender Tagelöhner in der Provinz fristen. Dann wird ihm mein abartiges Gelüst zum Verhängnis. Bis dahin aber freue ich mich, dass ich endlich jemanden gefunden habe, mit dem ich ein Mettbrötchen essen kann, ohne mich dafür moralisch rechtfertigen zu müssen.

JEDE KULTUR HAT IHR EIGENES WETTER

Ein Vorurteil, das Deutsche über sich selbst haben und das sich auch im Ausland größter Beliebtheit erfreut, ist, dass man nur über das Wetter redet. Ganz aus der Luft gegriffen ist das nicht. Der fachmännische Blick in den Himmel, die Einschätzung der Wolkenlage und die darauf basierende Voraussage sind wichtige Planinstrumente, gerade in der Kleingärtnerbranche. Und nur, weil man zur eigenen Gemütserheiterung gerne davon redet, dass es kein schlechtes Wetter, sondern nur schlechte Kleidung gäbe, heißt das noch lange nicht, dass man deswegen auf Beschwerden verzichten muss. Zu heiß, zu kalt, immer regnet's, wenn man grillen will, Schnee in der Stadt nervt, auf dem Land werden die Straßen im Winter nicht richtig gestreut usw. Beschweren sich die Deutschen permanent über das Wetter? Vielleicht. Wahrscheinlich sogar. Auf der anderen Seite ist mir bisher nicht aufgefallen, dass man sich in anderen Ländern weniger über das Wetter beschwert. In Madrid habe ich mich einmal mit einer Frau auf der Straße unterhalten. Es war Sommer und wirklich heiß. Während wir redeten, kühlte sie ihr schweißbedecktes Gesicht mit einem Fächer, den sie in einer blitzschnellen Handbewegung auseinanderfalten und ebenso schnell wieder in sich selbst verschwinden lassen konnte. »Ihr Deutschen redet immer nur über das Wetter«, beklagte sie sich, obwohl ich persönlich bisher kein Wort darüber verloren hatte. Keine zehn Sekunden später verfiel sie in eine Litanei auf die Hitze im sommerlichen Madrid. »Unerträglich, diese Hitze«, klagte sie.

Auch in Griechenland ist das Wetter ein beliebtes Thema. Jede Form von Regen ist ein Ausnahmezustand. Ein kleiner Nieselschauer kann dazu führen, dass Termine abgesagt werden. Gut, die Kanalisation in Thessaloniki ist nicht gerade sehr effizient. Wenn es eine halbe Stunde regnet, schießt das Abwasser aus den Gullis und macht einige Straßen unpassierbar. Aber ganz allgemein werden Hitze, Kälte, Regen, Wind und Schnee gerne mit einem mehr oder weniger deutlichen Hinweis auf das persönliche Schicksal thematisiert. Eines der ersten Wörter, das ich auf Griechisch gelernt habe, war υγρασία. Übersetzt heißt das etwa Luftfeuchtigkeit oder auch Schwüle. In Thessaloniki spielt das eine große Rolle. In der Tat legt sich das verdunstete Meerwasser mitunter recht drückend über die Stadt. Im Sommer tropft man, ohne zu schwitzen, im Winter haben alle Kollektiv-Rheuma. Bei allem unmittelbaren Leid, das die Krise in die Stadt gebracht hat, ist die Thessaloniker Schwüle wie ein metaphysischer Kitt, der die Menschen an die Zeit vor dem Sturz in europäische Sparfetischismen erinnert. Die Beschwerde über das Wetter ist wie eine süße Erinnerung an bessere Zeiten, als es auch schon zu heiß oder zu kalt war. Das heißt natürlich nicht, dass man sich deswegen über die Luftfeuchtigkeit freut. Oder über irgendein anderes Wetter. Während man im Winter die Wohnung auf gemütliche 26 Grad hoch heizt und das Fenster stets verschlossen hält (die Temperaturen in Thessaloniki sinken so gut wie nie unter den Gefrierpunkt, aber na ja, υγρασία ...), kühlen Klimaanlagen das häusliche Umfeld im Sommer auf hochdramatische 16 Grad herunter. Wie Mutter Natur es macht, es ist falsch. Aber egal, kurz und bündig gesagt, die Beschwerde über das Wetter scheint keine genuin deutsche Unart zu sein, sondern, so wie die Luftfeuchtigkeit in Thessaloniki, ein metaphysisches Band, das die Nord-Süd-Achse des europäischen Kontinents mühelos zu überwinden vermag.

Soumar und ich laufen durchs Viertel. Gleichgültig ziehen zwei Kaltblüter einen Planwagen hinter sich her. Durch das Plastik schimmern die Umrisse einer Gruppe Frauen, die begleitet von deutscher Schlagermusik und dem eigenen, ohrenbetäubendem Gelächter, alkoholische Getränke zu sich nehmen. Ja, so kenne ich Deutschland. Schlager und Stößchen. Motto: Wir können auch ohne unsere Männer Spaß haben. Ich stehe unter Kulturschock und zwar nicht unter dem schönen, bei dem man als Reisender alles neu erkundet und irgendwann völlig high ist vor lauter Exotik, sondern unter dem unangenehmen, wenn man sich peinlich berührt daran erinnert, wo man eigentlich herkommt. Ich bin nicht allein. Ein Fahrradfahrer kommt auf mich zu und befreit mich aus der Schockstarre. »Passender Gesichtsausdruck«, kommentiert er die Fassungslosigkeit, mit der ich auf die Szene starre.

Es ist ja nicht so, als hätte ich noch nie eine Lustfahrt gesehen. Aber muss in einem Moment, in dem ich darum bemüht bin, die Muttererde um die Wurzeln meiner kulturellen Identität vom Unkraut zu befreien, diese schlagerlallende Saufkutsche übers Beet preschen? Der Bremer Fahrradfahrer ist der moralische Retter der Stunde. Noch bevor ich die Möglichkeit habe, aus der Schockstarre in abwertende Verallgemeinerung zu verfallen, steht er mir zur Seite. Er erinnert mich daran, dass nicht alle Deutschen Jürgen Drews hören und sich auf Kutschen die Kante geben.

»Die Leute in Bremen sind so nett«, sage ich zu Soumar, nachdem der Bremer Fahrradfahrer weg ist.

Er nickt und fragt: »Meinst du, das Wetter beeinflusst die Deutschen?«

Ich kann die Frage nicht so richtig einordnen und denke sofort an die Kälte und den Regen. In Griechenland sagen mir viele, dass Deutsch sich so anhört, als sei man wütend, so vielleicht, wie Deutsche Arabisch hören. Und man sagt den Deutschen nach, sie seien kalt und distanziert.

»Na ja, man ist vielleicht ein wenig kühler in der Umgangsart. Kann schon sein, dass das mit dem Wetter zu tun hat.«

»Hier ist das Wetter mild, und die Menschen sind auch mild.«

Mild? Reden wir von dem Land, in dem Soumar die lange Unterhose für sich entdeckt hat?

»In Syrien scheint die Sonne die ganze Zeit und sehr stark. Das Klima ist hart und die Menschen auch.«

So habe ich das noch nie betrachtet. Wenn ich mit Südeuropäern über das Klima in Deutschland rede, kommt da meistens nichts Gutes bei rum und ganz sicher benutzt niemand das Adjektiv ›mild‹. Wir gehen weiter in Richtung Zentrum. Lange Zeit sagen wir nichts. Dann fragt er mich: »Meinst du, die Deutschen sind glücklich?«

Schon die Wetterfrage hat mich verunsichert. Und jetzt noch pauschal auf so eine solche Frage antworten? »Ich weiß nicht«, antworte ich. »Schwierig. Ich glaube, dass Deutsche immer gestresst sind.«

In der Tat ist mir aufgefallen, dass sich viele Deutsche von einem Leben stressen lassen, dass anderen wie der reinste Luxus vorkommen muss. Ich merke es selbst bei mir. Ich lebe in Griechenland, habe eine glückliche Beziehung, eine Arbeit, die ich liebe, das Meer vor der Haustür und einen Hund, den ich vergöttere. Natürlich arbeite ich viel. Aber im Gegensatz zu griechischen Kollegen habe ich mitunter das Gefühl, mit meinen zarten 35 Jahren kurz vor dem Herzinfarkt zu stehen.

»Was meinst du?«, frage ich Soumar.

»Es ist so eine deutsche Art, dass man immer etwas zu tun hat. Immer Termine. Den ganzen Tag.«

»Ist das schlecht?«

»Nein.«

Oder? Ist das schlecht? Es stimmt schon. Wenn ich versuche, ganz spontan Freunde oder Familie in Deutschland zu erreichen, geht das zu 99 Prozent in die Hose. Meistens wird gearbeitet und wenn das nicht der Fall ist, ist auch das Sozialleben akribisch durchgeplant. Wenn ich versuche, in Thessaloniki eine Verabredung für das übernächste Wochenende zu treffen, nur, damit ich meinem Planungsfetisch ein wenig in die Hand spielen kann, stoße ich zumeist auf Unverständnis. In Deutschland ist das normal. Da wird der Terminkalender gezückt, wenn man auf einen Kaffee gehen will. Dieser Planwahn hat durchaus seine Vorteile. Oft kommt tatsächlich etwas zustande. Der Terminkalender ist eine Art Bibel der Verlässlichkeit. Aber wenn dann mal was schiefgeht, wird der Kalender zu einem Hindernis. Neuen Termin suchen. Wochenlang nichts frei. Kaffeetrinken also im nächsten Quartal vor der professionellen Zahnreinigung.

»Geht dir diese Planerei in Deutschland manchmal auf den Sack?«, erkundige ich mich.

Soumar lacht und nickt.

»Ich mag Pünktlichkeit und Ordnung, aber manchmal ist es halt ein wenig viel. Ich komme aus einer Kultur, in der das Gegenteil herrscht. Ihr habt manchmal drei Termine an einem Tag.«

An einem ruhigen Tag, denke ich.

»Ich schlafe gerne so gegen fünf für ein Stündchen, aber in Deutschland ist dann bei vielen Halligalli. Und es muss immer alles sofort sein.«

Damit hat er nicht unrecht. Wenn man mal einen Plan hat, dann ist man zielstrebig, im besten Sinne, oder halt pedantisch. Mir fehlt auch oft die Geduld, einfach mal etwas abzuwarten. Dinge auf mich zukommen zu lassen. Dann rede ich mir ein:

›Mensch, du bist so spontan.‹ Wenn diese Spontaneität dann nicht auf mein Gegenüber übergeht, eventuell sogar als Dominanz verstanden wird, dann habe ich schlechte Laune.

»Ich musste mich hier erst daran gewöhnen, dass man pünktlich ist«, fährt Soumar fort. »Ich meine, hier ruft man an und sagt, dass man später kommt oder gar nicht. In Syrien interessiert das niemanden.«

»In Griechenland auch nicht«, bemerke ich.

»Aber weißt du, es hat auch seine Vorteile, wenn man organisiert ist. Man schafft dann was. Und es ist auch gut, dass ich hier pünktlich sein muss. Das bedeutet, dass ich etwas zu tun habe und das ist eine gute Sache.«

Eine Spanierin hat mal zu mir gesagt: »Wenn ein Deutscher dir sagt, dass er in sechs Wochen um 18.30 Uhr am U-Bahnhof Kottbusser Tor steht, dann steht der Deutsche in sechs Wochen um 18.30 Uhr auch am Kottbusser Tor.« Oft habe ich, vor allem von Deutschen, gehört, dass das pedantisch und eben typisch Deutsch sei. Gerade Leute, die eine romantisierende Sicht auf den Süden haben, können sich über Pünktlichkeit richtig aufregen. Und ja, wenn in einem schönen Film eine temperamentvolle Feuerlatina bei Rot über die Straße geht und alle bremsen müssen, dann ist die Botschaft an uns: ›Zieht euch endlich den Stock aus dem Arsch und macht eure eigenen Regeln.‹ Im Film wirkt das dann auch irgendwie süß. Aber genauso wie die deutsche Pedanterie Vor- und Nachteile hat, ist die südeuropäische Spontaneität nicht immer so sexy wie auf der Leinwand. In Thessaloniki musste ich am Bahnhof einmal zwanzig Minuten auf einen Bus warten. Ich war nicht allein. ALLE mussten warten. Irgendjemand hatte sich etwas unglücklich platziert. Er hatte einfach mit seinem Auto die Ausfahrt für die Busse so zugeparkt, dass keiner mehr durchfahren konnte. Ein wildes Gehupe und Geschrei war das Resultat. Dann kam der Fahrer in Seelenruhe zurück. Bevor er den Wagen aufschloss, nahm er einen

Schluck kalten Kaffee aus seinem Trinkbecher und zündete sich eine Zigarette an. Die lautstarken Proteste hinter ihm ignorierte er gekonnt. Das hat mir dann doch imponiert. Man stelle sich vor, so etwas würde in Deutschland passieren. Garantiert würden die Lokalmedien darüber berichten. Womöglich würde der eingeschaltete Polizist aufgrund dieser unfassbaren Ordnungswidrigkeit einen Herzinfarkt erleiden. Man würde den Fahrer vor Gericht stellen und ein neues, besser sichtbares Schild installieren. Aber wahrscheinlicher ist, dass der deutsche Autofahrer stundenlang um den Bahnhof herumgefahren wäre, bis er einen freien Parkplatz gefunden hätte. Wenn kein Parkautomat zur Hand gewesen wäre, hätte er den freundlichen Schutzmann gefragt, der über saubere Straßen patrouillierend für Recht und Ordnung sorgt. So oder so ähnlich zumindest stellt man sich das Leben in Deutschland vor.

Soumars Reise – Teil II

»Wir waren nur zwei Tage auf Samos. Das Einzige, was ich wollte, war duschen. Nur duschen. Wir haben alle so gestunken. Und hatten Hunger. Es gab ja vorher lange nichts zu essen. Aber die sanitären Anlagen waren zu wenig. Und dreckig. Also konnte ich nicht duschen und die ganze Zeit in Samos war ich nicht scheißen. Ich konnte einfach nicht, weil es so ekelhaft war. Es ist komisch, wenn auf einmal solche normalen Dinge nicht mehr da sind. Wir sind am Tag in Samos herumgelaufen. So eine schöne Insel. Wir waren zu fünft. Ich und ein Freund und dann andere Flüchtlinge, die wir aus der Türkei kannten. Einer konnte Russisch, der hat uns erzählt, dass eine Russin ein kleines Restaurant in der Stadt habe. Da sind wir hin. Wir sind dort gesessen und haben etwas gegessen. Dann sind andere Leute gekommen und wir haben erklärt, was halal ist und was nicht. Wir haben sogar einen Teil ihres Menüs ins Arabische übersetzt und sind dann den ganzen Tag einfach dagesessen. Die Frau war so glücklich. Sie meinte, dass sie zum ersten Mal in ihrem Leben so viel Geld an einem Tag verdient habe. Sie hat sogar geweint vor Glück. Am nächsten Tag waren wir zum Frühstück wieder da. Wir haben dann am dritten Tag endlich Tickets für die Fähre nach Athen bekommen. Die Boote waren ja alle voll und vor dem Schalter haben immer Hunderte von Menschen gewartet. Auf dem Schiff war es dann endlich ruhig. Zehn Stunden nichts machen. Das Erste, was ich gemacht habe, war, aufs Klo zu gehen. Am Anfang der Fahrt, wenn die Toiletten noch einigermaßen benutzbar sind. Und dann haben wir euch getroffen. Den ganzen Abschnitt kennst du ja selbst. Als wir in Athen ankamen und ihr nach Thessaloniki gefahren seid, sind wir zum Omonia-Platz. Der ist bekannt unter Flüchtenden. Ich hatte Angst. Wir alle hatten Angst, weil wir nicht wussten, wie es weitergehen würde. Dann hatte ich Streit mit einem Freund. Ein syrischer Kurde und seine Freundin wollten sich uns anschließen. Auch sie hatten Angst und waren alleine. Mein Freund war dagegen, weil wir sie nicht kannten. Ich meinte, dass ich sie in Samos gesehen hätte, wir uns kurz unterhalten hätten und sie eben Flüchtlinge wären, wie wir. ›Wir müssen sie ja nicht tragen!‹, habe ich zu ihm gesagt, und dass wir zu viert wären und sie zu zweit. Sie waren keine Bedrohung. Das haben sie aber gehört und wollten nicht mehr mit uns kommen. Ich habe nicht verstanden, warum er so reagiert hat. Dann kamen Leute, die uns zu den Bussen gebracht haben, mit denen wir an die Grenze gefahren wurden. Das hat 120 Euro pro Kopf gekostet. Unser Busfahrer war nicht nett. Eine Frau hat ihn gebeten, die Musik ein wenig leiser zu machen, und der Typ hat einfach Nein gesagt. Ich dachte nur: ›Du Arschloch! Was ist dein Problem?‹ Ich meine, wir haben ja viel Geld bezahlt und der Bus war die einzige Möglichkeit, um mal zu schlafen. Irgendwann sind wir in Idomeni angekommen. Da hat uns die Polizei aus dem Bus geholt und in Gruppen aufgeteilt. In diesem Moment habe ich mich zum ersten Mal gefragt, ob es die richtige Entscheidung war, Syrien zu verlassen. Es hat etwa neun Stunden gedauert, bis wir die Grenze nach Mazedonien überquert hatten. Dort wurden wir von Leuten von der UN erwartet. Die hatten so ein Camp eingerichtet, wo alle gewartet haben. Ich habe mich dort bei so einem Typen, der vor dem Lager Sachen verkauft hat, mit Zigaretten eingedeckt. Dann haben wir ein Busticket für 20 Euro gekauft und sind bis vor die serbische Grenze gefahren worden. Da mussten wir dann raus. Es war dunkel. Wir mussten über die Schienen nach Serbien laufen. In Mazedonien hatte uns die Grenzkontrolle gesagt, dass wir auf der Straße gehen sollen, weil der Zug bald komme. Von einer Facebookgruppe aber wussten wir, dass wir über die Schienen müssen, und die Straße führte in eine andere Richtung. So sind wir zwei

Stunden über die Gleise marschiert. Dann kam der Zug. Er ist so nah an uns vorbeigefahren, dass wir die Köpfe nicht bewegen konnten. Da dachte ich, dass ich sterben würde. Dann sind wir immer weiter gelaufen. Irgendwann haben wir Lichter gesehen. Ein Auto der serbischen Armee ist auf uns zugekommen und sie haben gesagt: ›Willkommen in Serbien!‹ Sie haben uns gesagt, dass wir immer der Straße folgen müssten. Das haben wir getan und sind dann in einem Dorf von serbischen Muslimen gelandet. Die waren schon auf uns vorbereitet. In Gruppen von vier bis fünf Personen haben uns Taxis zum Bus nach Belgrad gebracht. Die Autofahrt hat nur fünf Minuten gedauert, wir mussten aber trotzdem 20 Euro pro Kopf bezahlen. Das Ticket nach Belgrad hat dann noch mal 50 Euro gekostet. Als wir endlich im Bus saßen, bin ich vor Erschöpfung sofort eingeschlafen.«

ÜBER ROHEN FISCH UND WEINENDE MÄNNER

Heute ist kein guter Tag. Soumar hat es mit dem Stadion wohl ernst gemeint. Schon bei meiner Ankunft in Bremen hat er mir freudig erzählt, dass Werder ein Heimspiel hat und wir dabei sein würden. Er hat Karten organisiert, geliehene Dauerkarten, die wir uns noch abholen müssten. Lieber wäre ich in die Moschee gegangen.

Zum Glück fängt der Tag untypisch an für einen Stadionbesuch. Wir gehen Sushi essen. Für Soumar ist es das erste Mal. Ich bin Sushi-Fan, aber in Thessaloniki kann ich mir das nicht leisten und die Qualität lässt auch zu Wünschen übrig. Wir machen ein Restaurant ausfindig, das sich zufällig genau an dem Ableger befindet, von wo aus ein Schiff uns später über die Weser direkt zum Weser-Stadion bringen wird. Das Sushi-Restaurant wirbt mit einem All-you-can-eat-Angebot und ist gut besucht. Natürlich haben wir keine Reservierung, werden aber von der freundlichen Kellnerin an einem geradezu niedlichen Zwei-Mann-Tisch platziert. Wie von Geisterhand getragen schweben Plastikteller mit Takis, Nigiris und Inside-outs über eine extra für sie errichtete Autobahn an uns vorbei. Während das technische Spektakel uns in Staunen versetzt, schmecken die Sushis nach Gefriertruhe. Offensichtlich hat der Küchenchef es versäumt, am Vorabend die guten Sachen zum Auftauen herauszulegen. Es gibt viel, aber die Auswahl ist gering. Nicht einmal Garnelen überholen uns. Die Bedienung bringt Sake und wünscht uns einen guten Appetit. »Die Sushis schmecken scheiße«, beschwere ich mich, als sie wieder weg ist. Soumar lässt sich davon nicht aus dem Konzept bringen.

»Keine Ahnung. Ich habe ja keinen Vergleich«, entgegnet er. Für ihn ist das alles neu. Essen mit Stäbchen, heißer Schnaps und schwebende Reisbällchen. Ich hingegen bin der gutherzige Bildungsbürger, der dem armen Flüchtling die kulinarische Kultur seiner neuen Heimat näherbringt. Gut. Die japanische. Aber Bildungsbürger, die in internationalen Restaurants verkehren, sind automatisch Weltbürger und diese existieren ja bekanntlich fernab von veralteten Konzepten wie Ländern und Grenzen. Freude schöner Götterfunken. Mir gegenüber macht sich Soumar mit der neuen Umgebung vertraut. Um den Hals trägt er den Werder-Schal, in der Hand begutachtet er die Stäbchen.

»Du kannst auch mit der Gabel essen«, schlage ich vor. Soumar versucht, die Stäbchen in die richtige Position zu bringen.

»Guck mal, so geht das.« Der Arme. Anstatt wie alle anderen Werder-Fans einfach vor dem Spiel ein paar Bierchen zu zischen, muss er jetzt lernen, wie man mit Stäbchen rohen Fisch isst. Sein Ingenieurstudium scheint hilfreich zu sein. In kürzester Zeit greift er nach einem Stück Thunfisch-Maki, führt es professionell zum Mund und kaut interessiert darauf herum. Meine Kritik am Essen scheint er nicht zu teilen. »Gehst du eigentlich manchmal essen in Bremen?«, frage ich. »Selten. Ich gehe nicht gern alleine in Restaurants. Einmal habe ich was in einem asiatischen Laden am Bahnhof geholt. War aber nicht gut. Und ein anderes Mal war ich in einem syrischen Restaurant. Das war okay, aber schmeckte nicht wie in Syrien.«

Das würde ein Japaner, der hier Sushi isst, wohl auch sagen. Dass es nicht so schmeckt wie in Japan. Dass es okay ist, vermutlich nicht. In Griechenland werde ich oft gefragt, ob mir deutsches Essen fehlt. Von Nicht-Griechen, wohlgemerkt. Die wenigsten Griechen würden auf die Idee kommen, dass die hellenische Küche nicht alle anderen Küchen problemlos ersetzen könnte. Und tatsächlich fehlt mir das deutsche Essen nicht, weil ich es ja selbst zubereiten kann. So kompliziert ist unser Essen nicht. Was mir jedoch fehlt, ist die große Auswahl an internationaler Küche. Es ist schon eigenartig, dass ich, sobald es an jeder Ecke Gyros gibt, auf einmal Lust auf Döner oder irgendein anderes Ethno-Food bekomme. Ich bin überzeugt davon, dass die indischen Restaurants in Deutschland kaum etwas zu tun haben mit dem Essen in Indien. So zumindest berichten es die, die schon in Indien gegessen haben. Aber zumindest haben wir Deutschen mit den Einwanderern endlich die Möglichkeit bekommen, unseren kulinarischen Horizont zu erweitern. Ich weiß noch, dass es in den 80ern in den Supermärkten keine Auberginen gab. Für die Südeuropäer muss das ein Albtraum gewesen sein. Das Essen hat im Süden halt einen anderen Stellenwert. Man ist stolz darauf und zelebriert es. Eigentlich isst man ständig. Auch Thessaloniki ist – selbst bei Athenern – berühmt für seine Tavernen. Aber wenn man versucht, mal etwas Nicht-Griechisches zu essen, steht man auf dem Schlauch. Als ich in Madrid gelebt habe, war ich einmal an einer Döner-Bude. Aus reiner Nostalgie. Ich habe dann dem Verkäufer erwartungsvoll erzählt, dass ich aus Berlin sei. Ich bin wohl einfach davon ausgegangen, dass uns irgendwas verbindet, von wegen Kreuzberg und Türkei und Brüderschaft. Dem war aber nicht so. Er hat mich fragend angeschaut und dann kommentarlos begonnen, das Fleisch vom Spieß zu schneiden. Ich erzähle Soumar, dass es in Griechenland kaum internationale Restaurants gäbe.

»Wie ist das für dich, wenn du so viele Restaurants von überall her siehst? Gibt es das in Syrien auch?«, erkundige ich mich. »Ja, schon. Aber nicht wie hier. Ich kenne zum Beispiel keinen Vietnamesen oder so. Einen Inder gibt es. Und ein sehr teures

Sushi-Restaurant. Aber meistens essen die Leute syrisches Essen.« Dieselbe Situation also wie in Thessaloniki.

Die Plastikteller stapeln sich neben uns. Langsam wird es Zeit aufzubrechen. Jetzt beginnt der unangenehme Teil des Tages, zumindest für mich. Wir zahlen und machen uns auf zum Bootsanleger. Man hört die Fähre schon von Weitem. Sie ist proppenvoll. Überall stimmt man sich auf das Spiel ein. Mit Bier, versteht sich.
»Wie lange fährt man bis zum Stadion?«, frage ich lustlos.
»Nicht lange. Vielleicht eine Viertelstunde oder zwanzig Minuten.«
Drei Stunden wären mir lieber gewesen, um mich, wie die anderen auch, angemessen einzustimmen. Deswegen wohl geht man vor dem Stadion nicht Sushi essen, sondern irgendwo in eine Kneipe oder auf ein Boot.
»Warum ist das Schiff denn schon so voll?«, will ich wissen.
»Das hier ist der letzte Halt vor dem Stadion. Das Schiff startet in Farge und hält dann noch in Vegesack«, ortskundelt Soumar. Farge. Vegesack. Klingt etwa so weltgewandt wie Dortmund-Aplerbeck oder Bochum-Stiepel. Auf der Fähre quälen wir uns durch Menschenmassen. Aus der vereinten Bierfahne dringt Optimismus. Man scheint von einem Sieg förmlich auszugehen. Ich habe den Eindruck, dass mir jeder meinen Missmut ansieht. Offensichtlich hat der Bundesligaabend in der Kneipe nicht ausgereicht, um mich dem Fußball nachhaltig näherzubringen. Soumar geht vor mir her. Seine nicht allzu stattliche Körpergröße lässt ihn im Pöbel beinahe verschwinden. Oder vielleicht liegt es auch daran, dass der Pöbel ihn mit seiner Werder-Jacke und seinem Werder-Schal faktisch assimiliert, während ich und mein seelenloser, unparteiischer Anorak am harten Rand der Masse abprallen. In einem Albtraum würden jetzt alle über mich hinauswachsen, mit überdimensionalen Fingern auf mich zeigen und hämisch lachen. Soumar sucht nach sei-

nen Leuten. Die treffen wir oben an Deck. Alle schon sehr gut eingestimmt auf das, was mal ein Sieg werden soll. Ich unterhalte mich kurz mit einer Bekannten von Soumar, die so glücklich war, einen Sitzplatz zu erwischen. Schon allein aus diesem Grund scheint es sich zu lohnen, den weiten Weg vom Zentrum nach Vegesack zu fahren, um dann sitzend und biertrinkend zum Stadion zu schippern. Ich habe weder Bier noch einen Sitzplatz. Aber dank der Menge kann ich meine Füße heben, ohne dabei zu stürzen. Die Masse trägt mich mit, ob mir das recht ist oder nicht. Integration wider Fußballignoranz und Willen. Vor uns erscheint das Stadion. Der Tempel! Das Schiff legt an und der Pöbel quetscht sich wie grün-weiße Zahnpasta aus der Tube durch den kleinen Ausgang.

»Wir müssen noch deine Karte holen und treffen die anderen später«, erklärt Soumar. Er hat auf einmal etwas Väterliches. Und ich bin der schwule Sohn, das lästige Anhängsel, das eigentlich keine Lust hat auf irgendwelche Vater-Sohn-Abenteuer, aber sich auch nicht dazu durchringen kann, dem Vater die missliche Situation zu erklären: ›Du musst das nicht tun. Lass mich allein zu Hause. Das ist keine Vernachlässigung. Ich wäre auch so geworden, wenn du mich in einen Verein gesteckt und zum Fußball gezwungen hättest.‹ Lustlos und angsterfüllt trotte ich hinter Soumar her und hoffe darauf, dass ein Wunder geschieht. Ein furchtbarer Sturm zum Beispiel oder ein Weser-Tsunami. Doch der Himmel ist klar und kein Terrorist in Sichtweite. Für ein Bier bleibt auch keine Zeit mehr, sodass ich mit dem kleinen Schlückchen Sake im Magen wohl gute Miene zum bösen Spiel machen muss. Im Vorbeigehen höre ich Werder-Fans, die dem HSV den Tod wünschen. Dabei spielt Werder gegen Augsburg, soweit ich informiert bin. Offensichtlich spielt das keine Rolle und vielleicht will man den Gästen aus Bayern auch nicht gleich mit den ganz harten Sprüchen kommen. Die sollen nicht sterben. Nur die Hamburger.

Soumar schaut sich um und geht dann auf eine Gruppe von vier Leuten zu, die schon auf uns warten. Eine Frau drückt mir etwas in die Hand, das sich als Dauerkarte für die Ostkurve entpuppt. Inhaber ist ein gewisser Martin. Schade, dass Martin ausgerechnet heute keine Zeit hat für seinen Verein. Widerwillig zahle ich die zehn Euro Leihgebühr.

»Komm einfach nach dem Spiel nach oben rechts, da, wo der erste Bierstand ist«, weist sie mich an. Ich nicke, ohne irgendeine Ahnung zu haben, was ich tun soll. »Und nicht die Karte verlieren«, brüllt sie mir noch zu, als sie und ihre Begleiter sich schon auf den Weg zum Eingang machen.

»Warum holst du dir keine Dauerkarte?«, will ich von Soumar wissen, der sich seine von Jens geliehen hat.

»Man holt sich nicht einfach eine Dauerkarte«, fachsimpelt er. »Da gibt es eine ewig lange Warteliste. Es gibt Eltern, die setzen ihre Neugeborenen darauf, damit diese dann eine Dauerkarte haben, wenn sie alt genug sind fürs Stadion.«

Oh nein. Das hätte er lieber nicht sagen sollen. Die Verantwortung lastet groß auf mir. Jetzt habe ich eine Karte in der Hand, die Martins Eltern vielleicht schon nach der Geburt für ihn beantragt haben. Eine Karte, die mit Geld nicht zu bezahlen ist. Das ist ja wie zwanzig Jahre lang auf den Trabi warten und dann fährt ihn irgendein Dämlack zu Schrott.

Wir laufen in Richtung Eingang und stellen uns in die Schlange, die langsam, aber graduell vom Stadion eingesogen wird. Auf einmal sind wir drin. Als Erstes stecke ich die Dauerkarte in mein Portemonnaie. Dieses verstaue ich sicher in einer Jackentasche mit Reißverschluss und hoffe, dass das Schicksal auf meiner Seite ist.

»Jetzt aber ein Bier!«, fordere ich auf dem Weg zur Tribüne.

»Das geht nicht. Man kann hier nur mit einer Karte zahlen, die man vorher aufladen muss.«

Na herrlich. Mein erstes Spiel im Stadion und ich bin nüchtern. Nüchtern und verängstigt, mit einer Dauerkarte, die mir bei Verlust den Kopf kosten könnte. Ein Freund von Soumar, der auch mit auf dem Boot war, holt uns ab. Zielstrebig läuft er auf den Getränkestand zu und bestellt drei Bier. Ich erkläre ihm, dass ich kein Geld auf der geliehenen Dauerkarte habe. Gott sei Dank versichert er uns, dass wir bei ihm mittrinken könnten. Wenigstens dieses Problem ist gelöst. Endlich stehen wir auf unseren Plätzen. Ich bin umringt von einer grölenden Menschenmasse. In der rechten Hand halte ich mein Bier, mit der linken taste ich in regelmäßigen Abständen nach Martins Dauerkarte. Das halbe Stadion brüllt im Chor. »Unser ganzes Leben sind wir für dich da, allez Grün-Weiß allez, nur der SVW.« Wie eloquent, ein wenig Französisch einzubringen, denke ich spöttisch. Auf einmal höre ich »Hallo Ostkurve«, woraufhin alle um mich herum »Hallo Westkurve« zurückbrüllen. Der Wechsel wiederholt sich ein paar Mal. Der Stadionsprecher beginnt, die Mannschaft anzukündigen, indem er die Vornamen der Spieler ruft und die Fans gehorsam den Nachnamen brüllen. »Wiedwald!!! Garcia!! Vestergaard!! Öztunali!!!« Pizarro scheint seine Dauerkarte heute auch verliehen zu haben. Auf jeden Fall fällt der einzige Name, an den ich mich erinnern kann, nicht.

Anpfiff. Um mich herum strotzt es nur so vor Optimismus. Nachdem mir alle meine Fußballfreunde erzählt haben, wie toll es im Stadion sei und dass man es mit einer Fernsehübertragung wirklich gar nicht vergleichen könne, verstehe ich endlich, warum. Man sieht schlecht, man kann nicht aufs Klo, andauernd wird einem irgendwas ins Ohr gebrüllt und man muss eine aufladbare Spezialkarte besitzen, um sich etwas zu trinken kaufen zu können.

Als empathischer Bildungsbürger spüre ich, dass es ganz gut läuft für Werder. Gleichzeitig steigt im Umfeld die Wut darüber, dass der Verein die Torchancen nicht dazu nutzt, um auch tatsächlich ein Tor zu schießen. So vergeht fast die ganze erste Halbzeit, bis auf einmal Jubel ausbricht und sich alle in den

Armen liegen. Ein gewisser Grillitsch hatte Erfolg. Die Stimmung ist bombig. Die zweite Halbzeit aber bringt Ernüchterung. Meine Counselor-Deanna-Troi-Sensoren winden sich in Entsetzen. »Captain Picard, ich spüre große Verzweiflung.« Da ich kaum sehen kann und wenn ich sehe, dann nicht verstehe, ob das, was ich sehe zugunsten oder zum Nachteil von Werder passiert, muss ich mich auf mein Umfeld verlassen. Lange Gesichter. Hoffnungslosigkeit. Nicht besser wird es, als Augsburg den Ausgleichstreffer schießt.

»Für so einen Scheiß komme ich doch nicht ins Stadion!«, brüllt ein Typ zwei Reihen vor uns. Sein Kumpel neben ihm sagt kein Wort. Die Enttäuschung zerfrisst ihn von innen und verzerrt sein Gesicht zu einem blassen, sich in Unglauben wiegenden Zeugnis verlorener Unschuld. Aus seinen weit aufgerissenen Augen fließt in dicken Tropfen der letzte Rest Optimismus, der ihm von der ersten Halbzeit noch übrig blieb.

»Steigt Werder dann ab?«, frage ich Soumars Freund, der zwar alles andere als glücklich scheint, der Mannschaft dabei aber immer noch pflichtbewusst zu applaudiert.

»Nein«, antwortet er. »Aber es wird dann sehr eng.«

»Na ja«, versuche ich ihn aufzuheitern, »zumindest haben wir Bier.« Wie aus allen Wolken gefallen starrt er mich an. Warum habe ich aus meinem verpatzten Tabellenwitz in der kleinen Kneipe nicht dazugelernt? Offensichtlich unterschätze ich den Ernst der Lage. Zum Glück gibt die dramatische Situation ihm wenig Gelegenheit, lange sauer zu bleiben. Als Augsburg dann das 2:1 schießt, ist die Laune endgültig im Eimer. Pfiffe. Wütende Hasstiraden, diesmal nicht auf den HSV, sondern auf die eigene Mannschaft. Weinende Männer, die Trost suchen bei anderen weinenden Männern. Ich befinde mich mitten in einem Herbert-Grönemeyer-Song. Abpfiff und Spielende. Nach den großen Motivationsgesängen der ersten Halbzeit werden die Spieler jetzt regelrecht zur Sau gemacht. Pizarro kann froh sein, dass er heute nicht gekommen ist. Ich bin einigermaßen erleichtert, dass ich das Spektakel hinter mir habe. Und im Gegensatz zu meinem Umfeld geht es mir richtig gut. Auch Soumar wirkt nicht wirklich betroffen. Vielleicht muss seine Liebe zu Werder noch wachsen. Oder vielleicht haben Krieg und Flucht ihn blind gemacht für das Leid, das sich vor unseren Augen abspielt.

Das Einzige, was ich jetzt will, ist, Martins Dauerkarte abzugeben. Ich taste nach meinem Portemonnaie, das sich genau dort befindet, wo ich es verstaut hatte. Nach dem Spiel ist der Wert der Dauerkarte wahrscheinlich ohnehin nicht mehr der, der er vor dem Spiel noch war. Trotzdem kann ich es kaum erwarten, die Karte endlich an Martins Freunde zurückzugeben. Ich mache mich auf zum Übergabeort. Irgendwas mit oben und rechts und Bierstand. Ich gehe in Richtung Treppe durch ein Meer resignierter Gesichter. Viele torkeln in Wehmut vor sich hin. Wenn sie jetzt noch dem Schmerz ertrinken wollen, könnte das böse enden. Den Übergabeort zu finden, gestaltet sich schwieriger als gedacht. Eigentlich könnte sich dieser fast überall sein. Oben rechts am Bierstand? Ich nehme zwei Plätze in die engere Auswahl und entscheide mich, hin und her zu pendeln. ›Martin! Du kannst dich auf mich verlassen. Ich finde deine Freunde und wenn es das Letzte ist, was ich tue.‹ Und da stehen sie auf einmal. In meinem Kopf ertönt dramatische Heldenmusik. In Zeitlupe und mit allerletzter Kraft bewege ich mich auf den Übergabeort zu. Meine Hand greift nach dem Portemonnaie, zieht Martins Dauerkarte hinter der Bankkarte hervor und überreicht sie der Botin. »Yo, alles klar«, sagt sie mit norddeutschem Tonfall und geht. Es ist vollbracht. Ich gehe nach unten, wo ich Soumar und die anderen treffe. Wir verlassen das Stadion und laufen am Fluss entlang Richtung Zentrum. Ich weiß nicht, ob es an meiner Gleichgültigkeit liegt, aber die Stimmung scheint sich beruhigt zu haben. An einem Bier-

stand kann ich mich bei Soumars Freund endlich für die lebens-
rettenden Getränke bedanken, die er auf seine Karte genommen hatte. Dazu gibt es einen Schnaps namens Fanschluck, der
in einer kleinen, grünen Flasche kommt und das Werder-Emb-
lem trägt.

SPRECHEN UND BESPROCHEN WERDEN

Natürlich beschließen wir, es nicht beim Fanschluck zu belassen und machen uns auf die Suche nach einem geeigneten Obdach. Soumar schlägt vor, in den ›Halben Mond‹ zu gehen, von dem er versichert, eine Institution zu sein.

»Hier war ich schon oft Fußballgucken oder mit Leuten auf ein Getränk nach dem Stadion. Ist hier gleich um die Ecke.«

Die Fußball-Odyssee scheint kein Ende finden zu wollen. Als wir die Institution betreten, müssen wir feststellen, dass die kollektive schlechte Laune vom Stadion ihren Weg in die Stadt gefunden hat. Enttäuschte Werder-Fans sitzen vor halben Litern und bereiten sich auf ein Leben nach der Niederlage vor. Dabei haben zeitliche und räumliche Distanz zum Debakel gegen die Augsburger den größten Schmerz bereits geheilt. Zumindest fließen keine Tränen mehr. Wir bestellen Bier und setzen uns zu ein paar Leuten an den Tisch. Ich bin nicht wirklich überrascht, dass Soumar auch hier kein Unbekannter ist. Werder Bremen sollte ihn unter Vertrag nehmen und mit einer Toleranzkampagne die Kernkompetenz des Vereins vom Fußball ablenken. Neben mir sitzt ein hartgesottener Fan, dem das Bier vom Kinn auf das grün-weiße Trikot tropft.

»Werder ist links! So wie Bremen!«, lallt er. »Sowas wie Hooligans oder rechte Schläger ham' wa eigentlich nicht.« Okay. Das ist ein klarer Pluspunkt, auch wenn das auf die Bundesligatabelle keinen Einfluss hat. Zumindest läuft Soumar so nicht Gefahr, ins Gewaltmilieu abzurutschen und mit dem besoffenen Pöbel Jagd auf HSV-Fans zu machen.

Der Abend entwickelt sich zu einem typischen, deutschen Kneipenabend. Ein Bier nach dem anderen, die Stimmung lockert sich zunehmend. Ich lasse mich sogar dazu breitschlagen, Dart zu spielen, ein Spiel, mit dem ich mich ebenso verbunden fühle wie mit dem Fußball selbst. Wir spielen 501 und unerklärlicherweise sind mir die Pfeile heute freundlich gesonnen. Selbst komplexe Wurfkombinationen gelingen. Doppelte 17 und Trippel 1. In meinem Leben habe ich nicht ein einziges Mal absichtlich in die kleinen Felder getroffen, in denen sich die Punktzahl multipliziert. Je näher der Sieg rückt, desto integrierter fühle ich mich. Selbst als irgendwelche Profi-Dartspieler mir meinen Erfolg madig machen wollen, lasse ich mir die gute Laune nicht verderben; nicht von Leuten, die den Großteil ihrer Abende damit verbringen, in dunklen Kneipen die Wurftechnik für ein Spiel zu verbessern, bei dem man mit Pfeilen auf eine runde, bezifferte Scheibe zielt und im besten Fall mal irgendwann auf dem Sportkanal vereinzelte Zuschauer in den Schlaf wiegt. Während ich mich in den Mittelpunkt dränge, steht Soumar still neben mir. In meinem Bier- und Darteifer ist er irgendwann auf der Strecke geblieben. Irgendwie war er die ganze Zeit da, ohne groß aufzufallen. Kein Wunder, wenn man nicht alle paar Minuten mit irgendeinem Gegröle auf sich aufmerksam machen kann. Es ist nicht so, als säße er isoliert in irgendeiner Ecke, um sich still der Einsamkeit hinzugeben. Wenn man aber umringt ist von Muttersprachlern, ist es nicht einfach, sich einzubringen, vor allem, wenn das eigene Sprachniveau gerade dazu ausreicht, auf dem Amt den deutschen Papierkram zu bewältigen. So ist er im Getümmel deutscher Kneipenkommunikation einfach abhanden gekommen. Wenn man ständig von seiner

Muttersprache umgeben ist, dann fällt einem nicht mehr auf, welchen Stellenwert Sprache eigentlich hat und wie sie unseren Alltag beherrscht. In ein fremdes Land zu gehen – egal ob als Flüchtender oder als freiwilliger Auswanderer – zeigt dann, wie beschränkt man ohne sie ist. Dann ist Schluss mit Selbstständigkeit. Auf gewisse Weise wird man wieder zum Kind. Dinge um einen herum passieren, ohne dass man sie wirklich versteht oder dass man Stellung beziehen könnte. Da sitzt man da in der Blüte seines Lebens und muss von vorne beginnen, die Welt noch einmal für sich erschließen. Kindern ist sowas egal, bzw. sie kennen nichts anderes und nehmen dieses Schicksal an. Wenn man aber kein Kind mehr ist, sondern ein erwachsener Mann wie Soumar, und man jeden Tag feststellen muss, wie beschränkt man in seinem alltäglichen Leben ist, dann kann das mitunter auf die Stimmung drücken.

»Es gibt Situationen, da geht gar nichts mehr«, hat Soumar mir einmal über seinen Kampf gegen die Windmühlen der deutschen Sprache erzählt. »Dann frage ich mich: Was tue ich hier und was soll das alles? Einmal war ich in der Agentur für Arbeit, weil ich mich registrieren lassen musste. Ich habe dieses Formular ausgefüllt und gewartet, bis mein Name aufgerufen wurde. Als ich endlich an der Reihe war, ging nichts mehr. Ich war total blockiert und konnte kein Wort sagen. Die Frau von der Agentur hat mich gefragt, ob ich Deutsch spräche. ›Ein wenig‹, habe ich geantwortet, aber es hat an diesem Tag einfach nicht sollen sein. Sie hat es dann auf Englisch versucht, aber auch das war hoffnungslos. Vollblockade.«

Das kenne ich gut. Wenn ich in Griechenland zum Amt muss, lege ich mir vorher oft Sätze zurecht in der Hoffnung, dass alles glatt läuft. Dann stelle ich mir die ganze Situation vor, inklusive Small Talk. In Gedanken klappt auch alles einwandfrei. Wenn ich aber dort bin, stammle ich nur so vor mich hin und würde am liebsten im Boden versinken vor Scham.

Ich weiß also genau, wie Soumar sich gerade fühlt. Und mir fällt auf, wie wenig empathisch ich für Soumars Situation bin, sobald wir uns in einer Gruppe mit anderen Deutschen befinden, Sprachbarrieren für mich keine Rolle mehr spielen und ich mich sicher fühle. Wenn ich Deutsch rede, dann rede ich gern mal viel. Auf Griechisch eigentlich gar nicht. Dann sitze ich da, so wie Soumar heute, verstehe nur die Hälfte und brauche ewig, um zu reagieren. Dann ist es aus mit Witz und Charme. Schluss mit schlagfertigen Kommentaren, Wortwitz, Ironie und geistreichen Einwürfen. Kurzum: Alles, was Spaß macht am Kommunizieren, fällt erst mal flach.

Wir geraten nicht zum ersten Mal in eine Situation, in der Soumar mir Menschen vorstellt, die ihm wichtig sind, mich teilhaben lässt an seinem Leben, und mein Sprachvorteil ihn in den Hintergrund befördert. Bei meinem zweiten Besuch hatte er eine Freundin zum Essen eingeladen. Als Deutschlehrerin ist sie für ihn eine große Unterstützung. Sie besteht darauf, Deutsch zu sprechen, was Soumar sprachlich sehr weiterbringt. Logischerweise haben wir dann auch an diesem Abend Deutsch geredet und uns Mühe gegeben, nicht zu schnell zu sprechen oder in Umgangssprache zu verfallen. Aber unter Muttersprachlern gerät so etwas schnell außer Kontrolle, denn langsam und verständlich zu reden, ist nicht immer selbstverständlich. Es ist, glaube ich, sogar eher die Ausnahme. In dieser Konstellation, in der zwei Muttersprachler und ein Anfänger einen lockeren Abend miteinander verbringen, ist die Sprache dann auf einmal nicht mehr ein Instrument der Verständigung, sondern eine Art Hindernis. Soumar und ich reden meistens auf Englisch. So haben wir uns kennengelernt und sind dabei geblieben.

»Ich habe in Deutschland mein Englisch sehr verbessert«, hat er einmal zu mir gesagt, und ich habe mich in dem Moment gefragt, ob ich einen Fehler gemacht habe. Vielleicht wäre sein Deutsch jetzt besser, wenn wir Englisch irgendwann hinter uns gelassen hätten. Für unsere Freundschaft aber wäre es ein Hindernis gewesen. Hätten wir immer und ausschließlich Deutsch gesprochen, dann wäre Soumar jetzt für mich ein anderer Mensch, jemand, der Deutsch lernt und den ich dabei unterstütze. Er hätte mir ein wenig von sich erzählt und ich über mich, wir hätten oberflächlich über dies und das geplaudert und zusammen Vokabeln gesucht. Es wäre so etwas wie ein Sprachtandem geworden, also eine Zweckbeziehung. Englisch aber ist die Sprache unserer Freundschaft. Weil wir auf Englisch kommunizieren, kenne ich seine Hintergründe, komplexere, persönliche Gedanken, Ängste, Details aus seinem Leben. Selbst wenn das immer noch nicht an den arabisch-sprechenden Soumar heranreicht, war es uns auf Englisch trotzdem möglich, eine Verbindung einzugehen. Witze zu machen. Gemeinsam Simpsons-Folgen im Internet zu schauen und über die Zukunft zu reden. Lange nach dem Abend im ›Halben Mond‹ frage ich Soumar, ob er mit vielen Leuten auf Englisch redet.

»Nein. Meistens auf Deutsch. Nur mit Annette und dir klappt das nicht.«

Ich erinnere mich an eine Situation, in der wir zu dritt essen waren. Da habe ich zum ersten Mal erlebt, dass Soumar Englisch als Tischsprache eingefordert hat. Normalerweise ist er da hart im Nehmen, aber an diesem Abend ging es ihm nicht um die Sprache, sondern um die Gesellschaft an sich.

»Wenn ich sehe und höre, wie du deutsch sprichst, dann verstehe ich einfach nicht. Dann ist diese Einfachheit weg, mit der wir normalerweise reden«, hat er mir dann erklärt.

Ich hatte ein schlechtes Gewissen. So, als würde ich ihn absichtlich von meiner Muttersprache fernhalten. Dabei geht es auch mir um diese Einfachheit beim Kommunizieren. Die ist wie Urlaub, wenn man sonst den ganzen Tag dazu gezwungen ist, seine komplexen Gedanken mit ein paar Hundert Wörtern auszudrücken und dann in der Regel auf Einfachheit reduziert wird;

Einfachheit im Sinne von simpel und langweilig. Eine Sprache ist mehr als ein neutrales Medium, das einfach durch ein anderes ersetzt werden kann. Sie definiert die Art, wie wir miteinander umgehen. Wenn ich Deutsch rede, ist mein Humor anders, als wenn ich Englisch oder Spanisch rede. Die Kultur spiegelt sich in der Sprache wider und färbt auf den ab, der sie spricht. Jeder, der mal in einer bi-kulturellen Beziehung war, weiß, wie schwierig es ist, die Sprache zu wechseln, wenn sie sich erst einmal als Beziehungssprache etabliert hat. Mein Ex-Freund ist Venezolaner. Als er nach Berlin gezogen ist, konnte er kein Wort Deutsch. Dann hat er Sprachkurse besucht, Arbeit und Freunde gefunden und spricht es inzwischen sehr gut. Unter uns aber haben wir immer auf Spanisch kommuniziert. Denn wenn wir versucht haben, Deutsch miteinander zu sprechen, dann war der Mensch vor mir ein anderer; ein Mensch mit einer anderen Stimme und einem merkwürdig fremden Auftreten. Die natürliche Kommunikation unseres Beziehungsalltags war dann auf einmal etwas Gekünsteltes, ein Fremdköper. Dann lagen Welten zwischen uns. Die Sprache, die wir mit einem Menschen sprechen, prägt unsere Verbindung zu ihm. Und dabei spielt eben auch eine Rolle, wie gut man sie beherrscht, wie groß das Kompetenzgefälle ist und wie wohl man sich selbst mit ihr fühlt.

Im ›Halben Mond‹ hatte Soumar noch mit einem ganz anderen Problem zu kämpfen: mit der Anzahl der Personen, mit denen er gleichzeitig kommunizieren musste. Bei so einem geselligen Abend in der Kneipe wird viel durcheinander geredet. Also muss man sehr viele Informationen auf einmal verarbeiten. Und das bei Bier und lauter Musik, überall Geschrei, Lachen und Umgangssprache. Ein Sprachanfänger ist in so einer Situation völlig hilflos. Es grenzt schon fast an ein Wunder, dass man als Muttersprachler dazu in der Lage ist, Schritt zu halten. So komisch es auch klingt, aber für jemanden, der Deutsch lernt und erst die Grundlagen beherrscht, ist es einfacher, einen Satz zu verstehen wie ›Das Kapital regiert die Gesellschaft‹ als ›Alda, jeh mir nich uffn Sack!‹. Und das nicht nur, weil der Dialekt aus ›Alter‹ ›Alda‹ macht, aus ›geh‹ ›jeh‹ und aus ›auf den‹ ›uffn‹. Da werden Wörter benutzt, die im Lexikon eine ganz andere Bedeutung haben. Und selbst wenn man versteht, dass ›Alda‹ eigentlich ›Alter‹ bedeutet, ein Wort, das in meinem Wörterlexikon die Lebensjahre eines Menschen beschreibt, muss da erst mal die Verbindung geknüpft werden zu einem substantivierten Adjektiv (aus ›alt‹ ist ›der Alte‹ geworden), das hier als umgangssprachliche Anrede benutzt wird. Auch lernt man in den meisten Sprachschulen leider nicht, dass ›Sack‹ die umgangssprachliche Bezeichnung für ›Hoden‹ ist, dass man unter Freunden das Wort ›Hoden‹ eigentlich nur in einem medizinischen Zusammenhang benutzt (und bei bestimmten Freunden auch dann nicht) und dass ›auf den Sack gehen‹ nicht etwa bedeutet, dass man ›auf den Sack zugeht‹ oder ›auf ihn hinaufsteigt‹ (der Akkusativ drückt hier ja die Bewegung aus, während der Dativ ›auf dem Sack‹ ganz andere Assoziationen hervorrufen könnte), sondern dass man nicht belästigt werden will. Das Synonym wäre also: ›Lass mich in Ruhe.‹ Das wiederum ist für viele Situationen unpassend. Hier in der Kneipe ist es zu ernst, da würde es den humorvollen Unterton der Tischatmosphäre zerstören. In einer anderen Situation wäre es zu seicht und würde der eigenen Wut keinen entsprechenden Druck verleihen. Das Schwierigste an einer Fremdsprache sind diese Nuancen, zwischen Wut und Witz zu unterscheiden und dem inneren Gefühl einen genau passenden Ausdruck zu verleihen. In Griechenland kann ich problemlos Zeitung lesen und Vorträge verfolgen. Aber auch die griechische Sprache ist voll von Redewendungen, die man selbst dann nicht versteht, wenn man sie mitschreiben könnte. ›Holz essen‹ heißt ›einen aufs Dach bekommen‹. ›Ich bin Stücke‹ bedeutet, dass man fix und fertig ist. Im Griechischen ›macht jemand die Ente‹, wenn er vorgibt, keine Ahnung zu haben. Bis diese Redewendungen Sinn ergeben, bis also der Satz ›Ich bin Stücke‹ zu einem wahren Ausdruck der eigenen Erschöpfung geworden ist, vergeht viel Zeit. Wenn man dies alles im Kopf hat und sich vorstellt, wie Soumar mit fünf, sechs Deutschen am Tisch sitzt, die laut reden, mitunter grölen, während Musik im Hintergrund läuft und einer dem anderen ins Wort fällt, kann man sich ungefähr vorstellen, wie viel er wohl verstanden hat und wie er sich gefühlt haben muss, wenn irgendetwas gesagt wird und auf einmal der ganze Tisch in Gelächter ausbricht. Wenn ich in Thessaloniki in diese Situationen gerate, fällt nach ungefähr 15 Minuten eine riesige, geistige Schranke zwischen mich und meine Umwelt und ich flüchte mich auf die friedvollen Blumenwiesen und sonnigen Waldlichtungen meiner Fantasie. Ich könnte nicht einfach aufgeben und gehen. Das wäre unhöflich und ich würde mich von den anderen isolieren, also die sanften Triebe meines wachsenden Soziallebens brutal aus der Muttererde rupfen. Ich kann aber auch nicht jedes Mal nachfragen, wenn ich etwas nicht verstehe, weil wir sonst die ganze Unterhaltung direkt in irgendein Klassenzimmer verlegen könnten, wo dann alle unbekannten Vokabeln an die Tafel geschrieben und ins Vokabelheft kopiert würden. Und wenn ich dann endlich mal etwas verstehe oder glaube, etwas verstanden zu haben, und versuche, mich zu äußern, fange ich an, den Satz in meinem Kopf vorzukonstruieren, suche auf dem Smartphone noch ein oder zwei Vokabeln und wenn ich dann endlich soweit bin, sind meine Freunde schon bei einem ganz anderen Thema. Kurzum: Ich sitze da fest in dieser Situation. Mitunter gibt es ein böses Erwachen, ein brutales Herausreißen aus meiner Waldeinsamkeit, wenn ich plötzlich nach meiner Meinung gefragt werde, nachdem ich eine halbe Stunde vorgetäuscht habe, der Unterhaltung zu folgen und mir vor lauter aufgesetztem Lachen das Gesicht schmerzt.

Hätte ich also nur einen Funken Empathie gezeigt, wäre ich im ›Halben Mond‹ ein besserer Freund gewesen. Gleiches gilt für das Abendessen mit seiner Freundin. Dann wäre ich nicht einfach davon ausgegangen, dass er versteht, sondern hätte mich daran erinnert, dass man irgendwann einfach den Faden verliert, wenn zwei Muttersprachler anfangen, von Höppsken auf Stöcksken zu kommen (genau, auch das wird ein Sprachanfänger wohl kaum verstehen), über dieses und jenes schwadronieren und dann zwischendurch immer fragen: ›Soumar, verstehst du?‹ Natürlich sagt er Ja und natürlich versteht er nicht alles. Die Frage ist dann eher eine Beruhigung für die Muttersprachler als eine Bestätigung dafür, dass auch wirklich alle im Raum sich gleichermaßen an der Unterhaltung erfreuen. Dazu kommt Soumars ohnehin schon genügsames Wesen. Er sieht nie so aus, als würde ihm etwas nicht passen oder als sei ihm etwas unangenehm, sodass es nicht einfach ist einzuschätzen, wie viel er wirklich mitbekommt. Die Sache ist, dass er im Zwiegespräch in der Tat schon sehr viel versteht. Insofern geht man davon aus, dass das immer und überall funktioniert. Und dann ist er gezwungen, gute Miene zum bösen Spiel zu machen und lächelnd zu nicken, während er in Wirklichkeit erschöpft ist, weil sein Gehirn nicht mitkommt, er aber trotzdem lacht, obwohl er keine Ahnung hat, warum, einfach nur, um seinem Umfeld das Gefühl zu geben, dass alles in Butter ist (und auch hier ist wieder nicht für jedermann nachvollziehbar, warum alles okay ist, nur weil es sich in aufgeschlagenem Milchfett befindet).

Monate später unterhalten Soumar und ich uns über die Situation nach dem Spiel und den Abend mit seiner Freundin. Als ich es anspreche, weiß er sofort, worum es geht. Und er bestätigt, was ich mir vorgestellt hatte.

»Ich habe diese Situationen bis heute. Ich meine, damals und vor allem am Anfang in Bremen habe ich gar nichts verstanden. Da konnte ich nicht einmal Wörter auseinanderhalten. Jetzt höre ich zwar einzelne Wörter, also, ich kann sie auseinanderhalten und oft sogar schreiben, aber ich weiß dann trotzdem nicht unbedingt, was sie bedeuten.«

»Ist es allgemein schwieriger für dich, wenn du in einer Gruppe mit lauter Deutschen bist?«

»In einer Gruppe verliere ich sofort den Faden. Manchmal nervt mich das. Ich will ja einfach irgendwie eine Art Verbindung zu den Leuten haben. Und wenn das nicht klappt, dann bin ich in dieser Situation zwar anwesend, aber nicht dabei.«

»Wie gehst du damit um?«

»Ich versuche, die Atmosphäre der Situation aufzugreifen.«

»Und das hilft dir?«

»Ja. Dann fühle ich mich mehr als Teil der Gruppe. Und auch besser, weil ich dann zumindest eine Ahnung habe, worüber gesprochen wird.«

»Und was machst du, wenn das nicht klappt?«

»Manchmal frage ich nach. Aber manchmal auch nicht. Dann bin ich wie gelähmt. Aber das hängt auch von meiner Tagesstimmung ab. Wenn gar nichts geht, werde ich wütend.«

»Wütend auf die Deutschen?«

»Nein. Natürlich nicht. Die können ja nichts dafür. Ich bin dann einfach sauer auf mich. Und auf Deutsch. Also, die Sprache. Ich tue, was ich kann, um zu lernen. Sprachkurse, Hausaufgaben, jeden Tag sprechen. Aber dann sitze ich da und verstehe nichts und bin deprimiert. Tja, da muss man durch.«

Man muss sich dabei immer vor Augen halten, dass es irgendwann besser wird. Dann kann man auf einmal komplexen Unterhaltungen folgen und kennt so viele Vokabeln, dass das Gehirn die unbekannten einfach ausblendet.

»Inzwischen stört mich das alles kaum noch. Mein Leben läuft zu 80 Prozent auf Deutsch ab. Ich fühle mich jetzt zu Hause, nicht nur in Bremen, sondern auch in der Sprache, selbst wenn ich nicht alles verstehe.«

Denn, so furchtbar es auch sein mag, jedes Mal, wenn man in einer dieser furchtbaren Situationen steckt, lernt man irgendetwas dazu. Einzelne Wörter, die sich wiederholen und die dann auf einmal auffallen, nachdem sie über Wochen und Monate völlig bedeutungslos im Wirrwarr unbekannter Vokabeln untergegangen waren. Diese Wörter vergisst man dann nicht mehr. Sie sind wie kleine Erinnerungen daran, dass man doch nicht ganz so dumm ist, wie man sich fühlt.

Fakt ist, dass man einen langen und harten Weg vor sich hat, um eine Sprache richtig zu lernen. Und man fühlt sich ziemlich dumm dabei; dumm, hilflos und gefangen. Da sieht man den ganzen Tag neue Dinge, will sich irgendwie mitteilen und muss dafür auf das Vokabular eines Vierjährigen zurückgreifen. Es ist sehr unbefriedigend, wenn die tatsächliche Aussage und die gewünschte Aussage nicht einmal ansatzweise zueinanderpassen; wenn man etwas erklären will, das Gegenüber einem erwartungsvoll in die Augen schaut und der Sinn irgendwo zwischen falscher Grammatik und fehlendem Wortschatz auf Abwege gerät, die nicht selten zu Missverständnissen führen. Wenn ich Leute in Deutschland auf der Straße sehe, die sich lustig machen über das schlechte Deutsch von Ausländern, dann ärgere ich mich über den fehlenden Respekt und die mangelnde Eigenerfahrung dieser Menschen. In Griechenland bin ich derjenige, der auf der Straße fragt: »Wie viele Uhr sind Sie?« Ich weiß selbst, wie sich das anfühlt, wie das ist, wenn Soumar irgendwo steht und nicht sagen kann, was er eigentlich denkt. Wenn das Gegenüber einen dann an der gesprochenen Aussage misst und sich nicht fragt, ob hinter den Bruchstücken Deutsch nicht vielleicht ein hochintelligentes Wesen stecken könnte. In Deutschland halten wir eine ganze Generation von Gastarbeitern für minderbemittelt, weil sie einen falschen deutschen Satzbau benutzen. Bei europäischen Ausländern ist das schon anders. Da klingt der englische, französische oder spanische Akzent sexy, egal wie falsch die Grammatik ist. Deutschlerner aus dem Nahen Osten genießen diesen Bonus nicht.

»Manchmal denke ich, dass die Leute mich für dumm halten. In vielen Situationen denken sie wohl, dass ich gar nichts verstehe, oder sie können sich einfach nicht vorstellen, dass ich inzwischen besser Deutsch spreche. Dann wird alles erklärt, bis ins kleinste Detail. Einmal war ein Nachbar bei mir und hielt es für nötig, mich genauestens darüber zu instruieren, wie man die Heizung entwässert. Ich habe versucht, ihm verständlich zu machen, dass ich weiß, wie das funktioniert, dass ich Ingenieur bin und mich intensiv mit Heizungssystemen beschäftigt habe. Aber er hat sich nicht aus dem Konzept bringen lassen. Ich dachte nur: ›Alter, ich bin ein erwachsener Mann und war auf der Universität!‹«

In Deutschland haben wir manchmal so eine Art, mit Ausländern zu reden, als ob sie nicht mehr alle Tassen im Schrank hätten. Dann lassen wir als Hilfestütze die Modalverben aus und konjugieren das Prädikat nicht: ›Du jetzt gehen. DU!‹ Damit wollen wir wohl sicherstellen, dass das Gegenüber auch wirklich versteht, was gemeint ist. Aber irgendwie bleibt da ungewollt der Respekt auf der Strecke.

»Ich glaube, dass wir Deutschen das oft im Versuch machen, höflich zu sein, dabei aber unsicher sind und überreagieren.«

Soumar kontert mit einem weiteren Beispiel und erzählt von einem Freund, der ihm Arbeit anbieten wollte.

»Ich hatte zu der Zeit noch keine Aufenthaltserlaubnis und musste auf eine Genehmigung warten, nachdem ich meinen Arbeitsvertrag ans Jobcenter geschickt hatte. Das wollte er mir erklären und er hat sich große Mühe gegeben, auch als ich die Situation schon längst verstanden hatte.«

»Hast du ihm gesagt, dass du verstehst?«

»Ja, und dann hat er auch angefangen, normaler zu reden. Dafür hat er allerdings noch mehr erklärt, wie einem älteren Kind, das mehr versteht. Weißt du, ich finde das wirklich nett. Er will einfach sichergehen, dass ich alles verstehe und keinen Fehler mache.«

Vielleicht ist es eine merkwürdige Form der deutschen Empathie. Wir sehen jemanden, der unsere Sprache nicht spricht, den wir mit einem anderen Kulturkreis assoziieren, und nehmen sofort an: Der weiß gar nichts. In manchen Situationen stimmt das wohl auch. Trotzdem merke ich immer wieder, dass wir Deutschen nicht gern Fragen stellen, sondern lieber erklären. Alles erklären, ohne im Gespräch zu erfragen, wie viel Wissen eigentlich benötigt wird. Dann kocht die Panik hoch, die wir in Syrien hätten, wenn es darum ginge, mit gefühlten zehn Wörtern Arabisch Geld beim Jobcenter zu beantragen und man dann nicht einmal verstehen könnte, dass es in Syrien kein Jobcenter gibt. Die Südeuropäer sind in diesen Situationen anders. Ich sehe mich in Griechenland (aus Spanien kenne ich das auch) manchmal schreienden Leuten gegenüberstehen, die offenbar davon ausgehen, dass mein Unverständnis nicht auf fehlendes Vokabular oder Sprechgeschwindigkeit zurückzuführen ist, sondern auf zu geringe Lautstärke. Da wird der Satz, so wie er gesagt wurde, einfach wiederholt, jedes Mal ein wenig mehr forte. Helfen tut das nicht, aber zumindest hält man mich für hörgeschädigt und nicht für dumm.

Unser Sprachvermögen hat einen großen Einfluss darauf, wie Menschen uns wahrnehmen. Wenn jemand nicht gut spricht und zusätzlich noch Kopftuch trägt, dann fühlt man sich in seinem Vorurteil bestätigt. Einmal wollte sich Soumar, inspiriert von unserem deutschen Abendessen, Mett kaufen. Die Verkäuferin bei Rewe hat ihn verwirrt angestarrt, in dem festen Glauben, dass er keine Ahnung hat, was er da bestellt. »Schweinefleisch!«, hat sie ihm dann nur zugerufen. »Vom Schwein!« Dabei hat sie zur Erklärung Grunzgeräusche gemacht. Soumar fand es sehr amüsant, dass da eine Frau in weißem Kittel an der Fleischtheke stand und jenes Tier simulierte, das sich in allen seinen Einzelteilen vor ihr ausbreitete. Scheinbar denken viele Deutsche beim Stichwort Naher Osten einfach an drei Dinge: Schwein, Schleier und Scharia. Zumindest hat Soumar noch niemand die Frage gestellt: ›Syrien! Sag mal, ist das nicht die Wiege der Kultur?‹ Darüber könnte Soumar sehr interessante Sachen erzählen. Auf Arabisch, wohlgemerkt. Denn sein Trauma ist nicht nur der Krieg an sich, sondern der Verlust der Zivilisation in seiner Heimat. Ich glaube, dass wir manchmal zu sehr dazu neigen, Krieg und den Verlust von Heimat zu trennen. So, als könnte Soumar nach dem Krieg einfach nach Syrien zurück und sein Leben an dem Punkt wiederaufnehmen, wo es vor dem Krieg zum Stillstand kam. Soumar erzählt mir viel vom Krieg. Manchmal fällt es ihm leicht, manchmal auch nicht.

»Es war so ein tolles Land vor dem Krieg. Ich bin sehr traurig über das, was passiert ist. Ich kann das nicht in Worte fassen«, sagt er auf Englisch.

»Weißt du, jeder ist ein wenig Syrer.«

Er meint die antiken Gesellschaften, die von Italien, Griechenland, der heutigen Türkei, Syrien, Persien und Ägypten unsere heutige Vorstellung von Zivilisation geprägt haben. Exotische Orte, die dem Gros der Deutschen nur aus der Bibel, dem TUI-Katalog oder den Nachrichten bekannt sind.

»Das Dorf, mein Dorf, also wo mein Vater und meine Mutter herkommen, hat einen aramäischen Namen. Es heißt: Haus der Königin.«

Das Dorf, wo meine Mutter herkommt, heißt Kassel, und das von meinem Vater heißt Oer-Erkenschwick. Weder das eine noch das andere kenne ich aus der Bibel und ich bin mir fast sicher, dass in keiner der beiden Städte jemals die aramäische Sprache zu hören war, zumindest nicht von Muttersprachlern.

»Und jetzt musstest du das alles zurücklassen und ein neues Leben beginnen.«

»Ja, ein neues Leben. Aber diese Dinge kann man nicht zurücklassen. Sie sind einfach in mir. In Syrien gab es früher einen Kult um die Gottheit Baal. Er war unter anderem der Gott für Regen. Baal hat gesagt: ›Breche dein Schwert, nimm deine Mistgabel und bepflanze die Erde.‹ Sorry, ich habe das wörtlich ins Englische übersetzt. Auf Aramäisch oder Arabisch ist das wahrscheinlich schöner.«

Mistgabel? Vielleicht kurz zur Erklärung. Soumar ist beim Erzählen nur ›fork‹ für Gabel eingefallen, woraus ich dann ›pitchfork‹ gemacht habe und mir auf Deutsch anstelle von Heugabel nur Mistgabel eingefallen ist. Da sieht man, wie eine aramäisch-arabische Aufforderung zur friedlichen Beackerung der Felder schnell einen absurden Unterton bekommen kann, wenn sie durch zwei Sprachen gefiltert wird.

»Fühlst du dich eigentlich wie ein anderer Mensch, wenn du Deutsch redest?«, frage ich ihn.

»Nein, ich bin immer noch derselbe.«

»Aber ist es nicht schwierig, du selbst zu sein, wenn du dich nicht richtig ausdrücken kannst?«

Soumar fängt an zu lachen.

»Wenn ich Deutsch rede, bin ich ein sehr friedvoller Mensch. Ich kenne einfach nicht genügend Wörter, um richtig auszurasten.«

»Und auf Arabisch?«

»Im Moment bin ich immer traurig, wenn ich Arabisch rede. Wenn ich etwas Lustiges sagen will, kommt es immer auf Deutsch oder auf Englisch raus. Auch wenn ich mit meiner Familie in Syrien rede.«

»Wie kommt das?«

»Ich weiß es nicht. Vielleicht sind es die Dinge, über die wir sprechen.«

Offensichtlich leiden nicht nur die Menschen an Krieg und Terror, sondern auch die Sprache. Arabisch-sprechende Fluggäste werden aus dem Flieger eskortiert und festgehalten, weil sie Arabisch reden. Und Muttersprachler kommen an den Punkt, an dem die täglichen Nachrichten selbst die tiefen Ebenen der Sprache unter ihre Kontrolle gebracht haben.

DU MUSST DEINEN COMPUTER LIEBEN

Soumar holt mich vom Bahnhof ab. Vor ein paar Stunden bin ich in Hamburg gelandet. Es ist Ende Mai und die Sonne scheint. Bremen fühlt sich vertraut an und zum ersten Mal ist die Temperatur so, dass man sich gerne draußen aufhält.

»Gibt es vielleicht einen Park, in den wir uns setzen können?«, erkundige ich mich bei Soumar.

»Ja, wir können in den Bürgerpark gehen.«

Wir kaufen ein paar völlig überteuerte Dosen Becks an einem Kiosk vor dem Bahnhof und machen uns auf den Weg. Hinter mir her ziehe ich den prall gefüllten Rollkoffer, der auf dem Bürgersteig ein aufdringliches Geräusch produziert. Passanten vor uns schauen sich genervt zu uns um. Nach ungefähr zehn Minuten ohrenbetäubendem Fußmarsch wechseln wir die Straßenseite und verschwinden im Grün eines endlos scheinenden Parks. Auf dem erdigen Weg verstummt das aufdringliche Geräusch der Kofferrollen. Fünf Minuten später sitzen wir auf einer Liegewiese. Etwa 100 Meter entfernt befindet sich ein Teich, vor dem eine Gruppe Bremer im besten Alter Yoga-Übungen macht. In unmittelbarer Nähe unseres Sitzplatzes spielen drei Jungs Frisbee.

»Schön, mal wieder in einem Park zu sein«, sage ich zu Soumar. »Sowas gibt es in Thessaloniki eigentlich nicht. Wir haben einen vor dem Haus, aber da kacken nachts die Taxifahrer und Junkies rein. Ist nicht so zum Rumhängen.«

»Ja, klingt nicht so verlockend. Aber hier ist Deutschland. Alles sauber!«, lacht Soumar.

Und er hat recht. Selbst die Beete sind ordentlich angelegt. Vielmehr sind überhaupt Beete vorhanden, in denen Blumen den Weg fein säuberlich von der Wiese trennen. Wir stoßen an und lassen uns die Sonne ins Gesicht scheinen. Ich werde ein wenig sentimental.

»Weißt du, so habe ich fast jeden Sommer verbracht. Bier im Park. Da, wo ich in Berlin gewohnt habe, gibt es einen Kanal. Da ist es im Sommer gerammelt voll, auch nachts.«

Ich beschwere mich nicht, im Gegenteil. Ich sitze jetzt nachts am Mittelmeer und trinke Bier. Das ist alles andere als bedauernswert. Aber der Landwehrkanal, samt aller Ratten und Hundehaufen, war fast zehn Jahre lang mein Zuhause.

»Ich komme hier zum Joggen her. Ist schön, mitten in der Stadt ein wenig Grün zu haben«, erklärt Soumar, und ich frage mich, ob ihm die Stadt nicht langsam auf die Nerven geht. In Syrien war er immer unterwegs, nicht nur in Damaskus und Aleppo, sondern auch in den Bergen und am Meer. Aus irgendeinem Grund sehe ich ihn eher in einem kleinen Häuschen mit Garten als in einer Stadtwohnung.

»Wenn du entscheiden könntest, wo du wohnen willst, würdest du ans Meer oder in die Berge?«, frage ich.

»Pfff. Keine einfache Entscheidung. Wahrscheinlich in die Berge. Da ist die Luft klarer. Ich hätte gerne ein Haus am Hang, wo ich sitzen und in die Ferne gucken kann. Mit meinem Hund. Ein Haus mit einem Garten, wo Gemüse und Obst wächst, und mit ein paar Tieren.«

»Kann ich verstehen. Ich will auch aus der Stadt raus.«

Ja. Wir und 90 Prozent aller coolen Stadtkids um die dreißig. Die Sehnsucht nach dem Land, da, wo man uns Städter am we-

nigsten mag, gehört ja in Zeiten von Biotomaten und Dinkelro-
sinenschnecken zum guten Ton. Aber von irgendwoher muss sie
ja kommen, diese Sehnsucht nach dem, was wir aus der Stadt
als einfaches Leben bezeichnen. Der Wunsch einer überspezia-
lisierten, dauernd kommunizierenden Gesellschaft nach Ruhe
und einem Leben, das in sich selbst Sinn macht. Denn soviel Be-
wunderung einem für seine Arbeit in den Medien, an der Uni,
in irgendeiner Werbeagentur oder im Kultursektor auch ent-
gegenschlagen mag, irgendwann fragt sich wohl jeder, ob das
überhaupt Sinn ergibt oder ob man nicht einfach dafür arbeitet, die Facebooktimeline von irgendwelchen Leuten, die man
nicht kennt, mit Anzeigen, Fotos, Artikeln und Videos vollzu-
stopfen, die sie in der Regel nicht einmal wahrnehmen. Die Vorstellung, morgens Hühner zu füttern, Kühe zu melken und die
Ernte einzufahren, klingt dann erholsam. Das macht alles sofort Sinn. Da muss nicht hinterfragt werden, ob das jetzt sein
muss oder nicht. Da sitzt man nicht mit seinem Macbook Pro
und seinem Induktionsherd in einer Altbauwohnung irgendwo
in Kreuzberg und tut so, als wolle man seinen ganzen Besitz
loswerden, um den Rest seines Lebens auf einer langen Reise zu verbringen. Mein Blick fällt auf meinen Rollkoffer – mit
meinem Macbook Pro, meiner Digitalkamera und meinem Aufnahmegerät, alles verstaut zwischen meinen Anziehsachen und
zwei Büchern, für die ich gerade sowieso keine Zeit habe. Ich
muss daran denken, wie ich Soumar auf dem Schiff gesehen
habe mit seinem Rucksack und den sieben Sachen, für die er auf
der Flucht Platz hatte.

»Als du geflüchtet bist, konntest du ja nur das Allernötigste mitnehmen. Wie war das, diese Dinge auszusuchen? Ich kann
mir das gar nicht richtig vorstellen.«

»Das war nicht einfach. Viele Dinge, die mir wichtig waren,
musste ich in Syrien lassen.«

»Was denn zum Beispiel?«

»Meinen Laptop und Fotos zum Beispiel. Aber die Dinge, die mir am wichtigsten waren, habe ich schon in Aleppo verloren, als ich aus meinem Haus fliehen musste, also, bevor ich mich entschlossen habe zu flüchten. Ich hatte damals eine kleine Tasche mit meinen Papieren vorbereitet, also wirklich nur dem ALLERwichtigsten. Für den Notfall.«

Soumar nimmt einen Schluck von seinem Bier, kramt meine Kamera aus dem offenen Koffer und fährt mit dem digitalen Sucher die Umgebung ab.

»Meine Wohnung in Aleppo war cool. Ich habe alles in dieser Wohnung geliebt. Alles. Zum ersten Mal in meinem Leben gehörte alles mir. Entweder selbst gekauft oder geschenkt bekommen. Ich hatte damals eine externe Festplatte. Das war das Erste, was ich mir von meinem selbst verdienten Geld gekauft habe. Nichts Besonderes für heutige Verhältnisse. Acht Gigabite.«

»Niedlich.«

»Genau. Niedlich. Aber ich hatte da alles drauf. So viele Fotos. Meine Freunde haben immer gesagt: ›Wie kriegst du dieses ganze Zeug da drauf?‹ Ich habe diese Platte geliebt, aber sie ist leider in Aleppo geblieben.«

»Vermisst du sie jetzt auch noch?«

»Klar. Da waren ganz viele Erinnerungen drauf. Von der Uni, von Aleppo usw.«

»Warum hast du das Teil nicht in die Notfalltasche gepackt?«

»Na, weil ich es die ganze Zeit benutzt habe. Und ich musste ja von einer Sekunde auf die nächste abhauen. Da sind bewaffnete Terroristen in meine Wohnung eingedrungen. An Fotos habe ich da eher nicht gedacht. In der Tasche waren nur der Pass und sowas. Wenn ich den nicht bei mir gehabt hätte, hätten die mich sofort eingebuchtet. Dann wäre ich ja durch keinen Checkpoint gekommen.«

Keine Zeit für philosophische Diskurse über Materialismus oder den Sinn des Lebens, wenn dir irgendwelche religiösen Freaks an die Gurgel wollen. Ich schaue mich um. Gegenüber haben sich zwei Frauen und ein Mann unter einem Baum in den Schatten gesetzt. Während Soumar erzählt, wie er gerade mit dem Leben davongekommen ist, umgibt uns Kalenderharmonie, Natur. Na ja, ein Park, also gezähmte Natur. Oder Stadt, die aussieht wie Natur. Keine Wildtiere, Giftschlangen oder sonst irgendwelche Gefahren. Ein wenig Grün mitten im modernen, städtischen Frieden, mit Straßenbahnen, die pünktlich fahren, Studenten, die in coolen Cafés sitzen und auf ihren Laptops und Handys Spiegel online lesen, bevor sie zurück in ihr sicheres Zuhause gehen, Bio-Essen kochen und sich dann am reichlich gefüllten Kleiderschrank auf das Nachtleben vorbereiten. Aber warum auch nicht? Soumar ist so ein Leben in seinem eigenen Land verwehrt geblieben. Und er ist sicher nicht nach Bremen gekommen, um sich anzuhören, wie sinnlos und materialistisch geprägt unser Dasein ist.

»Was hast du in deinen Rucksack gepackt, mit dem du aus Damaskus gekommen bist? Beschreib mal den Abend, als du den gepackt hast.«

»Ich hab einfach alles aufs Bett gelegt und wusste: Mein Rucksack muss voll werden. Dann habe ich die Sachen eingepackt, die ich wollte, dazu eine warme Jacke. Hosen. Und Unterhosen, von denen ich die meisten nicht benutzt habe.«

»Wahrscheinlich sinnlos, die Unterwäsche zu wechseln, wenn man keine Möglichkeit hat, sich zu waschen oder zu duschen.«

Soumar lacht.

»Ja. Zum Unterhose-Wechseln hat sich irgendwie keine Gelegenheit ergeben.«

»Wie hast du dich gefühlt, als du deine ganzen Sachen auf dem Bett gesehen hast und wusstest, dass du fliehen würdest?«

»Weiß nicht. Ich habe gar nicht viel gedacht. Ich habe meine ganzen Sachen, die mir wichtig waren und die ich nicht mitnehmen konnte, meiner Familie gegeben. Meinen Computer zum Beispiel meiner Mutter. Ich habe ihr gesagt: ›Der funktioniert sehr gut. Lass niemanden damit spielen.‹ Ich habe nämlich einen Cousin, der auch mit Rechnern arbeitet. Der installiert immer gecrackte Programme und bringt damit Viren auf die Festplatte. Ich habe ihr gesagt, dass er den Rechner nicht haben darf, und wenn was sein sollte mit dem System, kann ich das per Teamviewer von Deutschland aus reparieren. Oder ich könnte ihr Schritt für Schritt erklären, was sie machen muss. Das haben wir sogar schon gemacht.«

»Du und deine Mutter per Skype?«

»Nein, mit meiner Schwester. Und es hat funktioniert.«

»War es schwierig für dich, alles zurückzulassen, oder einfacher, als du dachtest?«

»Schon schwierig. Ich hatte nicht so viel, aber es war nicht einfach, das loszulassen. Deswegen habe ich es ja meiner Familie gegeben.«

»Denkst du manchmal an Dinge, die du nicht mitgebracht hast? An irgendwas, was du brauchst?«

»Eher nicht. Also nicht hier. Nur wenn ich an Aleppo denke. Da habe ich ja noch gar nicht richtig darüber nachgedacht zu flüchten. Und dann musste ich von einer Sekunde auf die nächste raus und, na ja, diese ganzen Sachen sind jetzt verloren. Das Haus ist inzwischen abgebrannt. Eine Woche, nachdem ich aus Aleppo weg bin, haben sie alles angesteckt.«

»Und als du unterwegs warst, musstest du wahrscheinlich an ganz andere Dinge denken als an dein Zeug von zu Hause.«

»Du meinst auf meiner ›Reise‹?«

»Genau.«

»Da habe ich vor allem ans Überleben gedacht. An nichts anderes eigentlich. Warum auch? Wenn man irgendwo auf einem versifften Klo sitzt und da kacken muss, fallen einem doch nicht alte Fotos ein.«

Soumar lacht und guckt auf ein imaginäres Foto auf seiner Handfläche.

»Dass man dann da sitzt und denkt: Ach, wie schön wäre es jetzt, die Fotos vom letzten Sommer zu sehen. Ich meine, schon beim Packen waren die Prioritäten klar.«

»Man kann ja nicht für die Zukunft planen, sondern nur für die nächsten paar Tage.«

»Genau. Ich habe zum Beispiel keinen Pyjama mitgebracht.«

»Das wäre vielleicht auch ein wenig komisch gewesen, mitten auf der Flucht, keine Ahnung, irgendwo am Bahnhof in Wien auf der Straße zu pennen und dann den Pyjama rauszukramen.«

In der Zwischenzeit hat sich ganz neues Problem entwickelt, halb-materialistisch und halb-existenzialistisch: Das Bier ist leer.

»Wo ist der nächste Kiosk?«, frage ich Soumar.

»Weit glaube ich. Vielleicht am Bahnhof?«

»Das klingt nicht gut. Ich mache mich mal auf die Suche.«

Ich gehe los und erkundige mich bei dem Grüppchen, das sich vor einer Weile in den Schatten gesetzt hat.

»Wisst ihr vielleicht, wo der nächste Kiosk oder die nächste Tanke ist?«

Notiz an mich selbst: Soumar unbedingt das Wort ›Tanke‹ beibringen.

»Ist ein Stück. Entweder am Bahnhof oder die Tankstelle am Stern«, antwortet ein gut genährtes Mädchen mit Nasen- und Lippenpiercings.

Stern klingt besser. Sie erklärt mir den Weg und keine fünf Minuten später stehe ich vor dem gut gefüllten Kühlschrank. Ich nehme zwei Dosen Bier und, aus irgendeinem Grund, eine dritte, die ich dem fülligen Piercing-Mädchen und ihren Freunden schenken will. Ich weiß nicht, ob es Soumars Kriegsgeschichten sind oder meine Parknostalgie. Oder vielleicht beides. Auf jeden Fall habe ich das spontane Bedürfnis, etwas Nettes für Fremde zu tun, unerwartet und vielleicht sogar unpassend. Nicht um zu helfen oder weil sie es bräuchten, einfach nur, damit ich mich selbst gut fühle. Als ich zurück in den Park gehe, bin ich ein wenig nervös. Vielleicht halten die mich jetzt für einen Oberpsycho. Irgendeinen Stalker, der Leuten ein Bier schenkt und ein paar Stunden später seine Opfer im Keller verscharrt.

»Hier, ich habe euch auch ein Bier mitgebracht. Ist ja so weit zur Tanke.«

Die drei schauen sich verwirrt an. Dann mich. Die Piercinglady bricht das Schweigen.

»Danke! Voll nett. Wie viel hat das gekostet?«

»Ist schon okay. Kleines Geschenk, weil heute so ein schöner Tag ist«, sage ich, drehe mich um und gehe zurück zu Soumar.

»Was war los?«

»Nichts. Ich habe denen einfach ein Bier geschenkt, weil ich mich gut fühlen wollte. Und auch, um zu sehen, wie die reagieren.«

Er lacht und macht die Büchse auf. Wir drehen jeder eine Zigarette. Die Jungs mit dem Frisbee brechen gerade auf. Die Sonne steht schon tief. Von den Yogaleuten sehe ich nur noch einen Typ mit langen grauen Haaren. Im Schneidersitz hat er es sich vor dem Ententeich bequem gemacht.

»Wie war es, dich von deiner Familie zu verabschieden?«

»Ich habe versucht, mich ein paar Tage vor der Abreise darauf vorzubereiten. Das hat natürlich nicht geklappt. Wie auch? Es war unendlich traurig. Meine Eltern haben beide sehr geweint. Ich habe meinen Vater noch nie weinen sehen. Die ganze Familie hat geweint eigentlich.«

»Wie krass es für die gewesen sein muss, da zu bleiben und zu wissen, dass du weg bist. Und nicht im Sinne von nach New York zum Studium. Sie wussten ja, dass du nicht sicher sein würdest eine ganze Zeitlang.

»Genau das war das Problem. Ich bin ja nicht schön mit Visum im Pass zum Flughafen. Es war keine Reise.«

»Und dann schließt du die Tür hinter dir und lässt deine Familie zurück. Was für ein Gefühl war das?«

Situation aufbauen, Gefühl evozieren, Frage stellen. Ich bin die Christine Westermann des Bremer Bürgerparks.

»Meine Brüder haben mich zum Busbahnhof gebracht. Meine Eltern waren auf dem Balkon und in dem Moment habe ich gedacht: Ich gehe nicht. Ich bleibe hier oder in der Türkei. Das habe ich wirklich gedacht. Dann habe ich das meinen Brüdern erzählt und gesagt, wie sehr ich sie vermissen werde. Wir haben alle geweint. Sie haben mir dann gesagt, dass ich darüber nicht nachdenken soll, dass ich mit einer Entscheidung warten soll, bis ich in der Türkei bin. Das Schlimmste in Syrien wäre ja gewesen, in die Armee zu kommen. Dann sind wir zum Bus, ein letzter Abschied und das wars. Vom Bus aus habe ich dann jedem in meiner Familie noch eine Nachricht geschickt. Und dann war ich schon im Libanon.«

»Da gibt's doch dieses Bild ...«

»Ja. Wo ich an der Grenze bin und hinter mir Syrien liegt. Das war das erste Mal, dass ich Syrien von außen gesehen habe. Das war traurig. Ich wollte aber nicht zurück. Nicht, weil es kein unglaublich tolles Land wäre, sondern weil der Krieg alles zerstört hat.«

Ich weiß, dass Soumar nicht immer so locker über diese Dinge redet. Dass er immer noch Albträume hat. Dass er an seine Familie denkt, die nie in Sicherheit ist, und an seine Freunde, die im Krieg gestorben sind. Und jetzt ist er hier in dieser geordneten Welt und hat nach nicht einmal einem Jahr eine Wohnung voll mit Dingen.

»Überleg' mal, wie du bei Annette angekommen bist, mit nichts, und jetzt hast du auf einmal so viel Zeug.«

»Ja. Krass, ne? Das meiste davon waren Geschenke. Das Sofa habe ich von Jens. Viele Sachen von einer Familie im Haus. Und einige Sachen habe ich auch gekauft.«

»Und jetzt? Was machst du mit diesem ganzen Zeug? Du hast es dir schön gemütlich gemacht und man sieht, dass dir die Wohnung am Herzen liegt. Du hast doch dieses Bild, wo draufsteht: ›Wenn du glücklich sein willst, sei es.‹ Wenn du diese ganzen Sachen jetzt siehst, nachdem du alles verloren hast in Syrien, wie fühlt sich das dann an?«

Soumar zieht an seiner Zigarette und überlegt.

»Du kennst doch diese drei Porzellankatzen, die auf dem Regal stehen, oder? Die habe ich von einer Nachbarin. Sie hat mich gefragt, ob ich Katzen mag, und ich habe Ja gesagt. Das war ein Tag vor meinem Einzug. Diese Katzen sind eigentlich das Erste, was ich besessen habe. Ich liebe diese hässlichen Dinger. Überhaupt mag ich mein Zeug. Alles. Aber jetzt wird es vielleicht sogar schon zu viel. Ich muss mal schauen, was ich behalte und was nicht.«

»Ist es nichts Besonderes, dass du NICHTS hattest und jetzt hast du alles, auch als Geschenk von irgendwelchen Fremden? Du hast dein Leben neu aufgebaut und weißt, was Verlust bedeutet. Ich meine, ich kann mir das nicht vorstellen, wie das ist, wenn man alles verliert. Wie ist das jetzt?«

»Ich bin dankbar. Einfach dankbar. Und ich bin fasziniert von dem Gedanken, jetzt Dinge haben zu können. Manchmal, wenn mir alles zu viel wird und ich niemanden sehen will, gehe ich los und kaufe was oder ich hole etwas ab, was mir jemand angeboten hat. Das ist fast wie eine Sucht. Dass irgendwas Neues dafür sorgt, dass ich mich gut fühle. Dieses ›Sei-glücklich-Bild‹ habe ich mir in so einer Situation im Bauhaus gekauft.«

Wie vorausschauend, dass Bauhaus für jede Situation Waren anzubieten hat. Der Kapitalismus und seine vielen, irgendwo in der Dritten Welt von jungen Arbeitskräften produzierten Weisheiten. Es gibt doch diese Berichte von Leuten, die sich bei H&M Klamotten gekauft und dann irgendwo eingenäht einen Hilferuf von den armen Typen gefunden haben, die das für einen Hungerlohn zusammennähen mussten. Vielleicht steht bald ein Geflüchteter im Bauhaus und denkt sich: ›Hey, das Schild mit dem Glück habe ich gemacht.‹

»Macht dich neues Zeug glücklich?«, will ich von Soumar wissen. Ehrlich gesagt bin ich ein wenig enttäuscht, beinahe entrüstet. Von einem Kriegsflüchtling hätte ich ein glaubwürdiges Plädoyer darüber erwartet, dass nur die wesentlichen Sachen zählen, dass Besitztümer Gift seien für die Seele, und Habsucht das zerstörende Element unserer Gesellschaft ist.

»Ja, aber ich mag das nicht. Und gleichzeitig habe ich jedes Mal Angst davor, überhaupt was zu kaufen.«

»Weil du keine Knete hast.«

»Ja, das zumindest rede ich mir immer ein, um nicht irgendeinen Scheiß zu kaufen.«

Ich glaube, dass sich viele in Deutschland kein Bild davon machen können, wie das ist, nichts kaufen zu können, weil man das Geld nicht dafür hat. Und ich meine nicht nur Armut in der Dritten Welt oder durch Krieg, sondern auch in Deutschland selbst. Als ich nach der Uni auf Hartz IV war, habe ich selbst gemerkt, was für ein Psychostress das ist. Alle um einen rum kaufen ständig irgendwas. Wenn man sich mit Freunden verabredet, dann geht man essen oder was trinken. Das war für mich damals in den meisten Fällen nicht möglich. Natürlich haben mich Freunde unterstützt und mich eingeladen. Trotzdem aber ist es ein eigenartiges Stigma, nichts kaufen zu können. Unser ganzes Wirtschaftssystem beruht nun einmal darauf, Geld auszugeben. Erst wenn man sich am Monatsende nur noch von Brötchen ernährt, weil es zu nichts anderem mehr reicht, merkt man, wie wichtig es für das eigene Selbstwertgefühl ist, Dinge zu kaufen. Für das Sozialleben. Für den Alltag. Und diese Weisheit, dass Kaufen nicht glücklich macht, habe ich bisher nur von Leuten gehört, die sich aussuchen können, ob sie etwas kaufen oder nicht.«

»Wissen wir in Deutschland, wie reich wir sind?«

»Nein. Ihr habt keine Ahnung.«

»Woran merkst du das?«

»Weil ihr das meiste, das ihr kauft, nicht braucht. Ich meine, ihr habt einen Computer, der eigentlich funktioniert und vielleicht ein wenig repariert werden müsste und kauft trotzdem einen neuen. Viele Leute machen sich auch was vor, dass sie etwas brauchen, und dann sind das irgendwelche Lächerlichkeiten. Aber weißt du, Deutsche teilen ihre alten Sachen. Wenn ihr was nicht mehr braucht, dann gebt ihr das ab.«

»So hast du deine Bude voll bekommen.«

»Genau. In Syrien teilen die Leute weniger. Aber das liegt auch daran, dass es weniger Reiche gibt, die alles haben und die teilen gar nichts.«

»Also wir wissen nicht, wie reich wir allgemein sind, aber wir wertschätzen die einzelnen Gegenstände? Es gibt auch in Deutschland viele Menschen, die wenig haben. Ich kann mir nicht so ohne Weiteres einen Computer kaufen. Aber trotzdem habe ich immer noch mehr Sachen als Leute anderswo.«

»Man kann in Deutschland haben, was man will.«

»Na ja, eher so: Ich kann haben, was ich brauche, aber nicht unbedingt, was ich will.«

»Das meine ich. Ich will viele Sachen.«

»Ja, ich auch.«

»Die Sache ist, dass ich nicht will, was die meisten wollen. Irgendein neues Zeugs. Das ist mir nicht wichtig. Und in diesen Fällen frage ich mich, warum jemand ein neues Handy will, wenn sein altes einwandfrei funktioniert. Solche Sachen interessieren mich nicht.«

»Hast du immer so gedacht?«

»Ja. Auch in Syrien.«

»Also hast der Krieg dir keine große Lektion erteilt im Sinne von: Man braucht nicht so viele Sachen?«

»Nein. Das wusste ich schon vorher. Dass es sinnlos ist, sich für 1000 Euro, die man für andere Sachen braucht, ein neues Handy zu kaufen, nur weil es eine bessere Kamera hat. Ich hatte damit nie ein Problem. Was ich hasse, ist, wenn ich etwas dringend brauche und kein Geld dafür habe.«

»Ich weiß, was du meinst. Du sagst immer: ›Du musst deinen Computer lieben.‹ Warum? Ich hasse meinen Rechner, dabei ist er mein einziges Arbeitsinstrument und ich höre damit Musik und gucke Filme. Alles eigentlich. Ich brauche ihn also als Lebensgrundlage und zur Unterhaltung. Trotzdem wertschätze ich das Ding nicht so richtig.«

»Okay, du verbringst die meiste Zeit damit. Arbeit, Serien, Musik. Wenn er kaputt wäre, würdest du auf jeden Fall fix und fertig sein und müsstest einen neuen kaufen.«

»Auf jeden Fall.«

»Aber du würdest vielleicht besser aufpassen. Nicht so viel Scheiß runterladen, zum Beispiel. Wenn man etwas wirklich braucht, dann sollte man es lieben und dann behandelt man es besser. Wenn die Batterie den Geist aufgibt, dann wechselt man sie halt.«

»Und du hast einen Computer, der eigentlich schon kaputt sein müsste und pink ist. Und du liebst ihn. Den hat Annette dir gegeben, oder?«

»Ja. Er heißt Pinky.«

»Und nur, weil du ihn liebst, wird er nicht kaputtgehen?«

»Na ja, er ist jetzt in einer Phase, wo das jeden Moment passieren könnte. Ich bin darauf vorbereitet, dass ich diesen Knopf drücke und er nicht mehr angeht.«

»Und dann musst du ihn beerdigen. Nach islamischem Brauch. Innerhalb von 48 Stunden.«

»Richtig. Und dann bringen die Nachbarn mir Essen vorbei, weil bei mir jemand gestorben ist.«

»Das erste Mal, dass man dich in einer Bremer Moschee sieht, beim Imam, und du ihn bittest, Pinky zu bestatten.«

Wir lachen bei der Vorstellung, wie ein uralter Laptop eingewickelt in ein weißes Laken und unter Soumars und Annettes Tränen in die Erde gelassen wird.

Die Sonne ist inzwischen weg und es wird merklich kühler.
Wir stehen auf und machen uns auf den Weg ins Viertel, vorbei
an Menschen, die mit ihren Smartphones telefonieren, ihre sauber polierten Autos parken und Kinderwägen durch die Gegend
schieben, die drei Monatsmieten wert sind.

»Sind die Syrer eigentlich ein materialistisches Volk?«

»Ja, sogar mehr als die Deutschen. Wir können nicht alles kaufen, was wir wollen. Aber trotzdem muss immer alles neu und
modern sein. Ich hatte über sechs Jahre lang ein Handy. Das war
eigentlich schon total im Arsch. Überall Risse im Display. Das
ist mal den Balkon runtergefallen, und meine Freundin damals
meinte, dass es jetzt bestimmt ganz kaputt sei. Ich habe gesagt:
›Nein. Das ist nicht kaputt. Es wird einwandfrei funktionieren.‹
Dann bin ich nach unten, habe die Einzelteile aufgesammelt, zu-
sammengesetzt und es hat funktioniert. Ich habe es halt geliebt.«

Es gibt diesen Post auf Facebook, wo auf einem Foto ein altes
Ehepaar auf einer Veranda sitzt, offensichtlich nicht geschieden
und seit geschätzten 80 Jahren in inniger Liebe verbunden. Darüber steht: ›Wir kommen aus einer Zeit, in der man kaputte Dinge noch repariert hat.‹ Oder ein anderer Post, auf dem man eine
alte Tasse sieht, die mit Gold gekittet wurde. Darunter steht, dass
man irgendwo in Japan oder China zerbrochene Tassen mit Gold
repariere, da man sie aufgrund der Macken besonders schätze
und sie deswegen mehr persönliche Geschichte und Individualität besäßen. Zumindest auf Facebook sind wir uns solcher Dinge also bewusst.

Aber Soumar hat recht. In Deutschland legt man eher Wert
auf die sinnvolle Weiterbenutzung von Gegenständen. Auch
durch einen neutralen Dritten, also nicht unbedingt aus der Not
heraus, um jemandem zu helfen, sondern weil es mit unserer Ef-
fizienz-Philosophie nicht vereinbar ist, etwas einfach so wegzu-
schmeißen. Wir sind da unromantisch. In Griechenland ist diese
ganze Secondhand-Philosophie noch nicht so verbreitet. Es gibt

in Thessaloniki jetzt den ersten, organisierten Flohmarkt, eine Gruppe auf Facebook, die Fahrräder, Kinderwägen und Möbel zum Zweitverkauf anbietet, und ein paar Kreative, die aus Sperrmüll teure Designerstücke herstellen. In Berlin dagegen ist es inzwischen unmöglich, Sperrmüll auf der Straße zu finden. Da kloppt man sich um ausrangierte Nachtische oder alte Bilderrahmen. Über eine Facebook-Seite habe ich innerhalb weniger Stunden meinen kompletten Berliner Haushalt verschenkt.

Wir sind unseren Reichtum so dermaßen gewöhnt, dass wir ein Bedürfnis nach Retro haben, nach dem Alten. Zwar ist das Neue überall und andauernd. Aber das Neue erzählt keine Geschichten, hat keine knatschenden Dielen, mit der eine Mutter schon vor 100 Jahren ihren gerade eingeschlafenen Säugling geweckt hat, oder unterstrichene Textpassagen in einem antiquarischen Buch, die uns darüber nachdenken lassen, was den Leser wohl gerade an diesen paar Sätzen fasziniert hat. In Griechenland sitzt die Erinnerung an Armut noch tief. Bis in die 80er-Jahre gab es Landstriche ohne Elektrizität. Dazu ist Hellas von einer Krise in die nächste geschlittert, von Besatzung über Krieg, Zwangsumsiedlung, in die nächste Besatzung, den Bürgerkrieg und in die Diktatur. Die Sehnsucht nach dem Alten hat nichts Magisch-Verklärtes wie in Deutschland. Die Menschen erinnern sich an ganz eigene Erfahrungen von Armut, die seit Ausbruch der globalen Finanzkrise für viele wieder Realität geworden ist. Daher ist das Neue etwas Verheißungsvolles, ein Schritt heraus aus der wirtschaftlichen Unmündigkeit, selbst wenn man irgendwie weiß, dass teure Möbel und dicke Autos nur über Armut hinwegtäuschen können, dass sie nicht überwunden, sondern nur beiseitegeschoben wurde. Vielleicht gibt es nicht nur in Griechenland, sondern auch in Deutschland diesen Graben zwischen unserem Idealbild des Menschen, dessen Seele frei ist vom Wunsch, Gegenstände zu besitzen, und unserer Realität, die uns suggeriert, dass wir erst durch Gegenstände und den permanenten Austausch und der Erneuerung von Gegenständen zu Personen der Gesellschaft werden. Wir schelten uns für einen Materialismus, der vielleicht nur außer Kontrolle geraten ist, weil wir gerne von uns glauben würden, nicht materialistisch zu sein. Dabei ist Materialismus an sich nichts, was man per se ablehnen muss. Er beschreibt im Wesentlichen nichts anderes als den persönlichen Bezug zu einem bestimmten Objekt. Er sagt aus, dass Fotos, Bücher und diese eine Teekanne uns irgendwie bewegen, dass der Verlust dieser Dinge etwas zu bedeuten hat und uns daran erinnert, dass sie nicht ersetzbar sind. Vorausgesetzt, man hat diese Verbindung zu Gegenständen. Ich weiß nur, dass mein Mac mich in den Wahnsinn treibt. Soll ich ihn reparieren lassen? Dieses Teil, das Stunden und Stunden von Arbeit zunichtegemacht hat? Materialismus schließt die Wut auf Gegenstände nicht aus. Und bevor ich diese Dreckskiste siegen lasse, kaufe ich einen neuen. Und den behandle ich dann aber wirklich gut.

DIE STADTTOUR

Die Idee, eine Stadttour zu machen, ist natürlich auf meinem Mist gewachsen. Schon bei meinem zweiten Besuch dachte ich, wie schön so eine syrisch angehauchte Führung durch Bremen für das Buchprojekt wäre. Und dann ist die Situation irgendwie außer Kontrolle geraten. Angefangen hat alles mit einem unschuldigen Spaziergang in der Bremer Fußgängerzone. Soumar und ich schlendern durch die Stadt und stehen plötzlich vor dem Denkmal der Bremer Stadtmusikanten. Ausgerüstet mit Kamera und guter Laune steht da auch eine Gruppe Frauen. Vermutlich vom Mittagessen schon etwas angetrunken, beraten sie darüber, wie man sich am besten für das Foto positioniert.

»Stapeln Sie sich doch alle übereinander!«, schlage ich vor.

Die Stimmung scheint ausreichend gut, um über meinen schlechten Witz zu lachen.

»Kanns' du ja dann auch dat Foto machen, wenne schon ma' hier bis'. Sei ma' n guter Gastgeber.«

Sie halten mich für einen Bremer, obwohl ich selbst eine Kamera in der Hand halte und vor einer Statue stehe, die ein echter Bremer wohl kaum auf seinem Tagesplan stehen hat.

»Er ist der Gastgeber«, erkläre ich und zeige auf Soumar.

»Kommen Sie zufällig aus dem Ruhrpott?«

»Hört man dat?«

»Kaum.«

»Du auch?«

»Ich bin Dattelner.«

»Datteln? War ich noch nie.«

Das ist das Schicksal der Dattelner. Der Ruhm der Stadt als größter Kanalknotenpunkt der Welt eilt ihr nicht unbedingt voraus. Ich habe Datteln 1994 einmal in den SAT.1-Nachrichten gesehen, als die Ballonfabrik Everts abgebrannt ist. Die Jugend war damals in Aufruhr, weil um das Gebäude herum überall Kondome lagen. Von wegen Ballonfabrik. Zurzeit ist Datteln vor allem bekannt, weil EON dort ein neues Steinkohlekraftwerk gebaut hat und das wohl am Rande der Legalität. Ach ja, die ZDF-Moderatorin Dunja Hayali kommt aus Datteln. Leider reicht keiner dieser Gründe aus, um mehr Fremde in die Fußgängerzone zu locken oder für ausgebuchte Hotels beim jährlichen Kanalfestival zu sorgen.

Ich mache das Foto, man verabschiedet sich und die Gruppe zieht weiter.

»Sag mal, kennst du eigentlich die Geschichte von den Bremer Stadtmusikanten?«, frage ich Soumar.

Weder mein Interesse noch mein Unwissen sind geheuchelt. Ich erinnere mich an ein Bilderbuch aus meiner Kindheit. Einen weiteren Kontakt mit den Bremer Klassikern gab es nicht.

»Natürlich kenne ich die Bremer Stadtmusikanten«, antwortet Soumar.

So natürlich ist das auch nicht, denke ich. Wie viele Neubremer, geflüchtet oder auf andere Art hier gestrandet, setzen sich mit diesem Märchen auseinander? Dann beginnt Soumar, die Geschichte zu rezitieren.

»Also, ein alter Esel will in Bremen Musiker werden, weil sein Besitzer ihn nicht mehr will. Auf dem Weg trifft er einen Hund. Der ist auch alt. Der Esel erzählt ihm von seinem Plan und der Hund entscheidet, mitzukommen. Dann treffen sie eine Katze. Ebenfalls alt. Die schließt sich der Gruppe an. Zum Schluss treffen sie noch einen Hahn, der eigentlich gegessen werden soll.

Dem schlagen sie auch noch vor, mitzukommen. Später laufen sie an einem Haus vorbei, wo Räuber drinsitzen. Es ist schon Nacht. Sie wollen in das Haus und etwas essen und schlafen. Um die Räuber zu verjagen, stellt sich der eine auf den anderen und sie machen laute Geräusche. Die Räuber hauen ab und die vier bleiben in dem Haus. Schluss.«

»Und sie kommen nie in Bremen an?«

»Nein.«

Ich bin mir nicht sicher, wie viele Bremenbesucher das Märchen der Bremer Stadtmusikanten jemals auf Englisch mit arabischem Akzent gehört haben, aber ich fühle mich privilegiert.

»Das nächste Mal, wenn ich komme, musst du mal eine richtige Stadtführung mit mir machen.«

Soumar bejaht das und hat noch keine Ahnung, auf was er sich da eingelassen hat: dass hier jetzt zwei Welten aufeinandertreffen. Dass meine frenetische Projektsucht seinem ruhigen Dasein in Bremen ein jähes Ende setzen könnte.

Bei meinem nächsten Besuch in Bremen erkundige ich mich nach dem Fortschritt des Projekts. Ja. Ich nenne es schon Projekt. Soumar stellt sich wohl eher einen gemütlichen Spaziergang durch die Stadt mit ein paar Informationen vor. Ich dagegen habe in den sechs Wochen, die zwischen meinen Reisen nach Bremen liegen, die Stadttour zu einer Art Lebensplan für Soumar entwickelt. Die Idee: Er als Bremer Geflüchteter (oder Geflüchteter in Bremen?) entwickelt eine Stadttour, auf der er Menschen die Stadt aus seiner Sicht näherbringt. PR-technisch ein absolutes Traumthema. Eine wunderschöne Geschichte, die man ganz toll in den Medien platzieren könnte. Alles schön Small-Scale. Internetseite, Crowdfunding, Social Media. In Soumars Wohnzimmer kommt mein Pitch, doch die große Euphorie bleibt aus. Sieht er denn nicht, dass ich ihm eine goldene Zukunft vor den Füßen ausbreite? Oder hätte ich vielleicht eine Powerpoint-Präsentation machen sollen?

»Das klingt gut, aber ich habe gar keine Erfahrung mit so-was.«

»Das macht nichts. Ich kann dir helfen. Wir können zusammen was konzipieren.«

Anstelle von Begeisterung macht sich Ratlosigkeit breit.

»Such' doch mal eine alternative Stadttour in Bremen und guck' dir an, wie die das machen.«

Such' doch mal. Guck' doch mal. Mach' doch mal. Jetzt bin ich nicht nur dieser Buchautor, der andauernd Fragen stellt, sondern auch noch Karriereberater. Ungefragt! Mich treibt dieser Aus-dem-kann-man-doch-was-machen-Optimismus. Und dann entspringt mein Eifer wohl auch der Schmach über mein eigenes, nie realisiertes Tourprojekt, für das ich Menschen mit Behinderung zu Stadtführern ausbilden wollte. Da kommt das eine zum anderen. Ich kann alte Ideen zu einem guten Zweck recyceln und – so zumindest geht die Fantasie mit mir durch – einem armen Flüchtling eine sinnvolle Lebensgrundlage schaffen, die ihm nicht nur Wohlstand bringen wird, sondern auch Bremer, Touristen und Geflüchtete in Harmonie vereint. So oder so ähnlich zumindest würde es RTL Punkt 12 den fernsehguckenden Hausfrauen überall in der Bundesrepublik vor die Bügelbretter kredenzen.

»Schreib doch deine Gedanken dazu mal auf«, rate ich Soumar und meine damit wohl, dass er mir zuhören und genau das aufschreiben soll.

»Du kannst mir das auf Facebook schicken und ich kann dir dann ein paar Tipps geben.«

Wie rührend von mir, ihm Hausaufgaben aufzugeben und dann ganz gönnerisch mit einer Korrektur als Belohnung zu winken. Bisher ist noch nicht einmal sein Asylantrag bewilligt worden und ich denke an Firmengründung. Aber ich lasse nicht locker.

»Pass auf, du schreibst einfach auf, was dir so einfällt. Und wir können dann einmal die Woche auf Skype oder Facebook darüber reden.«

Es lebe die Kreativwirtschaft. Wir sollten uns Profile bei einer dieser Co-working-Plattformen anlegen, alles genau dokumentieren und durchplanen, also den Rest Spaß, den Soumar an der ganzen Tour noch haben könnte, akkurat vernichten und den braven Flüchtling zur Arbeit trainieren. Dann kann Soumar sich ein Büro in einem Bremer Co-working-Space nehmen, Latte Macchiato trinken mit laktosefreier Kuhmilch oder, wenn er richtig in der Szene angekommen ist, mit Hafermilch, und zum Mittagessen über eine Bio-App asiatische Salate bestellen. Die vollständige Integration. Resistance is futile. Dann sähe er aus wie einer der Ausländer auf den Wahlplakaten der Grünen, inmitten einer Gruppe, die jeder/m Gleichberechtigungsbeauftragten feuchte Träume bereitet: Menschen aller Hautfarben, Frauen, Schwule und auch ein weißer Hetero-Mann bieten nachhaltige Dienstleistungen und essen Bio.

Ich habe nie irgendwelche E-Mails oder Facebooknachrichten mit Stadttour-Ideen bekommen. Und wöchentliche Skype-Interviews haben wir auch nicht gemacht. Aber wir haben uns dennoch häufig über Soumars Zukunft unterhalten. Soll er sein Ingenieurstudium in Deutschland beenden? Vielleicht müsste er von vorne anfangen, da seine Scheine entweder nicht mehr existieren, oder nicht anerkannt würden.

»Studier doch Philosophie oder Sozialwissenschaften. Dann lernst du richtig gut Deutsch.«

Dieser meiner Ratschläge zielt offensichtlich nicht auf wirtschaftliche Unabhängigkeit. Aber nach den vielen Stunden, die ich mit Soumar verbracht habe, scheint mir das eine naheliegende Lösung zu sein. Hochintelligent, philosophiert gern, denkt abstrakt und ist mit wenig zufrieden. Klingt nach dem typischen Philosophie-Absolventen.

»Ich weiß nicht. Ich muss Geld verdienen. Ich will meine Familie in Syrien unterstützen.«

Ach ja. Eine kleine Erinnerung an den Deutschen, dass es Menschen gibt, die andere Probleme haben, als sich in ihrem Job zu verwirklichen, nach Griechenland zu gehen und Bücher zu schreiben. Selbstfindung versus Flucht. Und jetzt ist Soumar auf einmal in einem Land, in dem von ihm erwartet wird, etwas aus sich zu machen. Nützlich zu sein. Nützlichkeit ist ein Wort, das ich im Wahlprogramm der FDP unter dem Stichwort Leitkultur erwarten würde. Nach fast drei Jahren in Griechenland merke ich immer wieder, wie wichtig es den Deutschen ist, immer nützlich oder nutzbar zu sein. Der Nutzen einer Sache und eben auch einer Person definiert ihren Wert. Und es muss auch recht zügig gehen, keine Zeit verschwenden. Nützlich sein, aber zack zack. Und mit Blick auf die Geflüchteten stellt sich vielen vor allem die Frage, ob die denn zu was gut sind oder wann das denn ungefähr wäre, dass sie sich nützlich machen. Daher wäre es theoretisch besser, wenn sie bereits integriert ankommen würden. So wären sie direkt nutzbar, ohne dabei zu stören oder sonst irgendwie negativ aufzufallen, keine Arbeits- oder Studienplätze belegen, aber Geld verdienen und Steuern zahlen. Und bitte bloß nicht mit unserem Alltag kollidieren. Schließlich wollen wir auch mal Feierabend haben.

So wirkt das manchmal, wenn man vom Ausland aus die deutschen Medien verfolgt, in denen es gerade bei der Ankunft der ersten Flüchtenden darum ging, ob die auf der Uni waren. Auf der Webseite des Landes Mecklenburg-Vorpommern stand sogar als Info, dass Geflüchtete nicht mehr Geld erhalten als deutsche Hartz-IV-Empfänger. Aber bei jedem Besuch in Bremen sehe ich am Beispiel von Soumar, wie viele Menschen sich dafür einsetzen, dass es ihm gut geht, und ein wirkliches Interesse an seiner Person haben, ohne einfach nur helfen zu wollen oder von ihm einzufordern, jetzt endlich nützlich zu sein. Im Sommer haben wir Soumars Geburtstag gefeiert. Grillen an der Weser. Es war ein Abend wie viele dieser Art, überall in Deutschland. Da saßen ein paar Leute zusammen, haben Bier getrunken, Salate und Grillfleisch gegessen und sich unterhalten. Einige kannten sich mehr und andere kannten sich weniger. Nur den Vladimir, den kannte niemand. Vladimir lief barfuß und hochalkoholisiert, dabei aber äußerst euphorisch, an der Weser entlang, hat laut gelacht und auf Russisch Dinge geschrien. Als wir ihm ein Bier gegeben haben, hat er sich das Hemd aufgerissen, nicht aufgeknöpft, sondern mit einem echten Hollywood-Move und unter Verlust aller Knöpfe die Brust befreit. Niemand von uns wird ihn je vergessen. Aber was uns wirklich verbunden hat, war dieser Typ aus Syrien, der es nach einem Jahr in Bremen irgendwie geschafft hat, sich kleine Teile von Deutschland anzueignen, sie zum Teil seines Lebens zu machen, ohne dabei dem syrischen Soumar untreu zu werden. Bei diesem Geburtstag ist mir aufgefallen, dass diese Stadttour-Sache meine Idee ist und er diese Ideen von mir nicht braucht. Er kommt auch ohne meinen Übereifer zurecht. Er hat Freunde, eine Arbeit, eine Beziehung und spricht schon Deutsch. Jetzt, da er seine Nützlichkeit ausreichend demonstriert hat, könnte man ihm ja einfach mal ein wenig Zeit lassen, seine eigenen Wege zu gehen und zu schauen, was Deutschland nach Hartz IV noch alles zu bieten hat.

Soumar ist aus einem bestimmten Grund aus Syrien geflüchtet. Er hätte ziemlich bald zum Militär gemusst, um in einem Krieg zu kämpfen, in dem er bereits viele Menschen verloren hat. Das war der Auslöser. Aber er hat auch oft erzählt, wie sein Leben in Syrien durch ungeschriebene, soziale Regeln beeinträchtigt wurde und wie er permanent unter Kontrolle stand. Einmal war seine Freundin bei ihm zu Besuch. Das war natürlich nicht erlaubt. Sie hatte ihrer Mutter erzählt, dass sie bei einer Freundin übernachtet. Irgendwann hat sie dann bei ihrer Tochter angerufen und wollte die Freundin sprechen. Soumar und sie sind dann raus auf die Straße, haben einen Jungen und ein Mädchen im selben Alter angesprochen, die Situation erklärt, und das Mädchen hat dann bei der Mutter angerufen und sich als Freundin ausgegeben. Das klingt vielleicht amüsant, aber wenn so etwas rauskommt, dann kann das beide in Gefahr bringen, in Lebensgefahr.

Im direkten Vergleich kommt einem dann natürlich sofort in den Kopf, wie viele Freiheiten man in Deutschland auf sozialer Ebene hat. Bier auf der Straße trinken, Sex mit jedem, der auch gerade Bock hat, Klubs, unzensiertes Autorenkino usw. Aber es bedeutet nicht, dass es in Deutschland keine sozialen Zwänge gäbe. Der Leistungsdruck ist enorm gewachsen. Jetzt geht es nicht mehr einfach darum, einen Job zu finden und zu heiraten. Da kommt, zumindest in den Großstädten und in Soumars und meiner Generation, auch der Lifestlye-Druck hinzu; dieser Druck, sich entfalten zu müssen und seiner Umgebung mitzuteilen, wie man alles ganz locker unter einen Hut bekommt. Kreativer Job, eine tiefe Beziehung, die aber auf keinen Fall zu spießig sein darf, Teilnahme am Kulturleben, Kinder, aber nicht zu früh und auch nicht zu spät, Ernährungsumstellung auf Bio und Nachhaltigkeit, Weltreisen (aber nur mit Rucksack), im System leben, aber gegen das System sein – das kann ganz schön an die Substanz gehen. Wenn Soumar mir von Syrien erzählt, dann bin ich natürlich dankbar für mein Recht darauf, diese ganzen Dinge tun zu können. Dann merke ich auch, dass dieser Druck, den ich mir gemacht habe, einen ›richtigen‹ Job zu finden, vor allem von mir selbst kam, und dass ich dabei immer die Möglichkeit hatte, die Reißleine zu ziehen. Niemand hat mich dazu gezwungen, Literatur zu studieren, und ich wusste, dass es nicht einfach werden würde, einen Job zu finden. Und das habe ich nicht nur verstanden, weil Soumar vor dem Krieg flüchten musste, sondern vor allem, weil er diese ganzen Dinge als Außenstehender betrachtet. Deutschland ist für ihn das Sinnbild von Freiheit. Aber diese Freiheit ist immer an Erwartungen geknüpft, die eben auch an sozialen Regeln hängen. Zum Beispiel immer pünktlich zu sein und effizient, was Ordentliches aus sich zu machen. Und was ordentlich ist, bestimmt nun einmal das Umfeld, das dann zum Netzwerk wird. Und wenn man das Netzwerk nicht hat, dann siehts mau aus mit der großen Auswahl. Denn, obwohl es in Deutschland alles gibt, heißt das lange nicht, dass es auch für jeden zugänglich ist. Und das hängt nicht nur an Herkunft, Sprache und Bildung, sondern auch an den entsprechenden Beziehungen.

Soumar hat Syrien verlassen, um frei zu sein, nicht nur vom Krieg, sondern auch, was seine Vorstellungen vom Leben und vom Zusammenleben betrifft. In seinem Land wurden ihm kaum Entscheidungen überlassen. Ständig musste er seine Vorstellungen der kulturellen Norm unterwerfen. Jetzt ist er in einem Land, in dem vom Bürger immer mehr erwartet wird, eigene Wege zu finden, produktiv und nützlich zu sein. Vielleicht braucht Soumar erst einmal Zeit, um sich darüber bewusst zu werden, welche Optionen er hat und wie man mit Druck umgeht, wenn auf einmal so viele Dinge möglich sind.

Freiheit ist wahrscheinlich die schwierigste Form des Lebens, die existiert. Freiheit bedeutet, jeden Tag neue Entscheidungen zu treffen und selbstbestimmt zu sein. In Deutschland messen wir die Effizienz einer Person an ihrer Eigenständigkeit. Eigenständigkeit wiederum misst sich nicht nur daran, ob jemand eine Leistung erbringt, sondern auch (und vor allem) wie schnell. Schnelligkeit und Integration aber sind ein gefährliches Begriffspaar, voll mit Erwartungen und Widersprüchen. Es wird Zeit brauchen, ein Luxus, den wir uns als viertreichstes Land der Erde eigentlich leisten können müssen. Schon allein, weil Freiheit ohne Zeit überhaupt nicht denkbar ist.

Ich habe bei meinem Stadttourwahn vergessen, dass da jemand ist, der sich sein Leben noch aufbauen muss. Und auch, dass er seine Heimat und seine Familie zurücklassen musste, und dies unter Bedingungen, die man im 21. Jahrhundert und den Erfahrungen der Geschichte eigentlich hätte verhindern müssen. Auch das braucht Zeit, um verarbeitet zu werden.

142

Die Stadttour haben wir dann übrigens noch gemacht. Und sie war sogar zu etwas gut. Er hat sich ein paar Mal mit einer Freundin getroffen und dabei viel über Bremen gelernt. Somit ist ein wenig Bremer Heimatkultur von einer Urbremerin über einen syrischen Geflüchteten auf mich übergeschwappt. Wir waren in zwei Kirchen, von denen eine der Dom war. Ich bin mir sicher, dass Soumar genau wusste, wo er war. Richtig verraten hat er es aber nicht. Wir haben dann zum x-ten Mal die Statue der Bremer Stadtmusikanten gesehen und ein historisches Glockenspiel, das mit dem Sparkassenjingle begann. Direkt nebenan war Soumars persönlicher Favorit: ein Stück Knochen, das, nach Angaben der Stadt Bremen, von einem Esel stammt und als Beweis gilt, dass die Bremer Stadtmusikanten wirklich existiert haben. Abends waren wir im Ratskeller ›Bremer Knipp‹ und Labskaus essen. So viel zu Soumars Karriere als Bremer Tourguide.

GOTTLOS IN BREMEN

Viele gläubige Menschen sagen, Gott sei überall. Was aber sagt das über Gott aus? Ist nicht die Annahme, dass es keinen Gott gibt, ›christlicher‹, im Sinne von humaner, als die Vorstellung, dass da ein allmächtiges Wesen ist, das denen beistehen soll, die leiden, künstlich in Armut gehalten werden, die Auswirkungen der Erderwärmung und Naturkatastrophen als Erstes zu spüren bekommen, in Kriege gestürzt werden usw.? Mir hat mal jemand gesagt, ich sei zynisch, weil ich den Menschen so die letzte Hoffnung raube. Das finde ich nicht. Eher finde ich, dass so ein sehr zynisches Bild von Gott gezeichnet wird, der in aller Seelenruhe zuschaut, wie die Schwächsten seiner Schöpfung dem Wahnsinn von Krieg, Hunger und Vertreibung schutzlos ausgeliefert sind. Ebenso zynisch ist es, die Bibel oder den Koran zu zitieren, um Privilegien, Macht und Reichtum zu rechtfertigen, oder dass die Kirche in Griechenland aktiv Antidiskriminierungsgesetze verhindert. Absurd ist, dass Soumar in Syrien von Islamisten gejagt wird, weil seine Eltern Alawiten sind, also an denselben Gott glauben, im Namen dessen sie umgebracht werden sollen. Hätten die selbsternannten Gotteskrieger gewusst, dass Soumar in Wirklichkeit gar nicht an Gott glaubt, hätten sie ihn erst recht getötet.

Soumar ist Atheist. Auch deswegen ist er dazu in der Lage, sich auf die wirtschaftlichen und politischen Hintergründe des Krieges zu konzentrieren. Daher ist er für Dschihad-Theorien völlig unempfänglich, was auf die meisten Geflüchteten in Deutschland zutrifft, die ja vor eben diesem Dschihad aus ihrem Land fliehen mussten. Gleichzeitig sind Atheisten natürlich keine besseren Menschen. Auch der Nationalsozialismus war eine atheistische Weltanschauung, wobei der Führerkult natürlich etwas Gottgleiches hatte. Im Wesentlichen ist der Nationalsozialismus eine Ideologie, die nicht anders funktioniert als eine Religion auch. Fakten spielen keine Rolle. Alles kann nach Bedarf interpretiert und an die Ideologie angepasst werden.

Deutschland wurde stark geprägt von dieser Ideologie. Unser heutiges Weltbild fußt auf ihrer Überwindung. Zurzeit aber sehen viele Menschen in Deutschland dieses Weltbild in Gefahr. Wir begreifen uns als rational-kritische Gesellschaft, die von den religiösen Ideologien des Islams bedroht wird, wobei die Geflüchteten, die nach Deutschland gekommen sind, eben diese Ideologie personifizieren. Wie soll da das Zusammenleben funktionieren? Tatsache ist, dass die Integration viele Probleme mit sich bringen wird. Weltanschauungen werden aufeinanderprallen und es wird Konflikte geben. Viele Menschen in Deutschland fühlen sich in ihrer Freiheit bedroht. Das ist verständlich. Und damit meine ich nicht nur die Deutschen, die die Flüchtlinge am liebsten sofort wieder aus dem Land werfen würden, sondern auch die anderen, die unterstellen, dass das Bedürfnis nach einer Diskussion über die Probleme, die in punkto Integration auf uns zukommen werden, die Grundlage eines neuen Faschismus sei. Dadurch ist eine Debattenkultur entstanden, die vor allem polarisiert; in der wir die Freiheit, die es doch zu schützen gilt, bereits aufgegeben haben. Anstatt zu debattieren, konzentrieren wir uns auf ein paar wenige Beispiele: Vollverschleierung versus sexuelle Belästigung, Rechtspopulist versus Gutmensch, Minarett versus Kirchturm. Um diese Pole herum sammeln sich die Ideologen beider Lager, bezichtigen sich gegenseitig der Lüge und proklamieren ihr Weltbild als die Essenz einer Wahrheit, die sich von der Propaganda der Gegenseite nicht blenden lässt. Dabei berufen sich beide Lager auf die Freiheit und beide Lager vergessen dabei einen wesentlichen Aspekt: Dass die gelebte Realität sich eben nicht auf eine Silvesternacht in Köln oder den Bau einer Moschee reduzieren lässt, sondern dass sie sich zwischen diesen Extremen abspielt. Auffällig dabei ist, wie selten Fragen gestellt werden. Denn Freiheit bedeutet nicht nur, seine Meinung äußern zu dürfen, sondern kommt immer auch mit der Verantwortung, die Meinung des anderen zu erfragen. Genau darauf basieren unsere Grundwerte: auf dem kritischen Hinterfragen von Zuständen. Religion, vor allem politisch motivierte, funktioniert anders. Da wird so ein Extremzustand zur Rechtfertigung für ein Gesetz, das den Gläubigen und vor allem den Institutionen, die vorgeben, diese zu repräsentieren, Privilegien auf Erden suggeriert, für das sie sich nur vor ihrem Gott rechtfertigen müssen. Da prallt pure Ideologie auf eine komplexe Realität, in der dann so aus dem Bauch heraus über Gut und Böse befunden wird. Und mit eben diesem ideologischen Ton wird auch die Debatte geführt. Meinungen werden zu Realität und diese Realität zur Religion. Unser Weltbild aber, das beide Lager gleichermaßen zu schützen versuchen, ist aus der Überwindung von Religion und Ideologie heraus entstanden. Irgendwann in den Zeiten der Aufklärung, als man sich an die Menschen im antiken Griechenland erinnerte, die ein System namens Demokratie erfanden und von Jahwe, Gott und Allah noch nichts gehört hatten, kam man zu dem Schluss, dass die Menschheit sich nur weiterentwickeln und zueinanderfinden könne, wenn sie sich von der Allmacht der Kirche löst und auf zwei wesentliche Grundsätze konzentriert: Vernunft und Freiheit. Dabei ist weder Vernunft ohne Freiheit, noch Freiheit ohne Vernunft denkbar. Werkzeuge dieser Grundsätze sind Beobachtung, Hinterfragen und Selbstkritik. Gerade der letzte Aspekt trennt den vernünftigen Menschen vom ideologischen. Wichtiger als die eigene Überzeugung ist also der Respekt vor der Überzeugung von anderen und die ständige Frage: Bin ich vielleicht im Unrecht?

Was Soumar und mich vom ersten Moment an, seit der Begegnung auf der Fähre nach Athen, verbunden hat, war unsere Gottlosigkeit. Wir beide sehen unseren Atheismus als Grundlage für ein freies und selbstbestimmtes Leben. Dabei sind wir uns beide darüber im Klaren, dass auch der Atheismus nur eine Überzeugung ist. In unserer Überzeugung aber haben viele Weltbilder Platz, was uns in die angenehme Situation bringt, niemanden missionieren oder überzeugen zu müssen. Soumar hatte als Atheist in Syrien keinen einfachen Stand. Im Gegenteil. Er musste seine Überzeugung verstecken. Ich bin katholisch aufgewachsen, mit allem Drum und Dran. Taufe, Kommunion und sogar Firmung. Als ich mit 16 Jahren als Austauschschüler in North Carolina war, einem der erzkonservativen, hyperreligiösen Südstaaten von Amerika, habe ich mich endgültig vom Christentum verabschiedet. Meine Gastmutter war in einer dieser charismatischen Kirchen, in denen Menschen neben mir in religiöse Orgasmen ausgebrochen sind, so richtig mit Schreien und I-can-see-the-Lord-Schizophrenien. An meinem ersten Tag in der amerikanischen Schule sollte mich ein gewisses Mädchen namens Teyanna Joyce (Praise the Lord!) von meinem Mathe- zu meinem Englischkurs bringen. Das hat sie auch getan. Aber nicht, ohne mich vorher auf dem Schulhof ihren Freunden vorzustellen. Da sind wir dann gestanden, meine erste Pause in den Vereinigten Staaten von Amerika, the *land of the free*, in einem Kreis mit bestimmt 15 Leuten, die sich an den Händen hielten und gemeinsam beteten. Das war ein traumatisches Erlebnis, das mich als Teenager damals peinlich berührt hat. Dasselbe Mädchen hat mir auch gesagt, dass ich in der Hölle schmoren würde, weil ich katholisch war. Das klingt vielleicht ganz belus-

tigend, aber die radikalen Christen in den USA sind eine nicht
zu unterschätzende Macht, die zu drastischen Schritten bereit
sind, um ihr Weltbild zu verteidigen, bzw. die Interessen ihrer
Führungselite. Diese wiederum haben in Syrien gar keinen guten
Ruf. Man sagt ihnen nach, religiöse, islamistische Hardliner zu
unterstützen. Und die vielen religiös-gemäßigten Menschen dort
freuen sich so gar nicht über die voranschreitende, radikale Islamisierung im Nahen Osten; dieselbe Islamisierung, aufgrund
derer Soumar nach Deutschland geflüchtet ist, wo er unter dem
ständigen Verdacht steht, selbst Islamist zu sein. Soumar aber ist
Ingenieur. Sein Weltbild beruht vor allem auf der Physik. Und
anstatt Wahrheiten einfach hinzunehmen, hinterfragt er sie.

»Ich habe Religion schon als Kind gehasst«, erzählt er mir, als
die Bedienung in einem Café im Viertel uns Kaffee bringt. Sowas
sagt Soumar häufiger und meistens entwickelt sich daraus eine
philosophische Unterhaltung über Gott, Irrtümer und religiöse
Kuriositäten.

»Ich habe mal meinen Religionslehrer beinahe in den Wahnsinn getrieben«, erzählt er lachend, während er sich Zucker in
den Cappuccino rührt.

»Das bezweifle ich keine Sekunde«, sage ich und bitte ihn um
Details.

»Wir waren in der Schule im Religionsunterricht. Da muss ich
so 15, 16 gewesen sein. Ich habe meinen sehr gläubigen Lehrer
gefragt: ›Ist Gott allmächtig?‹

›Natürlich ist er das‹, hat er geantwortet.

›Okay, er kann also Felsen erschaffen?‹

›Natürlich kann er Felsen erschaffen. Das sieht man doch. Alles kann er erschaffen.‹

›Kann Gott dann also auch einen Felsen erschaffen, den er
selbst nicht tragen kann?‹, habe ich ihn gefragt. Das hat ihn total
aus dem Konzept gebracht und er hat nur noch irgendwas in sei-

nen Bart genuschelt. Ich habe dann noch einen draufgesetzt und gefragt, ob Gott nicht auch einen anderen Gott erschaffen könne. Dann war er richtig sauer auf mich. Zwei Jahre später ist er an einem Hirntumor gestorben. Das tat mir leid.«

Ich halte diese Fragen für durchaus diskussionswürdig. Wenn man schon ganze Staatssysteme auf der Allmacht eines Wesens aufbaut, sollte man sich dieser Allmacht zumindest sicher sein. Schließlich laufen in Syrien Hunderte von bewaffneten Guerilla-Soldaten durch die Gegend, die im Namen dieser Allmacht Menschen festnehmen, verschleppen, foltern und töten. Wie absurd, wenn man dann nicht einmal an eine höhere Macht glaubt. Es ist ungefähr so, als würde jemand in eine Wohnung einfallen und die Bewohner unter Todesdrohungen dazu zwingen, die Allmacht von Harry Potter als geltendes Gesetz zu akzeptieren. Für mich und Soumar sind Thora, Bibel und Koran keine Lügengeschichten, sondern Fiktion. Eine in sich zusammenhängende Sammlung von Kurzgeschichten in drei großen Fortsetzungsbänden. So etwas wie die griechische Mythologie, an die man ja auch nicht glaubt. Im Studium habe ich einmal einen Artist-in-Residence-Kurs besucht. Gastdozent war der niederländische Autor und Übersetzer Willem Jan Otten. Er hat uns erzählt, dass er früher Atheist war und dann zum katholischen Glauben konvertiert sei. Dazu hat er auch einen passenden Essay verfasst, den er ›Das Wunder der frei laufenden Elefanten‹ genannt hat. Darin erzählt er, wie er als Kind aus dem Fenster geschaut und frei laufende Elefanten gesehen hat. Jedem habe er davon erzählt und niemand wollte dem kleinen Willem Jan Glauben schenken, bis sich herausstellte, dass ein Zirkus in der Stadt war und die Elefanten tatsächlich an seinem Fenster vorbeizogen.

Das war sein ganz persönliches Gleichnis, sein neues Glaubensbekenntnis. An irgendeiner Stelle hat er sich ein wenig verächtlich über den nachlassenden Glauben der Niederländer geäußert, die zwar nicht mehr an Gott glaubten, aber jedes Jahr zum Karfreitag in die Kirchen strömten, um Bachs Matthäus-Passion zu hören. Als Autor sollte er eigentlich wissen, dass es da keinen Konflikt gibt. Man kann die Odyssee auch lesen, ohne an Zeus zu glauben. Das Gleiche gilt für die Bremer Stadtmusikanten, deren Existenz man ja nun – zumindest in Bremen – nachgewiesen hat. Ich gönne Herrn von Otten durchaus, dass er den Herrgott wieder für sich entdeckt hat, aber deswegen können doch andere Menschen Bach hören und die Kreuzigungs-Geschichte dabei als Fiktion verstehen. Das Schöne an der Kunst ist ja, dass man nicht an eine höhere Macht glauben muss, um von ihr berührt zu werden. Soumars Lieblingslied ist der ›Redemption Song‹ von Bob Marley. Da wird auch von Gott gesprochen. Und wenn er das Lied aus vollem Herzen mitsingt, kann er noch so viel Atheist sein, aber die Musik berührt ihn trotzdem.

»Was denkst du, wenn er singt: ›But my hand was made strong by the hand of the Almighty?‹«, habe ich ihn einmal gefragt. Daraufhin hat Soumar nur gelacht.

»Ja, er meint Gott. Aber das ist mir egal. ›Emancipate yourself from mental slavery‹.«

Das ist wohl eher Soumars Lebensphilosophie. Religiöse Menschen könnten jetzt argumentieren, dass Gott auf dem Weg nach Deutschland seine schützende Hand über ihn gehalten hat. Aber gleichzeitig hat derselbe Gott nicht selten mit einer Knarre auf ihn gezielt und ihm fast das Leben genommen. Good God, bad God.

Wir laufen durch Bremen, vorbei an Döner, Pizza zum Mitnehmen, Gyros und Burger.

»Hier gehe ich nicht hin. Der Typ ist voll das Arschloch«, sagt Soumar und zeigt auf einen türkischen Gemüseladen.

»Wieso? Was ist denn mit dem?«

Wenn Soumar so etwas sagt, merke ich, wie sehr ich selbst an dieser Terrorismusdebatte klebe, weil ich immer davon ausgehe, dass der Typ dann Al-Nusra-Anhänger ist und den Dschihad nach Bremen bringen will.

»Der legt das alte Brot zum Neuen.«

Ach ja, es gibt auch Leute aus dem Nahen Osten, die einfach Arschlöcher sind, ohne den Ungläubigen gleich den Tod zu wünschen.

»Hast du eigentlich Probleme mit anderen Geflüchteten?«, will ich von ihm wissen.

»Problem würde ich nicht sagen. Aber es gibt jemanden, der mich gefragt hat, wer ich sei und wo ich herkomme. Ich habe gesagt: ›Ich bin Soumar aus Damaskus.‹ Daraufhin hat er mich komisch angeschaut und angemerkt, dass er mich noch nie in der Moschee gesehen habe. Ich habe ihm dann ganz einfach erklärt, dass ich nicht in die Moschee gehe.«

»Was wollte der denn von dir?«

»Keine Ahnung. Mich abchecken. Weißt du, wenn man in Syrien sagt, wo man herkommt, dann wissen die anderen meistens, ob du Sunnit, Schiit, Alawit oder sonst was bist. Er wollte also wissen, welche Religion ich habe.«

»Hat dir das Angst gemacht?«

»Ja.«

»Warum? Glaubst du, dass er gefährlich ist? Er ist doch auch geflüchtet.«

»Da war so ein anderer dabei, den ich vom Sehen kenne und der schon seit zehn Jahren in Deutschland lebt. Und der ist einer von diesen Typen, denen ich schon in Syrien nicht über den Weg getraut habe. Er hat irgendwann angefangen, mich über Religion zu belehren. Dies ist haram und das ist haram usw.«

»Haram?«

»Tabu.«

»Meinst du, der wollte dich irgendwie rekrutieren oder so?«

»Ach. Auf keinen Fall. Der wollte einfach zeigen, wie toll religiös er ist. Wäre schon dumm von ihm gewesen, gerade mich rekrutieren zu wollen.«

»Hat mal jemand versucht, dich zu rekrutieren?«

»Nein, also nicht in Deutschland. Weißt du, wenn die verstehen, dass ich mit Religion nichts am Hut habe, dann merken die, dass das sinnlos ist.«

Soumar fühlt sich nicht zuletzt deswegen sicherer in Deutschland, weil es hier jedem frei steht zu glauben oder es sein zu lassen, zumindest, was die Religion angeht.

»In Deutschland ist man frei von diesen ganzen religiösen Sachen«, beschreibt Soumar seine Sicht der Dinge. »Da gibt es Gesetze, die das Leben regeln. Mir ist erst überhaupt nicht aufgefallen, dass es sowas wie Religion gibt in Deutschland. Und die Menschen sind gut zueinander. In Syrien sagt man, dass man gut sein muss zu den Nachbarn, weil der Prophet Mohammed das doch gesagt hat. Aber nur weil man das so sagt, heißt das nicht, dass das dann auch zutrifft. Im Gegenteil. Viele Menschen sind überhaupt nicht gut zueinander. Ich habe in Deutschland noch nie jemanden getroffen, der gesagt hat: ›Das muss man tun, weil Jesus das so will.‹ Und den religiösen Leuten ist es egal, ob man an Gott glaubt oder nicht. Religion ist etwas Privates. Mich hat in Bremen mal eine Weile lang ein Mädchen belagert, das sehr religiös ist. Sie wollte unbedingt, dass ich mit ihr in die Kirche gehe. Ich meinte nur zu ihr, dass ich mitkommen kann, um zu beten und sowas, aber dass ich sie dabei einfach anlügen würde, weil ich es ja nicht glaube. Damit würde es mir nicht gut gehen. Ich respektiere, dass jemand an Gott glaubt.«

»Wirklich?«

»Klar.«

»Ich nicht immer. Gerade bei Christen – weil ich mit dem Christentum groß geworden bin. Das ist vielleicht ähnlich, wenn du sehr gläubige Muslime siehst. Ich frage mich immer, warum die Leute glauben, warum sie nicht wie ich denken, dass das alles nur Fiktion ist. Ich respektiere das natürlich und will sie auch nicht vom Gegenteil überzeugen, aber genauso wie sie nicht verstehen können, warum man nicht an Gott glaubt, verstehe ich nicht, dass sie es tun. Dieses Unverständnis habe ich vor allem bei Christen. Der Islam, das Judentum und der Buddhismus sind für mich exotischer. Die verbuche ich eher unter kulturelle Unterschiede und Diversität und akzeptiere sie anders. Manchmal verstehe ich einfach nicht, wie Menschen, deren Welt von der Wissenschaft geprägt ist, ihr Leben an irgendwelchen heiligen Schriften festmachen. Ich mag das nicht an mir, dass ich diese Arroganz habe und dass mir es schwerfällt, eine wirkliche, innerliche Akzeptanz dafür aufzubringen. Und ich werde wütend, wenn irgendwelche Hardliner ihre Kinder nicht zum Arzt bringen, sondern lieber beten, oder wenn Zeugen Jehovas keine Bluttransfusion zulassen und Menschen dabei draufgehen.«

»Ja, das Problem sind immer die Hardliner. Ich meine, Beten bringt halt nichts. Und wenn Leute glauben, dass ihnen Gott etwas gegeben hat, weil sie gebetet haben, dann denke ich nur: Nein, hat er nicht. Du hast es einfach bekommen, weil du gewartet oder dich darum bemüht hast. Du hast dafür gearbeitet.«

Das ist Soumars persönliche Überzeugung. Er hat mir erzählt, dass er für seine Großmutter beten ›musste‹, als sie gestorben war. Da hat er dann nicht zu Gott gesprochen, sondern zu ihr selbst. Er hat seine eigene Einstellung zum Gebet, hat aber kein Interesse daran, es irgendjemandem zu verbieten.

»Was ist anders geworden an deinem Leben in Deutschland, wenn du sagst, dass Religion keine große Rolle spielt?«, frage ich ihn.

»Mein Leben ist sehr viel einfacher geworden. Ich muss keine Angst mehr haben, als Atheist zu leben. In Syrien ist das nämlich nicht ein Problem zwischen mir und Gott, sondern zwischen mir und den Leuten. Die wollen mich ändern, mich missionieren. Sie fragen mich, ob ich wirklich glaube, dass ich vom Affen abstamme. Ich sage dann immer, dass ich, bei allem, was die Menschheit angerichtet hat, sogar stolz darauf bin. Es ist anstrengend, wenn man belagert wird von Missionaren. Wenn sie fragen, was ich glaube, wer das Universum erschaffen habe, dann erkläre ich, dass ich mir diese Frage selbst stelle, aber ich es halt nicht weiß, und der andere glaubt, es sei von Gott geschaffen. Ich meine, sie können mir ja auch nicht erklären, wo Gott herkommt, der das alles gemacht hat. Niemand kann erklären, wie alles angefangen hat. Ich frage solche Missionare auch, warum Gott überhaupt gekommen ist. Sie antworten dann, Gott sei allmächtig und immer da gewesen, und dass Gott seine eigene Herrlichkeit erfahren wolle. Entschuldigung, aber dann ist er nicht Gott, wenn er sowas wirklich nötig hat. Nach solchen Gesprächen behaupten diese Leute dann, dass sie meine Meinung akzeptieren, aber dann reden sie nie wieder mit mir. Weißt du, der Prophet Mohammed war klug, wirklich, er war sehr klug, aber wenn man zwei Stunden rumsitzt mit diesen Leuten, dann machen sie ihn dumm. In Deutschland wird man mit diesem Thema in Ruhe gelassen und ich kann frei das Leben leben, das ich für richtig halte. In Deutschland gefällt es den Leuten vielleicht nicht, was man glaubt, aber damit hat sich die Sache dann auch. Man wird deswegen nicht verfolgt.«

Wir haben einmal in der Bremer Fußgängerzone ein paar Christen gesehen, die sich als Rekrutierer versucht haben, erz-musikalisch. Die haben einfach christlichen Pop gesungen, die Augen geschlossen und das Gesicht gen Himmel gerichtet.

»Darf ich mit euch über Jesus reden?«, hat uns irgendein dicker Typ mit Bart und Brille im Vorbeilaufen gefragt. Ich habe dankend abgelehnt. Soumar hat gar nichts gesagt. Ein paar Minuten später sind wir dann am Roland vorbeigegangen, einer Statue auf dem Bremer Marktplatz, der seinen Blick auf den Dom richtet.

»Weißt du, warum er auf den Dom schaut?«, fragt Soumar. Natürlich nicht. Er ist der Bremer.

»Nee, keine Ahnung.«

»Um zu überwachen, dass die Kirche sich nicht einmischt. Ich liebe Bremen!«

Man lernt nie aus. Später habe ich bei Wikipedia gelesen, dass Roland wohl nicht über die Kirche wacht, sondern um den Bremer Handel zu schützen. Das macht aber nichts. Da hat Soumar als Atheist neben den Bremer Stadtmusikanten noch ein Stück Fiktion, an das er glauben kann. Gottlos in Bremen ist vielleicht kein schlechtes Los. Schließlich hat die Welt auch noch andere Geschichten zu erzählen.

HEIMWEH NACH GRIECHENLAND

Keine Ahnung, warum ich in Bremen unbedingt in ein griechisches Restaurant wollte. Vielleicht zum Authentizitätscheck. Die Griechen sagen ja immer, wie schlecht das griechische Essen in Deutschland sei, zumindest in den meisten Restaurants. Auf jeden Fall war Gyros Pita mein erstes, ausländisches Essen – vom Mykonos-Grill in Datteln. Die Anzahl der griechischen Restaurants im Ruhrgebiet ist ungleich höher als die in Berlin. Selbst in meiner Stadt mit 36.000 Einwohnern gab es zu Hochzeiten, das heißt, bevor der Döner Marktführer wurde, eine nicht geringe Auswahl an griechischen Imbissen und sogar Restaurants. Wie 90 Prozent der hellenisch angehauchten Lokale in der Bundesrepublik haben sich auch die Dattelner Griechen beim offensichtlich einzigen Innendekorateur für griechische Restaurants eingerichtet, den es in Deutschland zu geben scheint. Dort bekommt man dann das Komplettpaket. Klebrig-staubige Plastiktrauben hängen von der Decke und vermitteln dem Besucher: Du bist jetzt nicht mehr im kalten Zentraleuropa. Willkommen im Urlaub! Dabei verschaffen Gipsstatuen von halbnackten, griechischen Athleten und holden Göttinnen zwischen korinthischen Gipssäulen dem Gast die perfekte Illusion. Es besteht kein Zweifel: Man befindet sich im Aphrodite-Grill in Wanne-Eickel, im Korfu in Stuttgart-Degerloch oder in der Taverne Poseidon in

Ludwigshafen-Oggersheim. Auf einer Papierserviette findet der sprachinteressierte Besucher hilfreiche Vokabeln wie ›Kalimera‹ und ›Kali Oreksi‹. Die Speisekarte macht Lust auf den Grillteller Zeus mit Kroketten und Pilzrahmsoße. Das ist der griechische Stil, der in der Bundesrepublik auf Anklang stößt und selbst die Krise überdauert hat. Latent absurd diese Vorstellung, dass es in Hochzeiten der Anti-Hellas-Stimmung in Deutschland Menschen gab, die aus Protest nicht mehr zum Griechen an die Ecke gegangen sind, in ein Lokal, das mit Griechenland an sich eigentlich nichts zu tun hat, geführt von Griechen, die seit Jahrzehnten in Deutschland leben. Ebenso absurd ist es, dass andere Menschen extra deswegen griechisch essen waren, um an diesem Hort falscher Vorstellungen von einem Land per Grillteller gegen die mediale Verallgemeinerung des faulen Griechen zu protestieren.

Es erschien mir sinnvoll, Soumar mit dieser Welt in Verbindung zu bringen. Und mich auch. Diesen Klischees, mit denen ich aufgewachsen bin, mal ins Auge zu schauen und Soumar einen Vorgeschmack zu geben auf den Besuch in Griechenland, zu dem ich ihn eingeladen habe, sobald die Bundesrepublik ihm offiziell Asyl gewährt und er innerhalb der Schengenländer verreisen darf. Im Moment hat er eine Arbeitserlaubnis. Damit darf er innerhalb von Deutschland reisen, aber nicht ins Ausland. Wir waren im Sommer mal zusammen in Hamburg. Das war für Soumar das erste Mal seit seiner Ankunft in Bremen, dass er die Stadt verlassen hat, um in eine, nun ja, größere Stadt zu fahren. In Bremerhaven war er schon, aber das gehört ja mit dazu. Wir hatten uns direkt am Hamburger Hauptbahnhof verabredet. Er kam von zu Hause und ich direkt vom Flughafen. Der Flieger hatte Verspätung und ich somit Zeitdruck. Als ich endlich ausgestiegen war und die Tür zum Sicherheitsbereich hinter mir zuging, fiel mein erster Blick auf ein Schild, auf dem »Zum Wackenfestival« stand und das nach rechts zeigte. Na herrlich. Überall besoffene Rocker und wahrscheinlich ein erhöhtes Polizeiaufgebot. Vielleicht war der Treffpunkt am Hauptbahnof keine gute Idee. Ich hatte Sorge, dass Soumar in eine Kontrolle kommt, auf irgendeiner Bahnhofswache festsitzt und erklären muss, was er in Hamburg macht. Zum Glück hatten die genug mit Drogendealern zu tun, und Wacken-Rocker waren auch keine vor Ort. So konnte Soumar ungestört am Haupteingang auf mich warten. Als Erstes haben wir uns dann aufgemacht zu meiner Freundin Nora aus der Uni. Die hat sich nach dem Studium zur Bioköchin ausbilden lassen und betreibt inzwischen ein Restaurant in Hamburg-Barmbek. Soumar und ich hatten bei der Ankunft in Barmbek sofort gemerkt, warum. Der Bezirk erzählt nicht gerade Großstadtmärchen und hatte ein Restaurant bitter nötig. Alles in Barmbek sieht nach einer etwas überdimensionierten, westdeutschen Wohnsiedlung aus, einer Siedlung, in der man außer Wohnen eigentlich nichts machen kann. Noras Restaurant ›Spajz‹ ist klein, aber fein. Als wir ankamen, war es schon Nachmittag. Wir haben Bier bestellt und Pulled Pork, das sozusagen die Visitenkarte des Restaurants ist. Nach den Ausflügen zu Mett, Leberwurst und Bremer Knipp schon wieder Schwein. Es war nie meine Absicht, daraus ein Leitmotiv zu entwickeln, aber in Deutschland gibt es Schwein nun einmal an jeder Ecke. Bevor der Verband deutscher Schweinezüchter Soumar für eine neue Kampagne anwerben will, erwähne ich besser auch Folgendes: Ja, Soumar isst Schwein. Nein, nicht aus Protest. Ja, er isst auch anderes Fleisch und zusätzlich Fisch, Brot, Gemüse, Nudeln und Reis. Nein, er hat noch keinen Vertrag für eine Toleranz-Kampagne bei Werder Bremen unterschrieben, würde diese aber zweifelsohne vorziehen.

Wir haben den ganzen Tag in Hamburg verbracht und sind ein wenig ziellos durch die Gegend gelaufen. Spaziergang an der Alster. Bier in der Innenstadt. Foto mit dem auf seine Papiere wartenden Soumar vor der auf ihre Fertigstellung wartende Elbphilharmonie. Bootsfahrt auf der Elbe. Reeperbahn. Später haben wir uns dann wieder mit Nora und ihrer Frau Hanne getroffen, gegessen, getrunken und über die Probleme der Welt diskutiert.

Das war Soumars erste Tuchfühlung mit der Bundesrepublik jenseits von Bremen. Dabei ist für ihn Reisen etwas Essenzielles. Seitdem ich Soumar kenne, habe ich es wirklich zu schätzen gelernt, dass ich so mir nichts, dir nichts in Bremen oder Hamburg in den Flieger steigen und das Land verlassen kann. Und dass ich mit meinem deutschen Pass nirgendwo Probleme habe einzureisen. Mein persischer Ex-Freund ist jedes Mal, wenn wir irgendwo gelandet sind, aus der Menge gezogen und kontrolliert worden. Mir passiert das eigentlich nie, außer am Bremer Flughafen, an dem ich zweimal zur Sprengstoffkontrolle geführt wurde.

Wenn ich mir vorstelle, das Land nicht verlassen zu dürfen, bekomme ich Beklemmungsgefühle. Reisen ist nicht einfach eine schöne Beschäftigung. Es ist ein essenzielles Recht, seine Kreditkarte auszulasten und von einem Tag auf den anderen ein neues Leben in Argentinien oder Japan zu beginnen, einfach in den Flieger zu steigen und das alte Leben hinter sich zu lassen. Wenn man das nicht kann oder wenn es einem sogar verboten wird, ist der letzte Strohhalm, mit dem man an der Freiheit hängt, irgendwie dahin. Und selbst wenn das Geld für den Flug nicht reicht, kann man sich zur Not zu Fuß auf den Weg machen und einer dieser verrückten Aussteiger werden, denen man irgendwo am Strand in Spanien über den Weg läuft und die einem erzählen, dass sie früher ein Architekturbüro in Gummersbach hatten. Ich habe mal einen Dokumentarfilm über eine 80-jährige Polin gesehen, die wegen Depressionen behandelt wurde. Irgendwann hat sie angefangen zu reisen. Sie hat einfach das Allernötigste in den Rucksack gepackt und ist losgetrampt. Bis nach China. Und sie war die glücklichste Frau der Welt. Vielleicht auch, weil sie sich gut an die derb eingeschränkte Reisefreiheit des Ostblocks erinnerte. Soumar kennt das jetzt auch. Zwar ist er in Sicherheit, aber frei ist er nicht. Es gibt genau zwei Länder, in die er reisen könnte. Nach Syrien, wo er sofort als Kriegsdienstverweigerer verhaftet werden würde, und in den Libanon. Beides für ihn nicht wirklich reizvoll. Ein Abend in einem griechischen Restaurant soll ihn zumindest daran erinnern, dass es nur noch eine Frage von gewährter Reisefreiheit ist, bis er mich in Griechenland besuchen kommt.

»Ich habe ein Restaurant in der Bremer Neustadt gefunden«, berichtet Soumar. Als wir vor dem Lokal stehen, macht sich bereits an der Außenfassade der deutsche Standardgrieche bemerkbar.

»Das ist kein griechisches Restaurant«, sage ich zu Soumar.

»Wieso?«

»Das wirst du drinnen sehen.« Das Innere übertrifft meine kühnsten Erwartungen. Gipsstatuen gibt es zwar nicht. Dafür hängen Plastiktrauben von der Decke. Ihre falschen Blätter und Reben ragen in den Speisesaal und bemühen sich darum, einen Hauch Mittelmeerflair zu versprühen. Das Licht der Korblampen fällt auf Tischdecken, die trotz des durchdringenden Weißtons die Rustikalität der von ihnen bedeckten Möbel nicht verbergen können. Die Sitzecken sind in großzügige Séparées unterteilt. Auf diese Weise wird ein ruhiger Abend garantiert und einem nervigen, südländischen Miteinander prophylaktisch entgegengewirkt. Ein freundlicher Kellner kommt über die dunklen Teppichfliesen an unseren Tisch gelaufen und legt uns die schweren, in Kunstleder eingeschlagenen Speisekarten auf den Tisch. Phänotypisch macht er keinen sehr griechischen Eindruck, aber die Hoffnung stirbt zuletzt.

»Kalispera«, versuche ich mein Glück.

»Entschuldigung, ich spreche kein Griechisch. Nur die Chefin.«

Der erste Blick in die Speisekarte verrät, wieso. Sabji-Curry und Chicken-Palak! Kein Wunder, dass der Kellner kein Griechisch kann. Doch Hellas' Küche kommt nicht zu kurz. Die

Begegnung auf der Fähre zwischen
Soumar und meinem Hund Nondas.

Beim ersten Treffen in Bremen.

Soumar im Fan-Outfit.

Blick aufs Weserstadion.

Botschaft auf dem Display von
Soumars Fluchthandy.

In der Gedenkstätte
Bergen-Belsen.

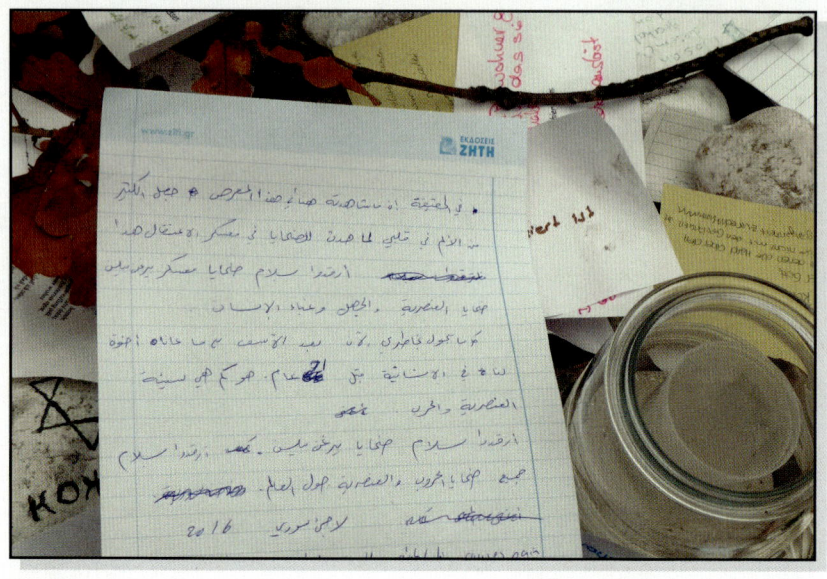

Soumars Nachricht an die Toten
von Bergen-Belsen.

»*Was ich heute in der Gedenkstätte gesehen*
und gelernt habe, hat mich sehr traurig
gemacht. Es ist furchtbar, was hier mit den
Opfern geschehen ist. Alles, an das ich gerade
denken kann, ist, wie schrecklich Rassismus
und Krieg sind. Die Opfer von Bergen-Belsen
und die Opfer von Rassismus und Krieg auf
der ganzen Welt sollen in Frieden ruhen.
Ein syrischer Flüchtling«

Deutsches Abendessen: Mett,
Leberwurst und Bier.

Deutsche Bräuche: Ischa Freimaak.

*Soumar erkundet hier den Ort, an dem er zum
ersten Mal europäisches Festland betreten hat.*

*Soumar an der Akropolis
in Athen.*

Soumar und ich im Hafen von Piräus.

*Sonnenuntergang, aufgenommen von
meinem Büro in Thessaloniki aus.*

Athen-Platte mit Souvlaki, Soutzukaki, Lammkotelett, Gyros, Tsatsiki und Reis, die Saloniki-Platte mit Souvlaki, Leber, Gyros, Tsatsiki und Reis. Es gibt auch eine Rubrik ›Vegetarische Gerichte‹. Unter der einladenden Überschrift findet sich der Satz: »Bitte fragen Sie uns.«

»Das hier hat nichts mit Griechenland zu tun«, sage ich entrüstet. »Gar nichts!«

Es stellt sich heraus, dass die Chefin auch keine Griechin ist, aber mit einem verheiratet. Wir sind Geschwister im Geiste.

»Woher kommt Ihr Mann?«, frage ich sie auf Griechisch.

»Aus der Nähe von Kavala.«

»Ah! Ich wohne in Thessaloniki.«

Zwei Deutsche in Bremen sprechen Griechisch in einer halbindischen Taverne namens Saloniki. Der Syrer schaut zu. Der indische Kellner bringt Wein. Wir sind eine Karikatur der Globalisierung. Man sollte uns den Integrations-Bambi verleihen.

Ich frage die Chefin noch nach dem Strand, wo sie schwimmen geht. Hört sich komisch an, aber in Griechenland ist das eine absolut legitime Frage. Sie nennt irgendeinen Namen, den ich noch nie gehört habe, ich nicke zustimmend und lasse sie in dem Glauben, dass ich mich wirklich auskenne, und bestelle Essen. Lammkoteletts, Gyros, Pommes und – formal richtig – einen Choriatiki-Salat, der in Deutschland meistens falsch mit ›griechischer Salat‹ übersetzt wird. Das Gyros kommt aus der Pfanne und nicht vom Spieß. Der Salat wird serviert mit Krautsalat aus dem Metro-Eimer.

»Das hat wirklich gar nichts mit Griechenland zu tun«, wiederhole ich.

Soumar ist ratlos. Ihm scheint es zu schmecken und er kann sich meiner Entrüstung aus purer Unwissenheit nicht anschließen.

»Wenn du nach Griechenland kommst, wirst du sehen, was ich meine.«

Somit weiß er zumindest genau, was ihn in Thessaloniki nicht erwartet. Ich bin ein wenig enttäuscht. Ich hatte mir das alles anders vorgestellt. Ich dachte, dass uns irgendein Kostas in seinem Lokal empfängt und sich vor lauter Freude, dass ein Deutscher ihn in seiner Muttersprache anspricht, kaum auf dem Boden halten kann. Dann hätte Kostas uns Schnaps ausgegeben und mindestens zwei Vorspeisen spendiert. Er hätte uns vom Gyros abgeraten und sicherlich kein Eimerkraut unter den griechischen Salat gemischt. In Griechenland wäre es wahrscheinlich so passiert, in Deutschland ist das Klischee. Und wir sind in einem anderen Klischee, in den Vorstellungen des Durchschnittsdeutschen, wie ein authentisches, griechisches Restaurant auszusehen hat. Bei Yelp und Facebook hat die Taverne super Bewertungen erhalten. ›Bester Grieche in Bremen‹ habe ich gelesen. ›Persönliche Betreuung, allerbeste Zutaten, eine abwechslungsreiche und reichhaltige Speisekarte mit allem, was das Griechenland-Urlauber-Herz begehrt und immer vorher ein Ouzo zur Begrüßung‹, schreibt eine Dame im Internet. Abwechslungsreich? Stimmt vielleicht, wenn man die indischen Gerichte mit dazu zählt. Auf jeden Fall kann ich mir gut vorstellen, in was für Restaurants sie bei ihrem Pauschalurlaub auf Kos gegessen hat.

Und Soumar hat zwar immer noch keinen blassen Schimmer davon, was griechische Küche bedeutet und wie eine echte Taverne aussieht, aber er hat eine andere schöne Erfahrung gemacht. Nämlich wie es ist, Deutsch essen zu gehen. Das haben wir nämlich erst einmal gemacht im Frühjahr, und zwar Spargel. Das musste sein, denn in Griechenland isst man keinen weißen Spargel. Der wird angebaut und dann schnurstracks in die Bundesrepublik exportiert, wo er im Februar als erster Spargel der Saison im Gemüseregal steht. Ich werde bei meinem nächsten Besuch in diesem Restaurant ein Chicken-Curry bestellen.

Denn ich komme ja nicht für das Essen aus Griechenland, sondern für die exotisch-deutsche Atmosphäre. Und die hat mir gefallen. Fazit des Abends: Soumars Fernweh nach Griechenland wurde nicht geweckt. Ich selbst habe Heimweh nach Thessaloniki.

SEHNSUCHTSORTE

Sehnsuchtsorte sind Orte, von denen man sich besonders angezogen fühlt, die man unbedingt kennenlernen oder an die man zurückkehren will. Niemand sagt, dass es sich dabei um einen schönen Ort handeln muss. Das nehmen wir meistens einfach an, ohne daran zu denken, dass Orte, an denen sich schreckliche Dinge zugetragen haben, auch Anziehungskraft besitzen. Dann ist es nicht die Sehnsucht nach dem Schönen, die uns treibt, sondern der Drang, dem Hässlichen, dem Bösen in die Augen zu schauen. Für mich ist Bergen-Belsen so ein Ort. Mit neun Jahren habe ich das ›Tagebuch der Anne Frank‹ gelesen und in einer britischen Verfilmung fürs Fernsehen ein wenig vom Leben im Amsterdamer Hinterhaus erfahren. In einer der letzten Einstellungen kommen die Verhafteten einzeln aus dem Haus und eine Stimme aus dem Off sagt, ob und wie sie ums Leben gekommen sind. Bei Anne und Margot Frank fiel der Name Bergen-Belsen, der mich seitdem nicht mehr losgelassen hat. Überhaupt beherrschte mich als Kind eine makabre Faszination für den Holocaust. Obwohl ich ziemlich genau verstand, was sich zugetragen hatte, konnte ich einfach nicht verstehen, wie Menschen so etwas zulassen konnten. Immer wieder habe ich mir Bildbände aus der Bücherei ausgeliehen und jeden Kinderroman gelesen, den es zum Nationalsozialismus gab. Nach Bergen-Belsen selbst habe ich es nicht geschafft. Warum, weiß ich nicht. Ich war viel unterwegs in Deutschland und in Europa.

Dass ich ausgerechnet Bergen-Belsen ausgelassen habe, sollte mir zu denken geben. Jetzt, zusammen mit Soumar, ist die Zeit gekommen, um dieses Versäumnis nachzuholen. Morgen um ein Uhr haben wir einen Termin in der Gedenkstätte. Vor ein paar Monaten hatte ich ihm schon das ›Tagebuch der Anne Frank‹ geschenkt. Seine Freude hielt sich in Grenzen. Es war ein wenig, als hätte ich jemandem ein Backbuch geschenkt, der keinen Backofen hat. Oder mir selbst ein Buch über die Bundesliga. Irgendwie wusste er nicht so recht, was er mit seinen noch im Wachstum befindlichen Deutschkenntnissen und dem Tagebuch eines jüdischen Teenagermädchens anfangen sollte. Jetzt sitzen wir in seinem Wohnzimmer in Bremen und schauen eine Dokumentation über ihr Leben, ihre Deportation und die Veröffentlichung ihres Tagebuchs durch ihren Vater.

»Ich habe eine Frage. Warum haben die Nazis das mit den Juden gemacht?«, will Soumar nach dem Film wissen.

Diese Frage hatte ich nicht erwartet. Wir selbst betrachten Deutschland als ein Land der Erinnerungskultur. Jeder weiß Bescheid, denken wir. Der Genozid an den Juden durch unsere Großelterngeneration ist Dauerthema in der Schule, es gibt historische Reportagen im Fernsehen, ›Schindlers Liste‹, ›Hitlers Helfer‹: das volle Programm. Trotz der Masse an Medien, die sich mit Antisemitismus und dem Grauen des Hitler-Terrors beschäftigen, fällt es mir nicht leicht, eine so grundlegende Frage zu beantworten. Mir gegenüber sitzt nicht irgendein Freund aus Abizeiten oder ein Kommilitone. Da sitzt Soumar aus Syrien, ein Kriegsflüchtling, dessen Leben stark von den Konflikten mit Israel beeinflusst wurde und in dessen Kultur offener Antisemitismus zum Alltag gehört. Das trifft nicht auf Soumar selbst zu. Das weiß ich, weil er mein Freund ist, wir uns über das Thema bereits unterhalten haben und er per se jede Form von Gewalt ablehnt. Genau aus diesem Grund sitzen wir ja hier zusammen, in seiner Wohnung in Bremen und nicht in Damaskus. Er ist geflüchtet vor der Brutalität eines Krieges, die sein Land ins Chaos gestürzt hat. Ich bin mir dessen bewusst. Trotzdem ist es ein merkwürdiges Gefühl, wenn jemand mich nach dem Motiv der Nazis für ihren Hass auf die Juden fragt, vielleicht auch, weil ein einfaches ›Warum?‹ die Mystik des Unsagbaren zerstört, die wir dem Holocaust andichten; weil die einfache Antwort, dass Menschen zu so etwas fähig sind, dass unsere Großeltern zu so etwas fähig waren, lieber verdrängt wird.

»Man hat sie beschuldigt, alles zu kontrollieren, die arische Rasse zu verschmutzen und intellektuell zu unterwandern«, antworte ich und frage mich selbst, wie banal das jetzt wohl klingt.

»Aber die Nazis hatten so viele Anhänger. Warum?«

Die Frage aller deutschen Fragen nach nicht einmal fünf Minuten. Eine wirkliche Erklärung sind wir uns wohl selbst noch schuldig, daher entscheide ich mich zunächst für die Standardantwort.

»Die Situation in Deutschland war sehr kritisch nach dem Ersten Weltkrieg. Es herrschte große Arbeitslosigkeit, Hunger, Not und politische Instabilität. Die Nazis haben dann einfache Antworten auf sehr komplexe Probleme gegeben.«

So ungefähr lernen wir das in der Schule. Ein Volk stürzt sich blind in den vielleicht schlimmsten Krieg der Menschheitsgeschichte und bündelt seine ganze Energie in die Vernichtung der Juden, in die brutale Verschleppung, Versklavung und Tötung Millionen unschuldiger Menschen. Und dann, nach dem Krieg, kehrt es einfach zurück zum Alltag. 1949 wird ein westdeutscher und ein ostdeutscher Staat gegründet. Ersterer bekommt auf einer Konferenz 1953 in London den Großteil seiner Kriegsschulden erlassen. Im sogenannten Wirtschaftswunder wächst der Wohlstand einer Republik, in der Richter, Lehrer und Politiker des Hitler-Regimes in ihrem Ämtern bleiben. In den Aufständen der 68er-Jahre protestieren Studenten gegen das Schweigen, Schulbücher werden umgeschrieben, eine Auseinandersetzung mit der Vergangenheit beginnt. Und heute?

Auch 2016 ist Antisemitismus in Deutschland alles andere als ausgerottet. Salonfähig ist er (noch) nicht, so wie der inzwischen offen ausgelebte und als ›Angst‹ bezeichnete Hass auf den Islam. Doch viele Juden in Deutschland fühlen sich bedroht. Hinzu kommt, dass viele Geflüchtete aus dem Nahen Osten, egal ob sie gläubige Muslime sind oder nicht, ganz offen mit ihrem Antisemitismus umgehen. Soumar hat mir erzählt, dass er in der Schule vom Genozid an den Juden gelernt hat. Die Bilder aus Bergen-Belsen und Auschwitz, von der Reichsprogromnacht und der Erniedrigung jüdischer Menschen auf der Straße, die wir in der Dokumentation gesehen haben, sind also nichts Neues für ihn. Trotzdem sehe ich an seinem Ausdruck, dass sie ihn anders berühren als mich. Weniger routiniert. Weniger geübt betroffen, sondern tatsächlich schockiert.

»Warum gibt es in Syrien so viel Antisemitismus? Hat das einfach mit Israel zu tun?«, frage ich Soumar.

»Viel hat mit Israel zu tun. Aber nicht alles. Es geht auch um Religion.«

»Was wird denn über die Juden gesagt?«

»Es gibt viele Klischees. Man vergleicht sie mit Tieren, mit Affen oder so. Viele mögen Juden nicht, aus dem einfachen Grund, weil sie Juden sind.«

Diese Vergleiche hört man in Deutschland auch. Nicht (nur) gegen Juden, sondern vor allem gegen Schwarze oder Araber.

»Und was sagt man über die Israelis?«

»Dass sie Palästina und die Al-Aqsa Moschee besetzt haben. Die ist ein sehr wichtiges Heiligtum im Islam. Aber es gibt auch Syrer, die sich mit Israel verbünden wollen, weil sie Angst haben vor dem Iran. Im Süden von Syrien zum Beispiel gibt es eine Region, die syrisches Staatsgebiet ist, aber von Israel besetzt gehalten wird. Die Menschen dort haben sich mit Israel arrangiert.«

»Nur da?«

»Nein, überall. Natürlich denken nicht alle so, aber viele Menschen, darunter auch sehr religiöse, wollen mit Israel kooperieren, weil sie Angst haben vor einer Vorherrschaft des Irans. Auf der anderen Seite sagen dieselben Leute, dass Hitler mehr Juden hätte töten sollen.«

Kaum reden wir über den Holocaust, landen wir beim Nahostkonflikt. Ich frage mich, wie oft das bei Deutschen passiert, die das Thema Hitler endlich ad acta legen wollen, die, die sagen, dass es jetzt reicht. Ob diese Leute da überhaupt Verbindungen sehen? Nicht nur im Sinne einer moralischen Verantwortung als Nachfahren der Hitler-Generation, sondern als politische Konsequenz?

»Glaubst du an das Existenzrecht Israels? Betrachtest du Israel als besetztes Gebiet oder erkennst du es als Staat an?«, frage ich, ohne genau zu wissen, wie Soumar sich äußern wird.

»Es bringt doch nichts zu sagen, dass Israel als Staat nicht existieren darf. Das Problem ist die Expansionspolitik.«

»Ich frage einfach deutlich nach, weil das in Deutschland eine sehr wichtige Frage ist, die direkt mit dem Zweiten Weltkrieg zusammenhängt.«

»Wie gesagt, die Frage ist nicht, ob Israel existieren sollte oder nicht. Es existiert. Die Frage für mich ist, was für eine Art Staat sie haben wollen und wie sie mit dem Thema Siedlungsbau umgehen.«

Das ist in Deutschland inzwischen eine akzeptierte und weitverbreitete Meinung. Zumindest in Bezug auf Palästina. Ansonsten wissen die meisten in Deutschland – ich eingeschlossen – kaum Details über den Nahen Osten. Mit dieser Wissenslücke hat Soumar in der Bundesrepublik seine eigenen Erfahrungen gemacht. Selten stellen ihm Leute in Bremen Fragen, die darauf schließen lassen würden, dass sie sich mit dem Thema wirklich beschäftigt hätten. In den meisten Fällen ist unser gefährliches Halbwissen ideal an unsere allgemeine Weltanschauung angepasst. Gerade jetzt, in Zeiten, in denen der Populismus ein gnadenloses Comeback feiert, ›postfaktisch‹ zum Wort des Jahres 2016 gekürt wurde und fehlerhafte, absichtlich irreführende oder schlecht recherchierte Pressemeldungen auf einmal ›Fake News‹ heißen (als sei vorher immer alles richtig gewesen), schießen konspirative Weltanschauungen aus dem Boden wie Discounter-Supermärkte in strukturschwachen Regionen. Da sitzen wir und reden, suchen nach Verantwortlichen für alles, was gerade auf der Welt schiefläuft und basieren unsere Vermutungen auf Berichten von Medien, denen wir doch eigentlich nicht mehr trauen. Für Soumar ist das alles ein wenig anders. Für ihn sind das nicht nur theoretische Mutmaßungen und Stammtischdiskussionen über die Zukunft des Nahen Ostens, sondern eine Gegenwart, in der er seine Familie und Freunde zurückgelassen hat und in der er nun Papiere besitzt, die ihn als Geflüchteten ausweisen. Die Juden, die wir gerade in der Dokumentation gesehen haben, hatten auch andere Papiere. Ist es legitim, da Parallelen zu ziehen?

»Wie hast du dich gefühlt, als du in dem Film die Ausweise der Juden gesehen hast, die die Nazis ihnen aufgezwungen haben?«

»Natürlich erinnert mich das ein wenig an mich, aber die Situation mit den Juden war doch sehr anders. Sie waren für die anderen ja Untermenschen. Das ist bei mir ganz anders. Trotzdem ist es irgendwie komisch, wenn ich darüber nachdenke, dass ein syrischer Ausweis früher wirklich mal etwas wert war.«

»Was denkst du, wenn du jetzt auf deinen syrischen Pass schaust?«

»Was meinst du? Ich denke: ›Das ist mein syrischer Pass.‹«

»Denkst du nie, dass er dein Leben nicht unbedingt einfacher gemacht hat?«

»Na ja, das stimmt schon, aber jetzt habe ich gar keinen Pass.«

»Du bist halt ein Geflüchteter.«

»Immerhin bin ich durch den syrischen Pass in Deutschland als solcher anerkannt worden.«

Ja. Und immerhin ist er in Deutschland kein Untermensch, sondern bekommt die Möglichkeit, sich ein neues Leben aufzubauen – im Gegensatz zu denen, die zurückgeschickt werden nach Afghanistan und in die anderen Herkunftsländer, von denen nun gesagt wird, dass sie sicher seien.

Ich stelle mir oft die Frage, in welchem Maße Soumars Leben in Deutschland die Konsequenz der Geschehnisse im Dritten Reich ist. Ist der Gedanke vielleicht zu weit gegriffen, zu allgemein, zu ›über-einen-Kamm-geschert‹? Immerhin hat die Befreiung vom Hitler-Faschismus das Deutschland geschaffen, in dem Soumar jetzt als Geflüchteter lebt und Sozialleistungen erhält. Ich weiß auch nicht, wie viele Menschen im Sommer 2015 an den deutschen Bahnhöfen gestanden hätten, um den Flüchtenden zuzujubeln, wenn sie nicht mit den Bildern von Auschwitz aufgewachsen wären. Außerdem hat die Judenverfolgung in Europa die Landkarte im Nahen Osten für immer verändert. Hunderttausende Verfolgte sind schon während der Naziherrschaft nach Palästina geflohen. 1948 wurde daraufhin Israel gegründet. Natürlich hat Soumars Leben in Deutschland keinen direkten Zusammenhang mit dem Schicksal von Anne Frank. Aber ihr Tagebuch ist doch gerade deswegen etwas Besonderes, weil es nicht allein um den Holocaust geht, sondern eine universelle Botschaft vermittelt, weil es das Freiheitsbedürfnis eines dreizehnjährigen Mädchens dokumentiert, das sich weigert, den Glauben an das Gute im Menschen aufzugeben.

»Was denkst du eigentlich über die ganze Sache mit den Juden?«, fragt Soumar.

»Ich habe schon als Kind die Bilder von Auschwitz gesehen. Ich war acht Jahre, als ich zum ersten Mal vom Genozid gehört habe. Meine Grundschullehrerin war Zeitzeugin und hat uns davon erzählt, wie die Juden den Stern tragen mussten, verhaftet wurden und verschwanden. Dann habe ich in der Bibliothek diese Bilder gesehen und ich dachte: ›Krass, meine Großeltern waren irgendwie daran beteiligt.‹«

»Vielleicht werden meine Enkel auch an mich denken, wenn sie die Gummiboote in den Büchern sehen.«

Und nicht nur das, denke ich. Man wird auch an Europa denken und daran, dass man Menschen im Meer hat ertrinken lassen. Spätestens in ein paar hundert Jahren werden sich Historiker fragen, warum man Flüchtende in Lagern hielt, obwohl es freie Wohnräume gab, und warum Zivilisten diese Lager angezündet haben. Und hoffentlich werden sie dabei nicht vergessen, dass Menschen überall entlang der Balkanroute an ihre Grenzen gegangen sind, um Flüchtenden zu helfen. Bis heute ›würden wir das nicht schaffen‹, wenn es nicht auch die gäbe, die keine Angst haben und denen die Würde von Fremden wichtiger ist als vermeintlicher Heimatschutz. Genau das ist doch die Lehre, die man aus dem Geschichtsunterricht ziehen sollte.

»Weißt du, in Deutschland ist ein wichtiger Aspekt unserer Kultur, den Genozid der Juden als ein Verbrechen gegen die Menschlichkeit und von unglaublichen Dimensionen anzuerkennen.«

Sage ich und bin mir dabei gar nicht mehr so sicher, ob sich das bis in die letzten Winkel der Republik herumgesprochen hat. Oft habe ich den Eindruck, dass sich der Ton in Deutschland geändert hat, lauter geworden ist, und aggressiver. Von Griechenland aus höre ich viel von ›Deutschland muss Europa führen‹ und wenig von ›Deutschland trägt eine historische Verantwortung‹. Gerade, wenn es um die Rückzahlung der Kredite geht, die die Nazis den griechischen Banken aufgezwungen haben, und die Anti-Haltung der Bundesrepublik, diese zurückzuzahlen oder zumindest darüber zu diskutieren, stößt es mir übel auf. Dabei spielt auch eine Rolle, dass ich nicht mehr in Deutschland lebe. Es ist nämlich die eine Sache, diesen Konflikt in Deutschland mit anderen Deutschen zu diskutieren, wo man mit den Opfern des Naziregimes und ihren Nachfahren eigentlich nie in Kontakt gerät, und die andere Sache, als Deutscher im Ausland über den Hitler-Faschismus zu reden; in Griechenland zum Beispiel. Dort spricht man dann plötzlich mit einer alten Frau, die mit ansehen musste, wie die Wehrmacht ihren Vater und ihren Bruder verbrannte. Und dann geht einem der Satz ›Die Schulden wurden ausreichend beglichen‹ sehr viel schwerer über die Lippen. Doch ich persönlich werde nie mit den Tätern in einen Topf geworfen. In Griechenland hat man gelernt, zwischen Regierungen und Menschen zu unterscheiden. Viele Griechen erzählen mir, dass uns das in Deutschland oft schwerfällt. Sie berichten von Kommentaren, vermeintlichen Witzen und Anfeindungen bei der Arbeit oder in der Uni. »Zahlt ihr erst mal eure Schulden zurück!«, müssen sie sich anhören. Gefragt wird nicht, eher gefordert und verurteilt. Und viel Empathie für einen jungen Menschen, den die Arbeitslosigkeit ins Ausland gezwungen hat, scheint man auch nicht zu haben. Ist das der Frust einer Kultur, die gerne stolz auf sich wäre?

»Ja. Es ist ohne Zweifel ein Verbrechen gegen die Menschlichkeit«, bestätigt Soumar. »Immer, wenn man jemanden umbringt, einfach wegen seiner Religion, dann ist das dumm. Ehrlich, wenn jemand denkt, dass ein anderer dumm ist, weil er eine andere Religion hat, dann hat er diese Dummheit selbst in sich.«

»Aber das, was die Ermordung der Juden beispiellos macht, ist das industrielle Ausmaß. Die meisten von ihnen wurden in den letzten Jahren des Krieges umgebracht. Einfach in die Öfen gesteckt und die Leichen wie Abfall auf riesigen Bergen gestapelt. Grausamer und verachtender geht es nicht.«

»Ja. Und wofür? Nur weil sie Juden waren.«

Soumar schaut nachdenklich aus dem Fenster. Er weiß, wie es ist, in Lebensgefahr zu sein, weil man der falschen Religion angehört. Und ebenso wie viele Juden damals in Deutschland hat auch er seine Religion nicht einmal praktiziert.

»Was wir in Deutschland auch gelernt haben, ist zu verstehen, dass dieser Völkermord unter keinen Umständen gerechtfertigt werden kann. Dies ändert auch die Art und Weise, wie Deutsche über Juden denken.« – Oder denken sollten, angesichts der Tatsache, dass unsere Großvater-Generation aus reinem Hass und Überlegenheitsgefühl sechs Millionen Juden brutal ermordet hat.

»Redet man in Deutschland viel darüber? Über die Juden?«

»Ja, ich denke schon. Es gibt viel wissenschaftliche Forschung dazu und auch viel Kunst, die sich mit dem Thema auseinandersetzt. Aber es ist irgendwie zur Routine geworden, darüber zu reden. Das Trauern und Gedenken wirkt manchmal wie einstudiert. Weißt du, in der Schule ging es fast nur um den Holocaust und sehr wenig über die Hintergründe. Vielleicht war das nicht genug.«

Ich habe beim Dokumentarfilmfestival in Thessaloniki den Film ›Kalávryta‹ gesehen. Kalávryta ist ein Dorf auf der Halbinsel Peloponnes. Die deutsche Wehrmacht hat es niedergebrannt und ein furchtbares Massaker angerichtet. Als der Film anfing, habe ich gemerkt, dass irgendetwas anders war als sonst. Meine Routine in punkto Naziverbrechen war weg und ich habe mich gefragt, woher auf einmal dieses Unbehagen kam. Dann ist mir irgendwann aufgefallen: Ich war ziemlich sicher der einzige Deutsche im Publikum. Und genau das hat alles anders gemacht. In der Schule, an der Uni oder verkatert am Sonntag mit Guido Knopp im Vorabendprogramm: Immer waren andere Deutsche um mich herum, sodass der Schrecken der Bilder, die wir alle schon hundertmal gesehen hatten, an einem Schutzschild abgeprallt ist, von dem ich annahm, dass es so etwas wie ein kollektives Gewissen sei. Nach dem Film habe ich die vielen schockierten Gesichter um mich herum gesehen. Menschen haben geweint oder fassungslos auf die Leinwand gestarrt. Und ich dachte nur: Haben die das denn noch nie gesehen? Dann habe ich mich geschämt. Nicht, weil ich mich schuldig gefühlt habe für die Verbrechen, die die Wehrmacht verübt hat, auch nicht, weil mein Großvater als Soldat in Griechenland stationiert war, sondern wegen meiner Abgeklärtheit.

»Als du in der Dokumentation die Bilder vom zerstörten Amsterdam gesehen hast, musstest du da an Aleppo denken?«

»Ja. Sofort.«

»Und du hast gesagt: ›Wie die Menschheit dumm ist‹, als die Alliierten in der Normandie ankamen und von den Schiffen stiegen.«

»Klar! Man überquert den Ozean, nur um sich umzubringen. Wie kann man nur so dumm sein?«

»Sie hatten ja einen guten Grund, aber ich verstehe, was du meinst. Der Akt an sich ist so dumm.«

Meine Großmutter hat einmal zu mir gesagt: ›Ich bin so froh, dass ihr in Frieden aufwachsen konntet. Ich habe einen Krieg mitgemacht, das war furchtbar.‹ Auf Soumar trifft das leider nicht zu.

»Würdest du das machen wollen?«, fragt er.

»Nein! Es ist einfach absurd.«

»Allerdings.«

»Das Ganze ist vor allem unnatürlich.«

»Nirgendwo gibt es Affen, die den Ozean überqueren, oder Löwen oder Hasen, nur um sich umzubringen. Oder hast du davon schon mal gehört?«

»Nein, das ist mir noch nicht zu Ohren gekommen. Nur dass Wale ungefähr zwei Milliarden Kilometer schwimmen, um ihre Kinder zu gebären … oder zu zeugen oder so. Und dann …«

»… sterben sie.«

»Na ja, oder sie ziehen weiter. Und werden dann von Menschen getötet. Das passiert häufiger.«

Wer hätte gedacht, dass uns eine Dokumentation über Bergen-Belsen aufs Walsterben bringen würde.

»Wale haben ein gutes Leben«, resümiert Soumar.

»Ja, sie schwimmen einfach rum.«

»Ganz genau. Sie reisen einfach. Um zu essen. Und um Sex zu haben.«

Morgen werden wir nach Bergen-Belsen fahren mit dem Bewusstsein, dass der Sinn des Lebens eigentlich ist, gemütlich rumzuhängen, zu reisen, gut zu essen und Sex zu haben. Und dass jeder Mensch das Recht und die Möglichkeit haben sollte, dies zu tun. Vielleicht ist es die beste Schlussfolgerung, die man aus einer Dokumentation über Bergen-Belsen ziehen kann.

EIN SNICKERS AUS BERGEN-BELSEN

Am nächsten Morgen stehen wir früh auf. Wir haben um ein Uhr den Termin mit dem Archivaren der Gedenkstätte, müssen aber vorher noch nach Bremerhaven, wo Soumars Freundin lebt. Die überlässt uns für den Tag das Auto. Zum Glück. Die Fahrt mit den öffentlichen Verkehrsmitteln hätte etwa drei Stunden gedauert und ein halbes Vermögen gekostet. Das Land Niedersachsen macht einem die spontane Auseinandersetzung mit Deutschlands dunkelstem Kapitel nicht gerade leicht.

Auf der Autobahn Richtung Osten sind wir relativ schweigsam. Wir beide sind wohl noch in Gedanken an die Diskussion vom Vorabend. Als Erstes fällt mir ein großes Schild auf, auf dem der Magic Park Verden auf sich aufmerksam macht. Es ist eines dieser braun-weißen Autobahnschilder, die auf die sehenswerten Kulturstätten der Republik hinweisen. Abgebildet ist ein großer Hirsch, der sich auf ein Riesenrad zubewegt, das nur etwa ein Viertel größer ist als er selbst. Links von ihm befindet sich ein Baum auf einem kleinen Hügel. Eine Hexe, die auf ihrem Besen reitet, schwebt über der Szene. Kultur ist ein weites Feld, denke ich. Wir fahren vorbei an Walsrode. Ein zweites, braun-weißes Kulturschild macht die Reisenden auf den örtlichen Vogelpark aufmerksam. Ich erinnere mich, dass mein Patenonkel einmal mit mir hierhin wollte. Da muss ich so zehn gewesen sein und hatte – im Gegensatz zu meinem Patenonkel – so gar kein Interesse an Vögeln. Daran hat sich bis heute nichts geändert. Der dritte Kulturhinweis informiert uns per Schäfer und Herde, dass wir in der Lüneburger Heide sind. Vom Stil her ein wenig zu arkadisch, wenn man bedenkt, wo wir konkret hinfahren. Zu guter Letzt soll uns, kurz vor der Abfahrt, ein Schild in den Serengeti-Park Hodenhagen locken. Die Piktogramme versprechen Giraffen, Bäume und ein Nashorn. Serengeti ist, soweit ich weiß, eine Savanne in Tansania. Jetzt müssen die Wildtiere, die man höchstwahrscheinlich ohne ihr Einverständnis aus ihrer natürlichen Umgebung entfernt hat, in einem Dorf namens Hodenhagen leben. Hoffentlich verstehen sie kein Deutsch.

Als wir von der Autobahn auf die Landstraße abbiegen, haben uns insgesamt vier Schilder auf heitere Vergnügen aufmerksam gemacht, die das Land Niedersachsen seinen Besuchern bietet. Besucher der Gedenkstätte Bergen-Belsen sind auf sich selbst gestellt. Offensichtlich erwartet man von deutschen und ausländischen Autofahrern genügend geschichtliche Vorbildung, um den Weg allein zu finden.

Wir fahren durch die Lüneburger Heide. Alles sieht nach Heimaturlaub aus. Das Wetter könnte besser sein, aber selbst der Regen macht sich irgendwie gut auf den Wäldern und Feldern, die rechts und links neben uns liegen. Wir folgen der Beschilderung nach Bergen. Immer noch gibt es keinen Hinweis auf die Gedenkstätte. Nur Landleben. So, als sei hier nie irgendetwas passiert. Aber das gilt wohl für die ganze Bundesrepublik. Ein fruchtbares Land und reicher als seine Nachbarn. Das wirtschaftliche Zugpferd Europas. Und überall zwischen den Häusern und Burgen und Bergen und Zechen und Wäldern befinden sich Mahnmale und Stolpersteine, ausrangierte Lager und Gefängnisse, Bahnschienen, auf denen Viehwaggons mit Menschen transportiert wurden. Irgendwie haben wir uns in Deutschland damit arrangiert, mit unserem Dasein als Tätervolk. So wie Pariser sagen: ›Guck mal, das ist die Notre-Dame‹ oder Römer: ›Warst du schon am Pantheon?‹ hat man in Berlin eben andere Dinge zu zeigen. Das Mahnmal für die ermordeten Juden Europas, das Mahnmal für die Homosexuellen, das Mahnmal für Menschen mit Behinderungen. Im heutigen Bundesarbeitsministerium war früher das Reichspropagandaministerium. (›Hier haben die Nazis Stauffenberg erschossen‹ hört man manchmal im Bus, oder: ›Hier ungefähr war der Führerbunker.‹) Gedenkstätte Plötzensee. Topographie des Terrors. Diese und weitere Höhepunkte aus 22 Jahren Diktatur, Verfolgung und Genozid locken den Touristen in die Bundeshauptstadt. Am nächsten Tag dann Gedenkstätte Berliner Mauer und Stasi-Gefängnis Hohenschönhausen. Und irgendwo dazwischen steht die Siegessäule. So ist das in Deutschland.

Wir folgen der Beschilderung nach Bergen und kommen an eine Kreuzung, an der wir zum ersten Mal ein Hinweisschild auf die Gedenkstätte sehen. Wir biegen rechts ab. Inzwischen regnet es sehr heftig. Wir fahren an einem abgesicherten Gelände vorbei, von dem ich nicht sagen kann, ob das schon Teile der Gedenkstätte sind oder ein Militärstützpunkt. Dann, auf einmal, sehen wir den Parkplatz. Mein erster Blick fällt auf ein paar Bürocontainer, dann eine Art Eingang und viel Wald. Auf der rechten Seite befindet sich ein großer Betonbau, von dem ich annehme, dass es das Informationszentrum ist. Wir steigen aus, rennen über den Parkplatz und betreten das Gebäude. Die Frau an der Rezeption begrüßt uns freundlich. Ich erkläre, wer wir sind, kurz darauf kommt der Archivar, mit dem wir den Termin haben. Wir sitzen oben in der Büroetage an einem großen Tisch. Um uns herum sind Regale voll mit Ordnern. Durch die großen Fenster sieht man den Wald. Immer noch regnet es.

Der Archivar nimmt sich viel Zeit. Über eine Stunde lang vermittelt er uns Grundlagenwissen zum Lager Bergen-Belsen. Dabei erfahren wir, dass die Erinnerungskultur, über die Soumar und ich uns am Vorabend unterhalten hatten, Bergen-Belsen erst spät erreichte. Anfang der 60er-Jahre hätte es die erste nennenswerte Publikation gegeben und dann sei es erst einmal in der Forschung zum Lager ruhig gewesen. 1966 dann kam zum ›Friedhofsgelände‹, als welches Bergen-Belsen bis dato verwaltet wurde, auch das sogenannte Dokumentenhaus. Personal gab es nicht, an das sich Besucher, ehemalige Häftlinge oder Angehörige hätten wenden können. Erst Mitte der 80er-Jahre hat sich etwas getan und zwar auf Drängen der Friedensbewegung. In den Ortschaften um das ehemalige Konzentrationslager gründete sich die AG Bergen-Belsen, die sich für die Errichtung einer Gedenkstätte einsetzte. Zum Eklat kam es im Mai 1985. Im vierzigsten Jahr nach Kriegsende hatte sich der damalige US-amerikanische Präsident Ronald Reagan nach Deutschland eingeladen. Ein Versöhnungsfest wollte man arrangieren, ein Zeichen des Friedens zwischen den USA und Deutschland. Als Ort entschied man sich zunächst für einen Soldatenfriedhof in Bitburg. Dies aber stieß auf große Kritik. Deutsche und amerikanische Medien beklagten, dass es dem Anlass nicht gerecht würde, einen Soldatenfriedhof zu besuchen, auf dem erstens nur deutsche Soldaten begraben lägen, und zweitens Mitglieder der Waffen-SS beigesetzt seien. So entschied man sich für Bergen-Belsen als zweiten Gedenkort. Erst so geriet das Lager in den Fokus einer breiteren Öffentlichkeit und erst danach beschloss der niedersächsische Landtag, den Ort zu einer Gedenkstätte auszubauen, inklusive Ausstellung und Personal.

1985 war ich fünf Jahre alt. An Reagans Besuch kann ich mich nicht mehr erinnern und natürlich auch nicht an die Schlammschlacht, die um seinen Besuch in Bergen-Belsen ausgefochten wurde. Während Soumar geduldig zuhört, muss ich erst einmal verdauen, dass es an diesem Ort bis Mitte der 80er-Jahre keine Gedenkstätte gab, niemanden, an den man sich hätte wenden können. Dabei bin ich immer davon ausgegangen, dass so etwas in einer Erinnerungskultur, die wir uns in Deutschland auf die Fahnen schreiben, undenkbar wäre.

Der Archivar erklärt uns, dass es in Bergen-Belsen keine Gaskammern gab und dass das Lager drei Funktionsphasen durchlaufen habe. Ab 1941 sollte es als Lager für Kriegsgefangene aus der Sowjetunion dienen. Viel Mühe hatte sich die Wehrmacht bei der Errichtung von Schlafplätzen nicht gegeben. Im harten Winter 1941/42 starben hier etwa 20.000 Soldaten, die in ihren selbst gezimmerten Baracken schlichtweg erfroren und verhungert sind. Dann diente es bis 1943 als Kriegsgefangenenlazarett für Verletzte und Kranke aus den umliegenden Lagern. Erst ab April 1943 existierte das Konzentrationslager Bergen-Belsen.

»Eine der ersten Gruppen, die ankamen, war eine Gruppe von Juden aus Thessaloniki«, erklärt der Archivar. Ich zucke innerlich zusammen. In Thessaloniki wohne ich direkt gegenüber der Universität. Dort befindet sich der alte, jüdische Friedhof der Stadt, der inzwischen ein Mahnmal sein soll, leider aber ziemlich schlecht instand gehalten wurde. Etwa 53.000 Mitglieder zählte die jüdische Gemeinde, bevor die Deutschen kamen. Fast niemand von ihnen ist zurückgekehrt. In Deutschland weiß man über die Vernichtung der Juden in Griechenland oder die Verbrechen der Wehrmacht, die das Land quasi ausgehungert und ganze Dörfer ausgelöscht hat, eigentlich nichts.

Als die Rote Armee immer näher in Richtung Deutsches Reich vordrang, wurde das in Polen gelegene KZ Auschwitz, der Inbegriff des Genozids an den Juden, aufgelöst. Viele der Häftlinge, unter ihnen auch Anne und Margot Frank, wurden nach Bergen-Belsen verlegt. Für große Menschenmassen aber war das Lager nicht konzipiert. Weder in punkto Unterbringung und Versorgung, noch in punkto Vernichtung und Entsorgung. Es brach ein unkontrolliertes Massensterben aus. Es waren nicht Gas oder Schusswaffen, die dem Leben der Häftlinge von Bergen-Belsen ein Ende setzten, sondern Hunger, Kälte und Typhus. Selbst die SS hielt sich aufgrund der Seuchengefahr kaum noch im Lager auf. Die Menschen waren auf sich selbst gestellt. Den Soldaten der britischen Armee, die das Lager im April 1945 befreiten, bot sich ein Horrorszenario. Zehntausende Tote und zwischen ihnen 60.000 zu Skeletten abgemagerte Menschen. Für viele kam die Befreiung zu spät. Sie starben in den Wochen nach der Befreiung an den Folgen von Krankheit und Hunger.

»Wie weit ist das Dorf weg?«, fragt Soumar.

Der Archivar versteht, dass er wissen will, ob die Menschen in der Umgebung nichts von alldem mitbekommen haben. Er erklärt, dass das Dorf zwei Kilometer entfernt läge, Belsen an sich aber vor allem aus Kasernen, ein paar Bauernhöfen und zwei Straßen bestünde. Doch natürlich wussten die Anwohner, dass es das KZ gab. Ein paar wenige seien im Lager gewesen, um Waren wie Brot oder Papier zu liefern, die meisten aber hätten das Lager nie betreten. Gewusst vom Lager haben alle – vom Lager und natürlich auch von den Transporten.

In den Jahren nach der Befreiung war Bergen-Belsen ein »Displaced Person Camp«, also eine Art Flüchtlingslager. Soumar horcht auf, als sei er selbst angesprochen worden. Aber es waren keine Kriegsflüchtlinge so wie er, sondern Menschen, denen man ihr Zuhause aus der Seele gerissen hatte. Nur wenige Juden wollten zurück in ihre Städte und Dörfer, dorthin, wo sie erniedrigt und ihrer Würde beraubt worden waren, an die Orte, wo sie ihre Freunde und Familie verloren haben. Die Menschen, die nach 1945 in Bergen-Belsen waren, warteten auf ihre Ausreise nach Israel oder in die USA, weg aus Deutschland.

Der Archivar erklärt, dass die Hauptaufgabe der Mitarbeiter der Gedenkstätte bis heute sei, die Namen der Häftlinge herauszufinden, die hier interniert waren und umgekommen sind.

»Diese historischen Informationen sind nicht zum Selbstzweck. Wir erfüllen einen gesellschaftspolitischen Auftrag.«

Als wir nach unten gehen, sind wir beide sehr bedrückt.

»Ich muss jetzt erst mal was essen«, erklärt Soumar.

»Ich auch. Obwohl es komisch ist, jetzt zu essen.«

»Nicht essen ist auch keine Lösung.«

Das stimmt wohl, denn vor uns liegt noch die Ausstellung und die Begehung des ehemaligen Lagergeländes. Wir machen uns auf die Suche nach etwas Essbarem. Unten werden wir fündig. Aus einer Tür strömt uns der typische Bockwurstgeruch einer gut-deutschen Cafeteria entgegen. Ich bestelle zwei Kaffee und ein Snickers. Die freundliche Bedienung hat kein Wechselgeld und ich runde den Betrag auf. Es ist schon eigenartig genug, in der Snack-Bar eines Konzentrationslagers zu sitzen. Jetzt aufgrund von Münzen ein Fass aufzumachen, erscheint mir unangemessen. Soumar und ich setzen uns hin und trinken den Kaffee. Die Bedienung kommt mit einem Stück Kuchen, einer Aufmerksamkeit, um das fehlende Wechselgeld auszugleichen.

»Hast du alles verstanden, was der Archivar uns erzählt hat?«, frage ich Soumar.

»Ja, fast alles.« Er macht eine kleine Pause und nippt an seinem Kaffeebecher. »Aber wie kann es sein, dass die Leute im Dorf nichts gemacht haben?«

»Ich weiß nicht. Viele hatten Angst. Und viele wollten es einfach nicht wissen. Sollen wir später im Dorf vorbeifahren?«

Soumar nickt. Wir verstauen die ungegessenen Snickers im Schließfach und begeben uns in den Ausstellungsraum.

Die Ausstellung bringt die Berichte des Archivars auf eine neue, verstörend greifbare Ebene: Interviews mit Überlebenden werden auf eine große Leinwand projiziert, überall sind Bilder ausgestellt von Häftlingen, vom Lager selbst, den Baracken und der SS, es gibt viel zu lesen, im Boden sind Objekte des Lageralltags eingelassen: Tassen, Werkzeuge, Messer, Schalen. Alles Dinge, die mal irgendjemandem gehörten, der inmitten der Lüneburger Heide die

Grausamkeit eines ganzen Volkes ertragen musste. Diese Gegenstände berühren mich am meisten. Vielleicht, weil sie mich mit der Vergangenheit des Ortes auf eine andere Weise verbinden, als Erzählungen oder Bilder es tun. An ihnen selbst ist nichts Grausames. Sie dokumentieren nicht oder berichten, sondern liegen einfach da, angefressen vom Rost und ohne Bewusstsein darüber, weswegen sie dort liegen. Vor ein paar Jahrzehnten lagen sie ebenso gleichgültig irgendwo zwischen abgemagerten Skeletten, Menschen, die elendig an Typhus verreckt sind und für die diese Tasse vielleicht die letzte Erinnerung an so etwas wie Normalität war.

Als wir ein Bild vom Krematorium sehen, bleibt Soumar lange stehen und betrachtet die Fotografie. Auf einmal fragt er:

»Wurden die Menschen vorher getötet? In Syrien hat man sie sofort verbrannt.«

Es wird Zeit, Dokumentation und Berichte hinter uns zu lassen und auf das Lagergelände zu gehen. Der Regenschauer hat sich inzwischen zu Nieselregen verdünnt. Aus dem dichten Wald um uns herum schimmert der Herbst. An den großen, geometrisch-geraden Wiesen lassen sich die Umrisse des Lagers und der verschiedenen Lagerteile nachvollziehen. Vom Lager selbst ist so gut wie nichts übrig. Wegen der Seuchengefahr hatte man alle Baracken niedergebrannt. Vor uns liegt bedrückende Leere. Ich muss an das Autobahnschild von der Lüneburger Heide denken, an den Schäfer und seine Herde. Dieses naive Paradies existiert hier nicht. Die Unschuld der Landschaft erstickt unter unseren Gedanken an die Bilder, die wir vor wenigen Minuten im trockenen Ausstellungsraum gesehen haben. Wir kommen vorbei an einem kleinen Hügel, dessen Seiten trapezartig zu einer ebenen, grasbewachsenen Fläche hoch führen. ›Hier ruhen 500 Tote‹, steht auf einen Stein gemeißelt, der in die vordere Seite eingelassen wurde.

»Das ist ein Massengrab für 500 Menschen«, erkläre ich Soumar.

Er sagt nichts. Seine Augen wandern über die Schrift.

»Wie nennt man das noch mal auf Deutsch, wenn man Menschen hasst, weil sie fremd sind? So, wie ISIS radikal gegen alle anderen ist oder wie die Nazis gegen die Juden waren?«, fragt er.

»Rassismus?«

»Rassismus? Im Sinne von: Ich hasse alle Juden?«

»Rassismus ist der Glaube daran, dass es eine Hierarchie unter den Rassen gibt und dass man auf der Basis dieser Hierarchie eine Selektion trifft.«

»Und dann hasst man den anderen, weil er eine andere Rasse ist? Verstehe. Ich kann mir dieses Wort nicht gut merken. Rassismus ist furchtbar. Und der Krieg auch.«

Ich versuche mir vorzustellen, wie schwierig das für ihn sein muss, dieser ganze Tag. So viele Informationen auf Deutsch und so viele furchtbare Bilder. Ich will wissen, was in seinem Kopf vorgeht.

»Was denkst du nach der Ausstellung und nach dem Gespräch mit dem Archivar? Was fühlst du jetzt, wenn du hier läufst, mit dem Wissen darüber, was hier alles passiert ist?«

»Mein Gefühl? Also, wenn ich mir vorstelle, wie das hier war, dann macht mich das traurig. Es ist ja noch gar nicht so lange her, und dann läuft man hierher, wo so schlimme Dinge passiert sind. Nur weil Menschen die falsche Religion oder einen anderen Glauben hatten. Weil sie halt Juden waren oder Russen, oder was auch immer.«

»Ja. Einige sind hier sogar geboren worden. Und einige haben überlebt. Viele von ihnen kommen jedes Jahr an diesen Ort, um sich an diese furchtbare Zeit ihres Lebens zu erinnern. Und damit niemand vergisst.«

Wir gehen weiter. Je mehr wir uns vom Gebäude der Gedenkstätte entfernen, desto unwirklicher wirkt der Ort. Der Regen tropft auf unsere schwarzen Schirme, die von der Gedenkstätte bereitgestellt wurden. Ich nehme unsere Unterhaltung mit meinem Voicerecorder auf. Durch die sensiblen Mikrofone höre ich per Kopfhörer selbst leiseste Geräusche, unsere Schritte auf den Schottersteinen, das Knirschen meiner Regenjacke, den Wind in den Bäumen. Von irgendwoher dringen Stimmen, wahrscheinlich von anderen Besuchern, die wir aber nicht sehen können. Auf einer Informationstafel vor uns lesen wir, wo genau wir uns befinden.

»Da drüben war das Sternlager. Das war der Teil, wo die sogenannten Austauschjuden waren, also die, die man gegen gefangene Deutsche im Ausland austauschen wollte. Du erinnerst dich, was der Archivar gesagt hat?«

Soumar nickt.

»Es gab noch das Sonderlager«, fahre ich fort. »Da waren die Juden, die aus den KZs in Polen kamen. Die waren getrennt von den Häftlingen, die hier waren.«

»Warum?«

»Ich glaube, damit sie nicht von Auschwitz erzählen konnten. Hier, wo wir stehen, war der Appellplatz.«

»Und die mussten hier immer stehen, damit man sehen konnte, ob noch alle da sind?«

»Ja, auch. Oft stundenlang. Mit großem Hunger nach der Zwangsarbeit, frierend, auch bei Regen und Kälte, oder bei großer Hitze.«

Wir kommen wieder an einem Massengrab vorbei. Diesmal für 1000 Menschen. Soumar bleibt stehen.

»Wie kann so etwas menschlich sein? Einfach 1000 Menschen da rein zu werfen? Mir macht vor allem Angst, was die Menschen außerhalb des Lagers gedacht haben, die, denen es egal war. Das ist die wahre Katastrophe. Die Nazis hatten damals einfach die volle Unterstützung. Sonst hätten sie sowas hier nicht tun können.«

»In der Zeit, als Bergen-Belsen dann ein Konzentrationslager war, war der Krieg in Deutschland sehr präsent. Es gab Bombenangriffe und wenig zu essen. Und ich denke, dass viele Menschen vielleicht zu tief drin gesteckt haben, als dass sie einfach hätten aussteigen können. Auch aus Scham. Viele Leute von damals sagen, dass nicht alles schlecht war früher, dass sie Spaß hatten beim BDM und der HJ. Und, dass sie nichts wussten über die Lager oder das, was dort passiert ist. Ich habe einmal meine Großmutter darauf angesprochen, dass doch permanent Juden aus ihrem Umfeld verschwunden sind. Sie hat dann gesagt, dass man immer auch Angst hatte. Angst, irgendetwas falsch zu machen, egal, wie deutsch man war. Kindern wurde beigebracht, ihre Eltern zu denunzieren, wenn sie Juden geholfen oder Feindsender gehört haben.«

Angst sitzt tief, sagt man, aber noch tiefer sitzt Scham. Und die hat viele nach dem Krieg stumm gemacht, als sie verstanden hatten, an welchen Grausamkeiten sie beteiligt waren. Einige haben natürlich auch gar nichts gelernt, keine Erkenntnis, keine Scham.

Diese Scham spüre ich in Deutschland auch nach lauter Entnazifizierung und Wirtschaftswunder bis heute. Einen wirklichen Dialog zwischen den Generationen hat es eigentlich nicht gegeben. Nicht mit den Opfern und auch nicht mit den Mitläufern, mit denen, die sich schämen. Denn das Problem mit Scham ist die unbehagliche Stille, die von ihr ausgeht. In dieser Stille spürt man genau, dass da etwas ist, was gesagt werden sollte, aber man traut sich nicht, danach zu fragen. Für uns nachfolgende Generationen, die den Holocaust nur aus Filmen, Texten, Fotos und Berichten kennen, gibt es diese Beklemmung im Kontakt mit vielen Mitläufern von damals, die wir heute in Supermärkten sehen, in Altersheimen besuchen gehen oder denen wir über die Straße helfen. Da ist dieses Gefühl, diese Scham, sie auf das Dritte Reich anzusprechen, weil dann Menschen, die wir lieben, auf einmal zum Teil dieser Geschichte werden. Und anstatt Verantwortung zu übernehmen, überträgt sich in dieser Stille die Schuld von einer Generation auf die nächste.

»Ich habe eine Frage«, bemerkt Soumar. »Was wäre passiert, wenn Hitler gewonnen hätte? Dann gäbe es diese Gedenkstätte nicht. Dann wäre er ein Superheld, der die Welt vom Feind befreit hat. Die Gewinner schreiben die Geschichtsbücher.«

»So oder so war es furchtbar. Es hat ja Krieg geherrscht.«

»Ja, aber wenn die Nazis die Geschichtsbücher geschrieben hätten, dann sähe es jetzt nicht furchtbar aus.«

»Angenommen, die Nazis hätten den Krieg gewonnen, dann sähen die Geschichtsbücher vielleicht anders aus. Sie hätten die Juden aber trotzdem ausgerottet.«

»Sie hätten nicht ALLE Juden umbringen können.«

»Na ja, sie waren sehr gründlich mit der Vernichtung der Juden, die in Europa waren. Sechs Millionen. Das sind sehr viele Menschen.«

»Ja.«

»Und noch mal, hätten die Nazis gewonnen, sähen die Geschichtsbücher anders aus. Okay. Aber ich sehe nicht, warum man sich mit den guten Seiten des Nationalsozialismus beschäftigen sollte. Es gibt keine. Das lernen wir aus der gesamtem Ideologie. Ich denke eher, dass man sich heute damit auseinandersetzen muss, was eigentlich zu diesen Ereignissen geführt hat. Warum haben die Deutschen jemanden unterstützt, der sie in einen blutigen Krieg geführt hat? Denk daran, dass auch viele Deutsche umgekommen sind. Wie soll man all das rechtfertigen mit dem Argument, dass es manchmal auch gute Dinge gab? Und natürlich gibt es in der Geschichtsschreibung immer diesen Aspekt, *wie* von Dingen erzählt wird und *wie* man sie in Erinnerung behält. Aber es gibt auch das, was passiert ist, die Tat an sich. Und Tatsache ist, dass sechs Millionen Juden in Lagern wie diesem oder in Gaskammern umgebracht wurden. Das ist passiert, egal wer den Krieg gewonnen oder verloren hat.«

»Ja. Im Endeffekt zählen nur die Menschen, die gestorben sind. Nicht Gewinner oder Verlierer.«

Wir versuchen uns vorzustellen, wie es hier 1944 ausgesehen haben muss. Mit den kranken, ausgehungerten Häftlingen, den zerfallenen Baracken, den Stacheldrahtzäunen und Wachtürmen. Soumar wird nachdenklich.

»Ich habe Geschichten in Syrien von Menschen gehört, die auch in Lagern waren. Ganz sicher unter anderen Umständen, aber trotzdem irgendwie vergleichbar. Hunger, ewige Zwangsarbeit für die Soldaten an der Front, niemand kümmert sich um sie. Sie fristen ein furchtbares Dasein. Das ist schlimm. Bis heute gibt es dieselben Sachen mit einem anderen Namen. So etwas muss aufhören. Es ist absurd.«

Soumar redet wie ein deutscher Großvater, der Geschichten aus der russischen Gefangenschaft erzählt. Wie eigenartig, dass jemand, der ein paar Jahre jünger ist als ich, solche Dinge zu berichten hat. Meine Geschwister und ich und unsere Eltern und Freunde kennen den Krieg nur aus Erzählungen. Hier steht jemand, auf den das nicht zutrifft. Hier steht jemand, mit dem ich mich nicht nur erinnern kann an die Gräueltaten der Nazis, sondern der eigene Geschichten zu erzählen hat, die mein Gedenken an Bergen-Belsen, diesen Ort, an den ich immer hinwollte, mit der Gewissheit verbindet, dass diese Dinge auf irgendeine Weise immer noch passieren. Gedenken allein reicht nicht aus, wenn es als Flucht vor einer Gegenwart geschieht, in der Variationen von Bergen-Belsen weiterhin existieren. Der Archivar hat uns zur Vorsicht geraten, schnelle Parallelen zu ziehen. Trotzdem hat Soumar recht. Für die, die in Syrien zur Zwangsarbeit gezwungen werden, ist das kein Trost. Auch für die Angehörigen von Opfern der Völkermorde in Uganda oder im ehemaligen Jugoslawien wird das Leben nicht besser mit dem Wissen, dass ihre Väter, Söhne, Mütter und Töchter nicht in Gaskammern umgekommen sind, sondern bei Massenerschießungen. Opfer kennen keine Hierarchie. Die Bewohner in Bergen und Belsen, Dachau, Buchenwald oder Mauthausen haben geschwiegen über etwas, was in ihrer direkten Umgebung passiert ist. Zu Gräueltaten, die keinen Vergleich kennen. Doch wenn ich daran denke, welche Gräueltaten nach 1945 verübt wurden und gerade verübt werden, jetzt, in diesem Moment, in dem Soumar und ich durch ein ehemaliges KZ spazieren, dann fällt mir auf, dass dieses Schweigen nie wirklich aufgehört hat. Die Lehre aus diesem Gedenkort kann nicht sein, dass *genau das* nicht mehr passieren darf, sondern dass so etwas generell um jeden Preis verhindert werden muss.

Wir laufen weiter, vorbei an den dichten Wäldern mit hohen Bäumen, einer Idylle, die ich versuche zu ignorieren, so, als würde die Natur das Gedenken zerstören.

»Das ist vielleicht ein dummer Gedanke, aber ich habe auf den Bildern des Lagers keine Bäume gesehen. Sind die hier alle neu gewachsen? Dieser ganze Wald?«, frage ich in die Stille.

»Ich wollte gerade sagen, dass nur die Bäume die Geschichte wirklich kennen«, sagt Soumar und lacht.

»Wahrscheinlich wissen die gar nichts. Vielleicht sind sie erst danach gepflanzt worden.« Na ja, und wenn sie was wüssten, wäre es ihnen wohl ziemlich egal. Mutter Natur ist nicht gerade für ihre Empathie bekannt. »Meinst du, dass so ein Wald in 70 Jahren wachsen kann?«

»Vielleicht«, antwortet Soumar. »In Deutschland regnet es andauernd. Dann wachsen auch Bäume. Ist ja überall grün hier. Nicht wie in der Wüste.«

»Wie komisch, hier zu laufen. Zu wissen, dass das alles hier passiert ist und jetzt ist es so ein Naturpfad.«

»Stimmt. So hatte ich mir das auch nicht vorgestellt. Ich habe in Syrien ein wenig was gesehen über den Zweiten Weltkrieg, Dokus und so, und auch ein wenig über die Lager und wie schlimm es war. Aber tatsächlich hier zu sein, ist ein ganz anderes Gefühl. Wenn man das im Fernsehen sieht, denkt man: Oh Gott, das ist den Juden passiert. Aber jetzt bin ich hier und diese Menschen waren auch hier. Ich kann dieses Gefühl nicht richtig beschreiben. Es ist kein gutes Gefühl. Es macht mich traurig.«

Es ist bemerkenswert, dass dieser Naturpfad einen solchen Effekt hat. In Auschwitz gibt es noch Gebäude zu sehen, Krematorien, Baracken und die Ruinen der Gaskammern. Hier ist man allein mit der Leere und seinem Wissen.

»Wir haben in den letzten Tagen viel über Antisemtismus in Syrien geredet, darüber, dass Israel als Feind gilt. Und auch, dass viele Menschen in Syrien denken, dass die Deutschen mit dem Genozid eine gute Tat vollbracht haben. Meinst du, dass die Besichtigung eines Konzentrationslagers und genaue Informationen einen Einfluss darauf hätten ...«

»... wie sie über diese Dinge denken? Bestimmt. Na ja, das hängt natürlich vom Einzelnen ab. Welchen Hintergrund haben sie? Viele wissen ja Bescheid und sicher gibt es auch die, die an solche Orte kommen und sagen: ›Das war gut so.‹«

Ja, die gibt es in Deutschland auch. Und viele, die es einfach leugnen. Und jetzt liest man von Reichsbürgern, die, mitten in Deutschland, ihre eigene nationalsozialistische Parallelgesellschaft gegründet haben – falsche Ausweispapiere inklusive.

»Diese Leute gibt es natürlich«, fährt Soumar fort. »Aber sicherlich gibt es auch viele Menschen, die ihre Einstellung ändern würden.«

»Was sind das denn für Menschen?«

»Menschen, die die Kapazitäten dazu haben.«

»Was meinst du?«

»Menschen mit Bildung, Menschen, die nicht radikal religiös sind. Jeder, der nicht sagt ›Der Himmel ist für mich allein‹, wird seine Meinung ändern können.«

»Und die anderen? Wer wird nicht verstehen?«

»Na die, die das Himmelreich für sich selbst proklamieren.«

»Meinst du, dass das auf viele von den Geflüchteten zutrifft, die jetzt hier sind?«

»Das kann ich nicht sagen. Wir reden hier von mehr als einer Million Menschen. Was ich weiß, ist, dass viele nach der Flucht nicht mehr nur an Religion denken, sondern an das Mensch-Sein an sich.«

»Glaubst du, dass ein 14-jähriger Sohn eines überzeugten Islamisten nach Bergen-Belsen kommen könnte und verstehen würde, dass Tod und Gewalt keine Lösung bringen? Oder ich frage mal so: Was braucht dieser Junge, um vom Gegenteil überzeugt zu werden?«

»Er braucht jemanden, der ihm alle Informationen gibt. Genau das braucht er. Jemand, der erklärt: So war es in Deutschland. Das musst du wissen. Das war furchtbar und das wollen wir nicht. Deutschland rennt nicht mehr Hitler hinterher. Du bist jetzt in einem anderen Deutschland und nicht im Land des Führers. Wenn er weiß, wie Deutschland zerstört wurde, dann wird er verstehen. Dieser 14-jährige Junge braucht Fakten. Unter den Flüchtlingen gibt es Menschen, die hier bleiben wollen, und andere, die zurück nach Syrien gehen werden, sobald das irgendwie möglich ist. Diese Menschen, denke ich, interessieren sich nicht besonders für die deutsche Geschichte. Aber Menschen, die hier bleiben wollen, *müssen* die Geschichte des Landes kennen. Sie müssen sich damit auseinandersetzen, was hier geschehen ist.«

»Viele kommen mit einer Sicht auf Israel, die sich von der deutschen sehr unterscheidet«, werfe ich ein.

»Ja. Ein Freund von mir ist Palästinenser. Er hat einen israelischen Pass. Manchmal, wenn ich mit syrischen Freunden spreche und zum Beispiel gerade ein Bier zu Hause trinke, also etwas tue, was sie nicht wissen sollen, dann sage ich einfach: ›Ein Israeli ist zu Besuch.‹ Dann kommt garantiert niemand. Das reicht schon. Wenn dann jemand fragt, ob er wirklich Israeli ist, sage ich, dass er aus Palästina kommt, aber einen israelischen Pass hat. Dann ist das okay, dann ist er kein Israeli mehr.«

»Was müssen die Deutschen über Israel und Palästina verstehen? Deutschland ist für das Existenzrecht von Israel. Ich frage mich, wie man damit umgehen soll, dass es unter den Geflüchteten viele gibt, die das ganz anders sehen. Ich meine, es ist ein wichtiger Teil unserer Kultur, Israel anzuerkennen und zu schützen. Gleichzeitig sind die Deutschen kritischer geworden, was die israelische Politik angeht. Ich habe Bilder aus Israel gesehen, auf denen orthodoxe Juden einem muslimischen Mädchen das Kopftuch heruntergerissen haben. Diese Bilder wecken Erinnerungen. Was aber müssen die Deutschen wissen, um zu verstehen, warum es in Syrien so große Ressentiments gegen Israel gibt?«

»Zum Beispiel, dass Israel Teile Syriens besetzt hält, die Golanhöhe. Viele sagen, dass sich die Israelis von dort zurückziehen müssen. Denen ist es dann oft auch egal, was in Palästina passiert. Sie wollen einfach nur Al-Aqsa, die Moschee. Die meisten meiner deutschen Freunde in Deutschland wissen, dass es diesen Konflikt gibt zwischen den Israelis und den Palästinensern. Aber sie wissen nichts davon, dass es auch Probleme zwischen Israel und Syrien gibt oder Israel und dem Libanon. Viele wissen nicht oder nicht genau, was die Hisbollah ist, warum Israel, Libanon und Syrien im Krieg waren. Im arabischen Raum kennen die meisten zumindest die jüngste Geschichte, als Israel gegründet wurde, was ...«

Als wir an einem weiteren Massengrab vorbeilaufen, hält Soumar inne.

»2500 Menschen«, liest er vor. Auf dem Grab liegen Kieselsteine.

»Das ist eine jüdische Tradition, Kieselsteine auf dem Grab zu hinterlassen«, erkläre ich.

Beim Weiterlaufen fällt mir ein, dass Soumar selbst nie in einem Lager war. In Bremen hat er ja gleich bei Annette gewohnt.

»Du warst nie in einem Flüchtlingslager in Deutschland, oder?«

»Nein.«

»Und in der Türkei?«

»Da auch nicht. Da war ich im Gefängnis. Nachdem ich beim ersten Versuch, mit dem Boot nach Griechenland zu fahren, gescheitert bin, wurde ich von der Küstenwache verhaftet. Es war kein richtiges Gefängnis, aber wir waren eingeschlossen. In Mazedonien war ich einige Stunden in einem Lager. In Ungarn war ich drei Tage im Knast.«

»Ich habe vor ein paar Wochen ein Lager in Alexandreia besucht, eine kleine Stadt in der Nähe von Thessaloniki. Mir wurde gesagt, dass sich die Flüchtenden dort damit abgefunden haben, wahrscheinlich lange in Griechenland bleiben zu müssen. Die Balkanroute ist dicht und niemand sonst will sie haben. Was meinst du, wie wird das die Menschen verändern, wenn sie ein oder zwei Jahre nur im Lager wohnen? Wie wird sich das auswirken auf ihr Dasein und ihre Bereitschaft, sich in Deutschland zu integrieren?«

»Für ein paar Tage ist es okay, aber für Jahre ist das schlimm. Ich kenne hier einige Leute, die sich nichts sehnlicher wünschen, als endlich dieses Lager zu verlassen. Einfach weg. Ein Zimmer finden oder eine Wohnung. Kannst du dir vorstellen, wie schlimm das Leben im Lager sein muss? Mit Bergen-Belsen ist das natürlich überhaupt nicht zu vergleichen. Man kann kommen und gehen, hat Wasser und warmes Essen. Aber permanent umringt zu sein von Menschen, ist nicht schön. Nie Ruhe zu haben oder wirkliche Privatsphäre. Küche und Bad teilen. Wenn man dazu gezwungen ist zu bleiben, egal wo, dann wird das irgendwann zum Problem.«

Ich frage mich, ob es angemessen ist, an diesem Ort über heutige Flüchtlingslager zu reden. Soumar hat es ja selbst gesagt: Die Camps haben mit diesem Lager nichts gemeinsam. Schon allein der Zweck, den sie erfüllen, ist das Gegenteil von Auschwitz oder Bergen-Belsen. Deswegen ist man wohl auch dazu übergegangen, das englische Wort ›Camp‹ zu benutzen. Das klingt humaner. ›Lager‹ erinnert sofort an KZ. Trotzdem erzeugt das Wissen, dass es in Deutschland wieder Lager gibt, Beklommenheit.

»Wie wird das diese Menschen verändern, wenn sie endlich draußen leben, draußen, in Deutschland? Wie offen sind sie dann der Gesellschaft gegenüber?«

»Na ja, auf jeden Fall hatten sie dann zwei Jahre keinen Kontakt mit der deutschen Kultur. Nur ein wenig mit den Leuten, die in die Camps gehen. Es gibt ja wirklich einige Deutsche, die das machen, in die Camps gehen, um Geflüchtete kennenzulernen. Aber wenn man das Deutschland draußen nur aus Erzählungen kennt, wird es für die Menschen noch schwieriger werden, weil sie sich ja ans Lager gewöhnt haben. Dann haben sie draußen vielleicht eine Wohnung und Arbeit, wollen sich integrieren, aber nach so langer Zeit wird das hart. Ich glaube, dass die, die es schaffen, schon vorher aus eigener Motivation nach draußen gegangen sind, um sich mit der Umgebung vertraut zu machen und diesen neuen Ort kennenzulernen.«

Wir laufen an den Ruinen eines kleinen Krematoriums vorbei. Vom Archivar wissen wir, dass die SS versucht hat, die vielen Leichen zu verbrennen, als die britische Armee näher rückte. Ziemlich schnell aber haben sie gemerkt, dass Bergen-Belsen nicht dafür ausgerüstet war, diese Masse an Menschen zu beseitigen. Also ließen sie die Toten einfach liegen.

»Wie eigenartig, sich vorzustellen, dass hier Menschen verbrannt wurden, die völlig ohne Grund gestorben sind«, bemerke ich.

»Ja. Das ist Krieg. Menschen sterben ohne Grund, nur weil sie zur falschen Zeit am falschen Ort sind.«

»Es ist, wie du gesagt hast: ›Wie dumm sind die Menschen.‹«

»Ja. Wo wir schon beim Thema sind: Ist die AfD eigentlich eine richtige Nazipartei?«

»Nein. Okay, wenn man sich anschaut, wofür die AfD steht, versteht man, warum sich Nazis von ihr angezogen fühlen, aber eine neue NSDAP ist das in meinen Augen nicht. Viele Linke, auch viele Medien, sagen, es fängt alles wieder von vorne an. Das halte ich für falsch. Du erinnerst dich, dass der Archivar uns vor vorschnellen Vergleichen gewarnt hat? Das gilt auch für AfD und PEGIDA. Das sind nicht alles Nationalsozialisten oder Neonazis. Es gibt natürlich eine nicht zu unterschätzende Anzahl an Personen, die dem rechten und ultrarechten Spektrum angehören und bestimmt auch gewaltbereit sind. Ich glaube aber, dass die meisten schlichtweg an einfachen Lösungen interessiert sind und gegen die mangelnde Transparenz der herrschenden Politik demonstrieren. Und dabei sind sie an eine Partei geraten, die so tut, als könne sie die Grenzen dicht machen und dann ist Deutschland sicher. Das ist natürlich Schwachsinn. Die AfD versucht sich als patriotische Partei und fordert dabei Dinge, die der heutigen Lebenswelt überhaupt nicht mehr entsprechen und die den Schwächsten in Deutschland am meisten schaden würde. Die globalisierte Welt ist nun einmal sehr komplex und daran wird sicherlich auch die AfD nichts ändern. Vielmehr werden wir in Deutschland zum ersten Mal mit den Konsequenzen unserer globalen Handlungen konfrontiert werden, also wie wir uns als Wirtschafts- und als politische Macht positioniert haben. Als Partner der USA. Was meinst du? Ist das richtig? Meinst du, dass die Welle an Flüchtlingen, auch an Wirtschaftsflüchtlingen, ein Resultat dieser Globalisierung ist? Mit negativen Effekten, die wir in Deutschland bislang kaum zu spüren bekommen haben?«

»Ich weiß nicht genau, was du meinst.«

Gut. Zu viele Gedankengänge in einer anderen Sprache.

»Ich denke, dass die Geflüchteten ein Vorbote der Schattenseiten der Globalisierung sind, die sie vorher alleine ausbaden mussten, während wir uns im Wohlstand gesonnt haben. Und ich denke auch, dass viele in Deutschland das alles nicht verstehen, weil sie kaum etwas wissen über Länder in Afrika, die ausgebeutet wurden und werden, oder über den Nahen Osten, in denen man Kriege angezettelt hat, um unsere Wirtschaft zu stärken. Ich meine, die Leute könnten es wissen, irgendwo nachlesen, Fragen stellen, aber sie tun es nicht. Die Europakrise hat viel Angst gebracht. Die Menschen verstehen nicht, was los ist. Also suchen sie einfache Antworten auf sehr komplexe Fragen. Die Geflüchteten verantwortlich zu machen, kommt da sehr gelegen. Einfach einen Feind kreieren.«

»Ja, und dann sagen, dass sie das Land zerstören. So wie Hitler mit den Juden. Das Problem aber ist vor allem, dass eine große Welle an Geflüchteten gekommen ist, die nicht viel Bildung haben. Ich habe gestern eine Statistik über syrische Geflüchtete gelesen. 7 Prozent haben einen Universitätsabschluss, 20 Prozent Abi, 33 Prozent Mittelschule. Das sind sehr viele Leute, die nicht viel Bildung genossen haben.«

»Also brauchen sie Bildung?«

»Ja, jeder braucht Bildung. In Syrien gibt es viele Menschen, die einen Uniabschluss haben, aber nur wenige von ihnen sind hier.«

»Man sagt, je mehr Bildung man hat, desto rationaler kann man denken. Obwohl wir auch gesehen haben, dass das nicht immer zum richtigen Ergebnis führt. Es gibt viele Leute, die einen Uniabschluss haben und trotzdem empfänglich sind für Faschismus. Ingenieure, die mit den Naturgesetzen arbeiten und gleichzeitig nicht dazu in der Lage sind zu verstehen, dass ihr Leben nicht besser werden wird, wenn sie ein ganzes Volk über einen Kamm scheren. Das sehen wir bei AfD und PEGIDA. In den 90ern hatten wir schon einmal ein Problem mit Fremdenhass. Und da haben wir uns einfach schön auf der Annahme ausgeruht, dass das alles bildungsferne Schichten sind. Heute sind viele Anhänger von AfD und PEGIDA Akademiker.«

»Und trotzdem wollen sie einfache Antworten.«

»Ja, einfache Antworten. Und Macht. Ich denke, viele Deutsche fühlen sich von Macht magisch angezogen.«

»Jeder. Nicht nur die Deutschen. Auch die Syrer.«

»Wahrscheinlich. Ich denke trotzdem, dass wir dadurch, dass wir ein funktionierendes System haben, eine funktionierende Verwaltung, mehr Vertrauen in Politiker haben. Natürlich beschwert man sich viel und meckert, aber wir sehen jeden Tag, dass Dinge irgendwie funktionieren. Und deswegen mögen die Deutschen auch Merkel.«

Wir befinden uns mitten auf einem riesigen Platz. Vor uns steht eine große Mauer, auf der in vielen Sprachen an die Opfer von Bergen-Belsen und der Shoa generell gedacht wird. Ein Obelisk erhebt sich aus der flachen Heidelandschaft und mahnt schon von Weitem, dass man sich hier nicht auf einer Picknickwiese befindet. Vor uns reihen sich Massengräber. 1000 Tote. 800 Tote. 1500 Tote. Ich erinnere mich an die Dokumentation, in der gezeigt wurde, wie die Leichenberge wie Abfall mit Baggern in Erdlöcher geschoben wurden. Etwas abgelegen am Rand befindet sich ein silbernes, dreieckiges Gebäude, das an eine Art Kapelle erinnert. Im Inneren stehen Würfel zum Sitzen, chaotisch angeordnet und nicht militärisch in Reih und Glied. Der Raum läuft nach hinten hin spitz zu. Dort vor der Ecke steht ein Tisch, voll mit Steinen und beschriebenen Zetteln, auf denen Besucher eine Nachricht hinterlassen haben. Selbst Blumen befinden sich zwischen den Briefen.

»Hast du Papier und Stift?«, fragt Soumar.

Ich gebe ihm Zettel und Kugelschreiber, er setzt sich und beginnt zu schreiben. Es ist der einzige Text in arabischer Schrift zwischen den vielen anderen Sprachen auf einem Altar, der keinem Gott geweiht ist, sondern der Menschheit an sich; zur Erinnerung an das Unfassbare, zu dem der Mensch imstande ist, und für das Aufbegehren gegen Barbarei, den Kampf für das Gute, der weder religiöse noch kulturelle Unterschiede kennt.

Auf dem Weg zum Ausgang steht zwischen den Massengräbern der Grabstein von Margot und Anne Frank. Er ist ein Aufschrei der Individualität an einem Ort, an dem Anonymität Zehntausenden die Menschlichkeit geraubt hat.

»Lass uns ins Dorf fahren«, sage ich.

Soumar nickt und wir gehen zum Auto.

Als wir vom Parkplatz fahren, beginnt es bereits zu dämmern. Nur wenig Licht dringt durch die Regenwolken und den dichten Wald auf die Straße. Auf dem Weg nach Bergen fahren wir an einem riesigen militärischen Sperrgebiet vorbei. Stacheldrahtzäune, Türme und Betreten-verboten-Schilder rufen die Bilder der Ausstellung ins Gedächtnis. Es ist eine merkwürdige Nachbarschaft zwischen dem Gedenken an den Holocaust und der Bundeswehr, zwischen Massengräbern und Truppenübungsplatz. Dass die Nachfolgeinstitution der Wehrmacht, die ja mitunter auch für das KZ Bergen-Belsen zuständig war, sich gerade hier auf den Ernstfall vorbereiten muss, ist vielleicht nicht gerade die beste Idee. Die Bundeswehr investiert derzeit Millionen in Werbung zur Rekrutierung von Nachwuchs. Bei den vielen Schulklassen, die jedes Jahr die Gedenkstätte besuchen, wirkt die militärische Präsenz in Lagernähe vielleicht eher abschreckend – so wie auf Soumar und mich.

Wir fahren an alten Bauernhöfen vorbei, die wohl auch schon zu Nazizeiten dort standen.

»Das ist ja kaum fünf Minuten mit dem Auto entfernt«, stellt Soumar fest.

Die Wir-haben-von-nichts-gewusst-Theorie scheidet damit für ihn aus. Überhaupt ist dieser Satz einfach zu unglaubwürdig, um ihn als Erklärung oder gar Entschuldigung dafür zu akzeptieren, in Ruhe Landwirtschaft zu betreiben, während am eigenen Acker Zehntausende Häftlinge vorbeigetrieben werden. ›Wir *konnten* nichts tun‹, kommt der Sache schon näher. Oder: ›Ich hatte Angst.‹ Auf dem Weg fahren wir an einem Bahnhof vorbei. Die Schienen laufen unter der Straße durch, sodass wir keinen guten Einblick bekommen. Am Straßenrand, dort, wo es zu den Gleisen hinuntergeht, steht eine Art überdimensionaler, rostiger Kübel, aus dem ebenso rostige Stehlen herausragen. Wahrscheinlich so etwas wie Gedenkkunst. Scheinbar sind die Züge mit den Häftlingen hier angekommen, die entweder mit LKWs ins Lager transportiert worden sind oder laufen mussten.

Ein gelbes Ortseingangsschild macht uns darauf aufmerksam, dass wir jetzt in Bergen sind. Es herrscht Dorfidylle. Kleine, malerische Häuser, Fachwerk, Ruhe und Ordnung. Hier scheint die Welt noch in Ordnung, würde man meinen, wenn da nicht eine Handvoll Kilometer hinter uns dieses Lager wäre, das dem Ruf des Dorfes vorauseilt. Ich habe einmal ein Interview mit einer Fremdenführerin in Auschwitz gesehen. Nicht aus der Gedenkstätte, sondern dem Ort an sich. Sie hat eine glühende Rede gehalten über ihr Dorf und wollte dem Zuschauer dringend raten, nicht nur das Lager zu besuchen. Den Menschen in Belsen geht es wahrscheinlich ähnlich. Es ist nicht wirklich gerecht, dass die Bewohner von Idar-Oberstein oder Etzelwang nach dem Krieg einfach in den Alltag übergehen konnten, Schweinsbraten nach Hausmannsart servieren und ihren Gästen die besten Wanderrouten empfehlen konnten, während es den Bergenern und Dachauern mit dem Vergessen ungleich schwerer gemacht wird.

Wir parken das Auto an einem Platz, der vielleicht so etwas wie der Mittelpunkt des Dorfes sein könnte. Einem Schild zufolge handelt es sich um den ›Friedensplatz‹. Auf einer Wiese steht eine kleine Kirche aus Holz, daneben ein Mahnmal. Wir begeben uns ins ›Café Sahne‹. Ein paar wenige Bergener sitzen auf alten Sofas, essen Kuchen und trinken Tee. An den Wänden hängen Bilder von Hobbykünstlern aus dem Ort. Offenbar eine Ausstellung. An der Wand steht ein Klavier, daneben eine Standuhr. Beides wohl noch aus der guten, alten Zeit. Da hat schon die

Oma dran gesessen, als junges Mädchen nach den Nachmittagen beim BDM. Auf der grün gepolsterten, urigen Couch daneben hat dann die Uroma gesessen und zugehört, wie ihre Tochter ›Lili Marleen‹ übte. Stopp. Das ist schon wieder der zu Unrecht erhobene, moralische Zeigefinger. Man kann von den Bergenern nicht erwarten, Bilder vom Lager an die Wände zu hängen und, stellvertretend für die gesamte Bundesrepublik, den schuldschweren Kopf gesenkt zu halten oder tagein, tagaus auf die Gedenkstätte zu starren und über die Verantwortung der Altbergener zu sinnieren.

»Willst du was essen?«, frage ich Soumar. Den ganzen Tag lang haben wir nur dieses Stück Kuchen in der KZ-Cafeteria zu uns genommen und mir knurrt der Magen. Ich frage mich, ob es pietätlos ist, jetzt Abendessen zu bestellen. Aber das ist absurd. Ich bestelle zwei Kürbissuppen, wir setzen uns hin und warten. Viel sprechen wir nicht. Irgendwie wirkt alles gerade pietätlos. Autofahren, Dörfer, Mahnmale, Suppen und eben auch Gespräche. Das Essen kommt und wir löffeln still vor uns hin. Als das Brot ausgeht, gehe ich zum Tresen und bestelle mehr. Dabei komme ich mit der Besitzerin ins Gespräch. Ich erzähle, wer wir sind, warum wir in der Gedenkstätte waren und dass wir einfach mal schauen wollten, was es in Bergen neben der Gedenkstätte sonst noch so gibt. Dabei erfahre ich interessante Dinge. Sie erzählt, dass sie Geschichte studiert hat und ihre Abschlussarbeit über die Beziehung zwischen den Bergenern und dem Lager geschrieben habe. Sie erzählt, dass es nicht gut steht um das Verhältnis zwischen dem Dorf und der Gedenkstätte, dass der Bürgermeister zwar in einem ständigen Ausschuss sitze, der zur Gedenkstätte gehöre, aber eigentlich mehr Interesse an den Naherholungsqualitäten der Lüneburger Heide zeige.

»Hierher kommen manchmal Touristen mit dem Zug und wollen zur Gedenkstätte. Die ist aber noch ein ganzes Stück weg und es gibt keinen Bus.«

Aus diesem Grund gibt es wohl auch kaum Hinweisschilder, welche Überraschungen den unwissenden Touristen im Bergener Umland erwarten. Wenn er es lebend aus dem militärischen Sperrgelände schafft, stolpert er plötzlich über Massengräber. Ich bin mir nicht sicher, ob die Tourismusstrategie des Bürgermeisters nicht ein paar wesentliche Aspekte auslässt.

»Wenn ich sage, dass ich aus Bergen komme, weiß niemand, wo das ist«, erklärt die freundliche Café-Besitzerin. »Wenn ich sage: aus Bergen-Belsen, weiß jeder Bescheid.« Das ist keine Beschwerde ihrerseits. Eher eine Feststellung, eine Tatsache, mit der man sich abfinden muss, auch im Alltag. Ich kann mir vorstellen, dass es für die Bergener mühselig ist, in einem Dorf zu leben, das zum Synonym für Hitlers Gräueltaten geworden ist. Aber so ist es halt. Genauso wie das ganze Land immer ein Synonym dafür bleiben wird. An einigen Orten kann man sich gut davor verstecken und an anderen halt weniger.

Soumar und ich machen uns auf den Rückweg nach Bremen, vorbei an der Verladerampe, von der die Café-Besitzerin erzählt hat, dass sie bis heute von der Bundeswehr genutzt würde. Inzwischen ist es ganz dunkel, was die militärische Sperrzone nicht unbedingt sympathischer erscheinen lässt. Als ich rechts in die Straße abbiegen will, von der wir heute Mittag gekommen sind, sehe ich ein Schild, das den zivilen Verkehr untersagt. Da hatten wir ja gerade noch einmal Glück. Der rot-weiß gestrichene Turm, der hier in die Höhe ragt, hätte ausreichend Warnung sein sollen; und die Tatsache, dass auf dem Hinweg kein einziges Auto an uns vorbeigefahren ist. Wir wenden und begeben uns zurück auf zivile Pfade, fernab von SS-Erinnerungen und Schießübungsplätzen.

Auf der Autobahn nach Bremen hören wir Musik und lassen den Tag – jeder für sich – Revue passieren. Im Radio wird ein Best-of klassischer Musik gespielt. Lange Zeit fällt kein Wort zwischen uns. Soumar bricht das Schweigen:

»Es war wichtig zu kommen.«

Diese Aussage hätte ich so nicht erwartet. Ich wusste, dass es ihn bewegt, und natürlich, dass es für keinen von uns leicht sein würde, den Tag zwischen Massengräbern zu verbringen und sich mit einem Teil der deutschen Geschichte zu beschäftigen, der so gar nicht dem Bild seiner neuen Heimat entspricht, das er sich bis heute gemacht hat.

»Ich habe nie verstanden, warum sich die Deutschen immer schuldig fühlen, wenn sie über diese Zeit reden. Ich dachte immer: ›Du kannst doch nichts dafür, du warst doch nicht dabei.‹ Jetzt weiß ich, warum.«

In Bremen erwartet uns dichter Feierabendverkehr. Es dauert ewig, bis wir einen Parkplatz finden. Auf dem Weg zu Soumars Wohnung holen wir ein paar Bier für den Abend.

»Sollen wir noch diese Dokumentation über Bergen-Belsen schauen, die wir mitgebracht haben?«, fragt Soumar und verweist auf die DVD, die wir vor der Heimfahrt im Buchladen der Gedenkstätte gekauft haben.

»Machen wir«, antworte ich und denke, dass wir vielleicht nicht die passenden Getränke haben für so einen Film. Oben angekommen fallen wir erschöpft auf die Couch. Als ich in meiner Jackentasche wühle, finde ich das Snickers aus Bergen-Belsen und lege es auf den Tisch. Neben mir höre ich es zischen. Kurz danach hält mir Soumar eine Flasche Bier unter die Nase. Nachdem er sich selbst eins aufgemacht hat, steht er auf und legt die DVD in den Rekorder. Die Bilder der Ausstellungen laufen jetzt in Echtzeit auf Soumars uraltem Riesenfernseher. Dazu kann ich kein Bier trinken. Ich stelle die Flasche neben den Schokoriegel, dem vielleicht absurdesten Mitbringsel, das ich jemals von einem Ausflug nach Hause mitgebracht habe.

Dieser Tag war für uns beide sehr wichtig, denke ich, als ich mich an das erinnere, was Soumar im Auto zu mir gesagt hat.

Und es war keineswegs so, als hätte ich ihm etwas gezeigt, das nur ihm eine Lehre sein würde. Vielmehr war der KZ-Besuch etwas, das ich ewig verdrängt und vor mir hergeschoben hatte, sodass ich eigentlich vor allem für mich selbst nach Bergen-Belsen gefahren bin. Der heutige Tag war mehr als nur stilles Gedenken. Zwei Menschen mit völlig verschiedenen Sichtweisen auf Geschichte und die Welt an sich haben sich auseinandergesetzt und festgestellt: Es gibt Kapitel der Geschichte, die nicht geschlossen werden können. Vielmehr sind es gerade diese Kapitel, die jetzt gemeinsam und auf neue Art und Weise erschlossen werden müssen. Wir müssen verstehen, dass es die Opfer von Bergen-Belsen und Auschwitz verhöhnt, wenn Antisemitismus einfach ersetzt wird durch Islamophobie; und dass es ebenso wenig respektvoll gegenüber den Opfern von Aleppo und Homs ist, so zu tun, als seien die Kriege im Nahen Osten nichts weiter als die Eskalation innerhalb von Gesellschaften, die wir in aller Bequemlichkeit und Arroganz als rückständig bezeichnen. Es herrscht zu viel Unwissen auf beiden Seiten, als dass endlich Frieden einkehren könnte, denke ich, schaue auf Soumar und stelle fest, dass wir beide heute einen kleinen Schritt getan haben, um gegen unser eigenes Unwissen anzugehen. Ich greife nach dem Snickers aus Bergen-Belsen, reiße die Verpackung auf, teile es in der Mitte und gebe Soumar die andere Hälfte.

Soumars Reise – Teil III

Ich habe den ganzen Weg nach Belgrad im Bus geschlafen. Wir sind gegen sechs oder sieben Uhr morgens angekommen. Es war sehr kalt und ich hatte nur eine kurze Hose an. Dann haben wir uns sofort ein Busticket gekauft, um in die nächste Stadt an der ungarischen Grenze zu kommen. Wir haben den ganzen Tag in der Gegend um den Busbahnhof verbracht. Ich habe mir die Haare schneiden lassen und zum ersten Mal in meinem Leben bei McDonalds gegessen. Wir haben einfach die Zeit totgeschlagen. Ich habe jemanden gefunden, bei dem wir für 4 Euro hätten duschen und ein wenig schlafen können. Aber die anderen wollten nicht. Also bin ich bei ihnen geblieben. Um fünf Uhr sind wir dann mit dem Bus losgefahren. Als wir ankamen, war jemand da von der UN, der uns gesagt hat, dass wir immer den Schienen folgen sollten. Dort sei das ungarische Militär, das uns dann den weiteren Weg zeigen würde. Wir sind ein oder zwei Kilometer gelaufen. Es war schon dunkel. Dann haben wir Militär gesehen und wussten, dass wir in Ungarn waren. Die Soldaten haben uns angewiesen, einfach weiter an den Schienen entlangzulaufen, dann würden wir auf ein Camp von UNHCR stoßen, wo es warmes Essen und Wasser gäbe. Mein Freund wollte einen anderen Weg gehen, weil wir den vorher im Internet gesehen hatten. Ich meinte dann, dass uns die Soldaten doch den Weg gesagt und sie sicherlich nicht gelogen hätten, als sie von dem Camp erzählten. Er wollte ihnen nicht vertrauen und meinte, ich könne ja allein weitergehen. Dann sind wir natürlich gemeinsam los, an irgendwelchen Feldern vorbei, zwei oder drei Kilometer. Da waren noch andere, die den Ungarn nicht vertraut haben. Wir wussten schließlich, dass Ungarn die Grenzen schließen wollte, und das ist ja zwei Tage später auch passiert. Wir haben uns dann einer Gruppe von anderen Flüchtenden angeschlossen und sind zu einer Tankstelle. Hinterher hat sich rausgestellt, dass das Schmuggler waren. Wir hatten Angst und wussten nicht, ob wir ihnen vertrauen konnten. Sie hätten ja alles mit uns machen können. Uns umbringen oder was weiß ich. Erst mal mussten wir uns hinter dem Gebäude verstecken. Dann mussten wir einen Taxifahrer finden, um nach Budapest zu kommen. Ich habe das gemacht, weil ich am besten von allen Englisch konnte. Der Taxifahrer verstand kein Wort Englisch. Ich habe trotzdem gesprochen und dachte, dass das jetzt einfach so gehen muss. Und es ging auch. Der Taxifahrer hat dann gesagt, dass wir 400 Euro sofort und 400 Euro in Budapest für die ganze Gruppe bezahlten mussten. 175 Euro pro Person. Ich habe die anderen gerufen und wir sind losgefahren. Ich habe bezahlt und er hat das Geld sofort an einen Schmuggler weitergeben.

Als wir auf die Autobahn aufgefahren sind, haben wir nach 500 Metern überall rote und blaue Lichter gesehen. Polizei. Als die uns dann anhielten, kam eine Polizistin zu mir und bat mich, das Fenster runterzukurbeln. Sie wollte meinen Pass und ich habe ihn ihr gegeben.

Sie hat gesagt: ›Ah! Syrer!‹ und dann irgendwas auf Ungarisch. Ich habe sie gebeten, Englisch zu sprechen. Sie hat dann gefragt: ›Was tun Sie hier?‹ Das war ihre erste Frage und ich war total überrascht. Ich habe einfach ironisch geantwortet: ›Wir sind Touristen.‹ Dann musste ich aussteigen und man hat mich weggeführt. Meine Freunde durften im Auto bleiben. Sie haben noch einmal gefragt, warum ich in Ungarn sei. Ich habe nur zurückgefragt: ›Haben Sie von Syrien gehört? Wissen Sie, was da los ist?‹ Sie wusste nicht wirklich, was sie antworten sollte und hat nur gesagt: ›Sind Sie sich bewusst darüber, dass Sie illegal nach Ungarn eingereist sind?‹ ›Ja‹, habe ich gesagt. ›Illegal. Und Sie können jetzt mit mir machen, was das Gesetz Ihnen vorschreibt. Ich werde Sie nicht bitten, mich gehen zu lassen. Tun

Sie, was Sie tun müssen. Tun Sie Ihre Arbeit. Ich weiß, dass ich illegal bin. Ich und etwa 500.000 andere Flüchtende.‹

Dann bin ich zum Auto. Sie hat mir hinterhergerufen, wo ich hin wolle. ›Wasser holen‹, habe ich geantwortet. ›Haben Sie dem Fahrer Geld gegeben?‹, wollte sie als Nächstes wissen. Als ich das bejahte, hat sie Verstärkung gerufen. Ein zweiter Wagen kam. Ich und eine Freundin wurden dann in ein Auto und die anderen vier, inklusive dem Fahrer, in das andere Auto verfrachtet. Bevor ich das Handy ausstellen musste, konnte ich Annette noch schreiben, dass man uns verhaftet hatte.

Als wir in der Polizeistation ankamen, wurden wir durchsucht, unsere Daten gecheckt und dann haben sie uns in einem kleinen Raum eingesperrt. Da lagen Brote mit Salami, die aber nicht für uns waren, sondern Müll. Ich und diese Freundin, die mit uns war, hatten Schlafsäcke dabei. Die hatte man uns nicht abgenommen. Wir haben ein wenig geschlafen. Unsere ganzen Sachen waren draußen. Gegen ein oder zwei Uhr morgens haben sie mich aufgeweckt und zum Verhörraum geführt. Da war eine Übersetzerin aus Jordanien. Ich habe gefragt, ob ich eine Zigarette rauchen dürfte, was sie ins Ungarische übersetzte. Dann hat der Beamte irgendwas gesagt und sie übersetzte, dass Rauchen nicht gestattet wäre. Dabei hat er selbst geraucht. Das Verhör ging dann mit den Standardfragen los, wo ich herkomme usw. Und sie haben mich nach meiner Religion gefragt.

›Atheist‹, habe ich zur Übersetzerin gesagt. Die hat dann komisch geguckt und gefragt, was das bedeuten solle. Ich habe geantwortet: ›Ich glaube nicht an Gott. Religion ist Schwachsinn, wir kommen besser ohne Religion aus. Wissen Sie nicht, was Atheismus bedeutet?‹ Ich habe das dann noch einmal auf Englisch gesagt. Dann hat der Beamte auch verstanden. Er hat mich dann fragen lassen, warum ich Atheist sei. Und ich habe gefragt, ob er fünf, sechs Stunden Zeit hätte, da ich diese Frage nicht mit drei Sätzen und schon gar nicht in einer Situation wie dieser beantworten könne. Ich habe ihn gefragt, warum er das überhaupt wissen wolle. ›Ich bin Gläubiger‹, hat er dann auf Englisch gesagt, obwohl er vorher behauptet hatte, dass er kein Englisch könne. Er fragte, ob das ein Problem für mich sei, dass er an Gott glaube. Ich meinte, dass ich damit überhaupt kein Problem hätte, aber er für sich selbst und nicht für mich glauben solle. Dann wollte er wissen, was ich studiert und sonst so in Syrien gemacht hätte und warum ich nach Europa kommen wolle. ›Sie meinen, warum ich aus Syrien weg bin oder warum ich nach Europa will und nicht in die Türkei?‹, habe ich gefragt. Für mich sei das nicht dasselbe, meinte ich, da es ja klar sei, warum ich mein Land verlassen habe.

›Nein nein, ich will wissen, warum Sie nach Europa kommen wollen, wohin genau und was Sie hier vorhaben‹, hat er dann gefragt. Ich habe ihm die ganze Geschichte erzählt, dass ich alles verloren habe und ich einfach eine Chance haben wolle, um von vorn anzufangen und nicht einfach auf den Tod zu warten. Dass ich es nicht mehr ertragen konnte, permanent Lebensangst zu haben, einfach, weil ich einen Freund besuche oder sonst was. Dass immer etwas passieren könne. ›Wenn Angst Ihr ständiger Begleiter ist, macht das Leben keinen Sinn‹, habe ich verdeutlicht. Dann habe ich erklärt, dass ich nach Europa wolle und nicht in den Libanon oder in die Türkei, weil es für mich sehr schwierig war, in meiner Kultur als Atheist zu leben, dass ich, auch wenn es um Frauen ginge, immer als schlechter Mensch dastünde. Natürlich gäbe es Menschen, die verstünden, aber nicht alle, und durch den Krieg sei die Gesellschaft noch verschlossener geworden und es gäbe gar kein Vertrauen mehr. Ich habe ihm erklärt, dass sich die Türkei nicht wesentlich von Syrien unterscheide in diesen Dingen, dass ich auch dort nicht wirklich meine Meinung hätte sagen können. Er hat mich dann gefragt, ob meine Familie auch Atheisten seien, was ich verneint habe. ›Welcher muslimischen Glaubensrichtung gehören Sie denn an?‹, erkundigte er sich. ›Schiiten oder Sunniten?‹ ›Wir sind Aleviten‹, antwortete ich. Das hat er nicht verstanden. Ich habe ihm es erklärt und dann wollte er wieder wissen, warum ich Atheist sei. ›Ich muss nicht glauben. Ich füge damit doch niemandem Schaden zu. Wenn es wirklich einen Gott gibt, dann will er bestimmt nicht, dass ich die ganze Zeit bete, um glücklich zu sein, oder dass ich Leute umbringe. Er würde stolz sein, wenn ich jemandem aus dem einfachen Grund helfe, weil ich das will, weil ich gerne anderen helfe und nicht, damit er glücklich ist. Ich denke, wenn er klug genug ist und Gott genug, müsste ihn das glücklich machen und nicht, dass ich die ganze Zeit in der Moschee oder in der Kirche sitze und bete. Wenn er wirklich Gott ist.‹

Der Beamte hat daraufhin gelacht und gemeint, dass er am liebsten ein Foto mit mir machen und es auf Facebook teilen wolle und dass er noch nie jemanden wie mich verhören musste. Die Übersetzerin hat mir dann gesagt, dass Gott doch gut sei und uns alle liebe. ›Das ist Ihre Meinung zu Gott‹, habe ich geantwortet, ›aber nicht meine. Er kann uns doch nicht lieben und uns dann sagen, uns gegenseitig umzubringen. Nicht im Namen des Christentums, des Islams oder sonst irgendeiner Religion. Er ist doch allmächtig, warum sollte er das brauchen?‹

Wir haben daraufhin ein wenig diskutiert. Der Beamte hat mir dann gesagt, was meine Optionen seien, dass er meine Fingerabdrücke nehmen und ich dann weiter nach Deutschland könne, um dort Asyl zu beantragen, oder zurück nach Serbien, was aber einen Monat lang dauern könne, und dass Ungarn in zwei Tagen die Grenze schließen würde. Er hat mir geraten, weiter nach Deutschland zu gehen, was ich ja dann auch gemacht habe. Der Beamte hat noch einen Eintrag in meiner Akte gemacht und erklärt, dass die Deutschen diese beantragen würden, wenn sie meinen Antrag bearbeiteten. Er hat etwas Gutes geschrieben, dass ich studieren wolle und ein guter Mensch sei und so weiter. Ich habe mich bedankt und er hat mir dann doch eine Zigarette angeboten.

Daraufhin bin ich zurück in die Zelle und nur die Frau, die bei uns war, ist noch verhört worden. Nach einer halben Stunde kam sie zurück. Dann hat man uns fotografiert wie richtige Kriminelle und sie haben unsere Fingerabdrücke genommen. Ich habe quasi eine Nummer in Ungarn. Dann mussten wir zwei Tage im Gefängnis bleiben. Man hat uns Wasser gegeben und Salami, die aber furchtbar geschmeckt hat. Die Polizisten, die uns bewacht haben, haben unentwegt gelacht. Das fand ich schrecklich. Warum haben sie das getan – direkt vor uns? Warum sind sie nicht einfach rausgegangen?

Nach den zwei Tagen sind wir mit dem Zug nach Österreich geschickt worden.

KEIN TATORT
MIT SABINE POSTEL

Knapp acht Millionen Menschen in Deutschland schauen jeden Sonntagabend den Tatort. Ich bin einer von ihnen. Auch in Griechenland. Nein, vor *allem* in Griechenland. Inklusive Lästern mit Freunden via Facebook und WhatsApp über offen gebliebene Fragen in Drehbüchern, über Ungereimtheiten und allem, was die Zuschauer Woche für Woche zurück an den Bildschirm holt. Der Deutsche in seiner liebsten Rolle als Kritiker. Ein wöchentlicher Streifzug durch die Republik mit Lokalkolorit und Sprechart der Region. Wahrscheinlich gibt es am Sonntag in Thessaloniki Besseres zu tun, als vor dem ARD-Livestream zu hocken, sich in seinem Deutschsein zu suhlen und darüber nachzudenken, dass der Münsteraner Tatort auch schon mal witziger war. Aber für mich gehört es zum Abschluss der Woche dazu, in Jogginghose auf der Couch zu sitzen und einen bequemen Blick auf Dortmund, Kiel oder München zu werfen. Alle Jubeljahre, wenn Radio Bremen das Geld für die Produktionskosten zusammenkratzen kann, gibt es auch einen Tatort aus Soumars neuer Heimat, einer Stadt, die ich inzwischen ganz gut kenne. Na ja, gut ist übertrieben, aber in bestimmten Teilen der Stadt, vor allem im Viertel und der Innenstadt, um die Schlachte und die ganze Weserpromenade herum, fühle ich mich nicht mehr als Tourist. Ich bin jetzt zum siebten Mal in Bremen, innerhalb von etwas mehr als einem Jahr. Da stellt sich so langsam ein Gefühl von Vertrautheit ein. Mich hat vor dem Goethe-Theater mal ein echter Tourist gefragt, wie man zur Domsheide kommt. Das konnte ich ihm genauso gut erklären, wie Sabine Postel, alias Inga Lürsen vom Bremer Tatort: »Immer geradeaus!« Nicht jeder mag die adrette Ermittlerin aus Norddeutschland, aber ich bin ein Fan von ihr. Und wenn ich jetzt an der Bremer Staatsanwaltschaft vorbeilaufe, stelle ich mir vor, wie sie hier ordentlich auf den Tisch ihrer Vorgesetzten haut und sich nichts bieten lässt in dieser Männerwelt.

Direkt um die Ecke der Staatsanwaltschaft, am sogenannten Wall, befindet sich die Bremer Stadtbibliothek. Vor ein paar Monaten waren Soumar und ich zusammen hier und haben ihm eine Karte ausstellen lassen. Seitdem ist Soumar erklärter Fan der Bücherei.

»Weißt du, ich liebe es, dass in der Stadtbibliothek immer so viele Menschen sind. Am laufenden Band sind Leute da. Man leiht sich Bücher, Musik oder Filme aus, liest, trinkt Kaffee ...«, erzählt er beinahe träumerisch auf der Treppe in Richtung DVD-Abteilung.

Ich schaue hinunter ins Erdgeschoss. In einem geräumigen Séparée hat die Bibliothek eine Lese-Sitzecke eingerichtet, zu der auch ein überdimensionales Schachspiel gehört, mit dem zwar niemand spielt, das aber die intellektuelle Aura der Lesenden an den kleinen Tischen wohlwollend verstärkt. Soumar ist hier Stammgast. Nicht in der Leseecke, aber in der Bibliothek an sich. Und das nicht nur, weil er sich kostenlos Bücher, Filme und CDs ausleihen kann, sondern auch, weil es ihm das Gefühl gibt, Teil der Stadt zu sein. Überhaupt ist er hin und weg vom kulturellen Angebot in Bremen, den Festivals, Theatern und Kinos. Ich hatte mir Damaskus immer als vielfältigen Kulturort vorgestellt, wo sich Intellektuelle in Cafés treffen und abends in irgendwelchen Off-Theatern systemkritische Stücke besuchen. Also hatte ich vermutet, dass sich Soumar im beschaulichen Bremen eher langweilt. Dem aber scheint nicht so.

»Wie war denn das kulturelle Leben in Damaskus, also vor dem Krieg?«, frage ich mit gedämpfter Bibliotheksstimme.

»Es gab alles. Theater, Konzerte und Kinos. Alles proppenvoll. Natürlich hat sich nicht jeder dafür interessiert, aber es gab auch einige, die eine wirkliche Leidenschaft dafür hatten, vor allem die, die die kleineren Theater besuchten. Als der Krieg ausbrach, haben die dann alle zugemacht. Die Leute, die Geld hatten, wollten es wohl sparen und nicht für so etwas wie Theater ausgeben. Und je länger der Krieg dauerte, desto mehr ist die Kulturszene von Damaskus in sich zusammengefallen.«

Soumar schaut sich um. Bücher und Menschen, soweit das Auge reicht. Er erzählt oft, wie schön und wie vielseitig Syrien vor dem Krieg war. Ich frage mich, ob er sich so eine gut besuchte und prall gefüllte Bibliothek anschauen kann, ohne daran zu denken, dass in seinem Land die meisten solcher Orte dem Krieg zum Opfer gefallen sind.

»Wenn man kulturelles Leben hat, Bücher und so, wenn man ohne Probleme an so etwas kommt, dann verändert das die Menschen«, philosophiert er. »Wenn man sich mit Kunst beschäftigt, dann lernt man, wie man mit anderen Menschen zusammenlebt. Und man bekommt auch etwas von der Kultur anderer Länder mit. Als es das noch gab in Damaskus, standen wir in gewisser Weise in Verbindung mit anderen Kulturen, auch mit der deutschen.«

Das triff zumindest auf die zu, die sich wirklich für Kultur interessieren. Das ist in Deutschland nicht anders. Allerdings benutzen wir den Begriff Kultur als Synonym für Kunst, was ein wenig in die Irre führt, da sie eigentlich das System an sich beschreibt. Politik, Wirtschaft, Recht, Bildung und eben auch die Kunst sind vor allem Werkzeuge der Kultur. Sie bieten Möglichkeiten, Einfluss auf sie zu nehmen. Somit geht Kulturinteresse weit über das Feuilleton hinaus. Vielmehr ist es ein Blick auf die Umstände als solche, wobei Sinn der Sache ist, einen Schritt zurückzutreten und die Dinge in ihrer Gesamtheit zu reflektieren. Natürlich läuft man dabei immer Gefahr, entweder in Verklärung oder in Pessimismus zu verfallen. Aber man beginnt, sich als Teil dieses Großen und Ganzen zu fühlen.

»Mit der Kunst versteht man sich selbst ein wenig besser«, erklärt Soumar. »Wenn man jeden Tag mehr oder weniger dasselbe tut, die ganze Routine halt, dann hinterfragt man das nicht mehr. Und wenn solche Probleme in einem Theaterstück oder Film thematisiert werden, dann sehe ich mich selbst von außen. Das geht in Syrien jetzt leider nicht mehr.«

Ich frage mich, ob Deutschland ein wirklich gutes Beispiel ist für ein Land, in dem die Kunst einen solchen Effekt auf die Menschen ausübt und ob das Gros der Menschen wirklich ins Theater geht, um sich selbst besser zu verstehen. Offenbar gehen in Deutschland überhaupt immer weniger Menschen ins Theater. Das zumindest liest man in den Kulturteilen der Zeitungen und hört man von den Kulturschaffenden des Landes. Dies wiederum ist Wasser auf die Mühlen derer, die als Kulturelite den Untergang der Kultur an sich schon seit Jahrzehnten, nein, seit Jahrhunderten prophezeien und die angesichts sinkender Besucherzahlen von ihrer Theaterkanzel aus mit gerümpfter Nase auf den kulturfernen Mob schauen, während sie auf der Bühne der Mutter Courage zujubeln.

»Findest du, dass die Deutschen das kulturelle Angebot wirklich in Anspruch nehmen?«, frage ich.

»Ihr Deutschen liebt Theater und Kino und Konzerte. Es gibt hier ein Riesenangebot, auch im Vergleich zu Syrien vor dem Krieg. Und die Leute sind wirklich interessiert. Ihr informiert euch über Stücke, ob die gut sind oder nicht, und redet darüber. In Syrien gab es eher die leichte Unterhaltung. Hier geht es um seriöse Kunst.«

Eine schmeichelhafte Diagnose, von der ich nicht weiß, inwieweit sie von Soumars Kriegserfahrungen beeinflusst ist. Wird man beim Anblick der Bremer Kulturwelt vielleicht nur optimistisch, weil man den Zerfall eines Landes in Echtzeit miterlebt hat? Oder entlarvt Soumar meinen Kulturpessimismus als elitäres Gemeckere auf hohem Niveau?

»Für Syrien wäre Kunst und Kultur gerade jetzt im Krieg sehr wichtig«, urteilt Soumar. »Die Menschen müssen doch irgendwie verstehen, was da mit ihnen passiert.«

Wir gehen an einem Meer aus Sprachführern und Wörterbüchern vorbei. An den Tischen zwischen den Regalen sitzen Schüler und Studenten, unter ihnen auch viele Nicht-Deutsche, die für ihren Sprachkurs pauken. Als wir in der DVD-Abteilung nach Filmen stöbern, blickt mir auf einmal Sabine Postel in die Augen. Wie es sich für eine Bremer Bibliothek gehört, steht eine Auswahl Bremer Tatorte für den Nutzer bereit. Das wäre doch etwas für einen gemütlichen Abend zu Hause. Orte wiedererkennen und Sachen sagen wie: »Ey! Da um die Ecke wohnt Annette!« oder »So schnell können die auf keinen Fall von Schwachhausen nach Findorff gekommen sein.«

Soumar ist skeptisch und erinnert mich daran, dass wir andere Pläne haben.

»Wir gehen doch ins Bayernzelt auf den Freimarkt.«

Das hatte ich verdrängt. Der Freimarkt ist Bremens großes Volksfest-Event. Fahrgeschäfte, Rosenschießen, Fressbuden und eben auch das Bayernzelt. Eigentlich habe ich meine Kirmeskarriere vor langer Zeit beendet. Und in einem Bayernzelt war ich auch noch nie. Weder im Ruhrpott, noch in Berlin, noch in Bayern selbst. Aber gut. Ich bin ja nur der Autor. Ich will schließlich Deutschland durch Soumars Augen sehen. Neue Dinge an meiner Heimat entdecken.

In der Hoffnung, dieses Oktoberfest vielleicht doch zu umgehen, überrede ich Soumar, den Tatort sicherheitshalber auszuleihen. Nur für den Fall.

Wir machen uns auf den Weg zurück ins Viertel. Währenddessen lasse ich mir Soumars Kulturdiagnose noch einmal durch den Kopf gehen. Was er beobachtet hat, stimmt ja. Es gibt viele Angebote, und die meisten Konzerte und Theaterstücke, die ich besuche, sind ausverkauft. Trotzdem weiß ich nicht, ob ich seine Euphorie so ohne Weiteres teilen kann. Und auch wenn die Deutschen dem kulturellen Angebot bestimmt nicht abgeneigt sind, heißt das noch lange nicht, dass das Konzept immer aufgeht. Ich war einmal mit Soumar in der Dauerausstellung des Bremer Übersee-Museums. Da sah es von innen aus wie in einem TUI-Exotik-Reisekatalog. Buschmänner und Kanus aus Baumstämmen, wilde Tiere, das pure Abenteuer. Die Botschaft schien zu sein: Der Kolonialismus war eine heitere Lustfahrt und der mutige Entdecker nichts weiter als ein stiller Beobachter, der sich in andächtiger Ehrfurcht vor den edlen Wilden an ihren bunten Federtrachten ergötzte. Dass die Entdecker auch brutale Eroberer waren, kam kaum zur Geltung. Ich hatte eigentlich erwartet, etwas über die Geschichte von Ländern zu lernen, deren Einwohner heute oft als Wirtschaftsflüchtlinge nach Deutschland kommen, weil sie in den ehemaligen Kolonien ein perspektivloses Dasein fristen. Weit gefehlt. Zumindest musste Soumar als Geflüchteter keinen Eintritt zahlen. Und ich hätte meine zehn Euro lieber Radio Bremen für einen neuen Tatort gespendet.

Vielleicht ist das Problem auch nicht, dass es zu wenig gibt, sondern zu viel, zumindest in bestimmten Landstrichen. In den Berliner Szenebezirken ist der öffentliche Raum zu einer Art Freiluft-Galerie geworden, in der man sich auf dem Weg zum Lidl schon wundert, wenn man nicht über irgendeine Installation oder Performance stolpert. Dabei soll Kunst im öffentlichen Raum primär mit Erwartungen brechen. Als ich einmal in Agadir zu Besuch bei einer Freundin war, habe ich festgestellt, dass es da gar nichts gibt. Keine Kinos, keine Theater, kein wirkliches Museum, nichts. Ich fand das inspirierend, eben weil es nicht die Kunst war, die meine Erwartungen gebrochen hat, sondern ihre Absenz. Ich dachte: Wow, was man hier alles machen *könnte*. Kunst im öffentlichen Raum soll unseren Alltag entroutinisieren, damit wir, so wie Soumar gesagt hat, ›uns selbst besser verstehen‹. Das funktioniert natürlich nicht, wenn die Kunst selbst zur Routine geworden ist. Vielleicht hat diese Leere in Agadir mich deswegen so berührt. Das aber natürlich auch nur, weil ich ansonsten von diesem immensen Kulturangebot Berlins profitiere oder zumindest profitiert habe.

»Warst du hier eigentlich mal im Theater?«, frage ich Soumar.

»Ich würde gerne gehen, aber dafür reicht mein Deutsch noch nicht. Ich würde einfach nichts verstehen und mich dann dumm fühlen.«

»Kenn ich. Das ist bei mir in Griechenland dasselbe. Theater ist einfach noch nicht möglich. Wo warst du denn? Also, was für Veranstaltungen hast du in Bremen mitgemacht?«

»Ich war auf einem Filmfestival.«

»Auf der Breminale?«

»Nein. Da, wo wir zusammen waren, wo wir diesen Film über die afghanische Rapperin gesehen haben.«

Das war in der Tat ein schönes Festival. Kleines Kino, eine gute Auswahl an Filmen und ein wirklich angenehmes Publikum. Vor der Vorführung gab es Kuchen und Sekt aufs Haus.

»Wusstest du, dass es auch eine Berlinale gibt?«

»Nein, nie gehört.«

Bremen als Filmhauptstadt der Republik. Soumar ist ein radikaler Lokalpatriot.

»Es ist ein sehr großes Festival in Berlin, wo auch Hollywoodstars hinkommen. Und warst du nicht auch auf diesem Konzert im Sommer?«

»Ja, im Bürgerpark bei Light, Night und Musik. Die haben klassische Musik gespielt, es gab eine Lichtshow und auch ein Feuerwerk. Es war der Wahnsinn. Tolle Musik! Alle Leute hatten Kerzen mit. Voll schön. Ich freue mich jetzt schon aufs nächste Jahr.«

»Wie ist es für dich, an so einer Veranstaltung teilzunehmen, wenn du daran denkst, dass es sowas in Syrien kaum noch oder gar nicht mehr gibt?«

»Es ist toll. Einfach, dass die Stadt das anbietet und dass so viele kommen. Ich habe mich richtig verbunden gefühlt mit den anderen im Publikum, einfach, weil wir uns zusammen von der Musik haben tragen lassen.«

»Meinst du, dass wir in Deutschland wissen, was uns hier kulturell geboten wird? Ich meine, es ist ja ständig um uns herum.«

»Ja. Ich glaube, dass die Deutschen sich darüber bewusst sind.«

»Woran merkst du das?«

»Einfach, weil die Menschen ständig darüber reden, sich gegenseitig einladen und darüber austauschen. Ich kenne hier Leute, die wirklich alles kennen. Und sogar die, die selbst nicht zu solchen Veranstaltungen gehen, wissen zumindest, dass sie stattfinden. Für Syrien würde ich mir sowas auch wünschen, also, dass sich die Leute mehr für Kino, Bücher, Theater und diese Sachen interessieren. Ich meine, die gibt es ja, aber es müssten mehr Leute aktiv am kulturellen Leben teilnehmen. Ich vertraue Menschen mehr, wenn ich sehe, dass sie sich viel mit Kultur auseinandersetzen. Ich glaube, dass sie dadurch irgendwie einen besseren Bezug zu ihrem Menschsein haben. Klar muss man auch in Klubs, tanzen und trinken und so, das gehört schon dazu, aber nicht nur.«

Wir bleiben an einem Kiosk stehen, wo sich Soumar Tabak kaufen will. Vor der Kasse stapelt sich das aktuelle Stadtmagazin. Abgebildet auf dem Cover ist das Bremer Tatortteam. Beide halten ein Lebkuchenherz in der Hand. Während Sabine Postel nur lächelt, beißt Oliver Mommsen beherzt neben die Zuckeraufschrift: ›Ischa Freimaak.‹ Ischa? FreimAAK? Sieht geschrieben aus, wie eine Mischung aus Sächsisch und Bayrisch klingen würde. ›Alles rund um das größte Volksfest im Norden‹, titelt das Magazin. Das wird also mein Abend. So viel zum Thema Kultur.

»Was gibt es denn heute in Damaskus, wenn die ganzen Theater zugemacht haben?«, frage ich Soumar, als wir weitergehen.

»Moscheen. Vor allem Moscheen.«

»In Deutschland wird an den Theatern gerade viel ›Nathan der Weise‹ von Lessing gespielt. Hast du davon schon mal gehört?«

»Nein. Sagt mir nichts.«

»Das Stück handelt vom Frieden zwischen Judentum, Christentum und Islam. Es geht darum, sich kritisch mit seiner Umwelt auseinanderzusetzen und nicht aus religiösem Übereifer in Hass zu verfallen.«

»Kritisch ist gut. Und politisch. Das war in Syrien immer schwierig. Bei euch ist alles voll davon.«

»Ja. Und wir haben so viel kritische Kunst, weil wir uns von der Kirche emanzipiert haben.«

Ich muss daran denken, was Soumar in der Bibliothek gesagt hat.

»Du meintest vorhin, dass die Kunst uns verbindet. Das stimmt. Man begreift sich eher als Teil der Menschheit. Und das auch, weil man im Theater sehen kann, dass viele Probleme und Fragen zeitlos sind. Die Konflikte, die wir in Stücken aus dem 16. oder 17. Jahrhundert sehen, oder aus der Antike, die haben wir heute auch noch. Guck dir allein die griechische Tragödie an.«

»Ja, das stimmt. Eigentlich ändert sich nichts. Das sieht man ja gerade in Syrien.«

»Ja. Und das ist tragisch, weil wir offensichtlich immer noch nicht gelernt haben, Lösungen für diese Konflikte zu finden. Auf der anderen Seite sieht man auch, dass es diese Konflikte und Fragen sind, die die Menschheit vereinen. Nicht Gott oder irgendetwas Mystisches verbindet uns, sondern Probleme und der Kampf, den wir jeden Tag zu kämpfen haben.«

Als Soumar seine Wohnungstür aufschließt, beginnt es bereits zu dämmern. Er legt seine Jacke ab und packt seinen Rucksack aus. Zwischen losen Papieren und einem Buch sehe ich die geliehenen DVDs.

»Wir treffen Annette später und gehen dann zusammmen zum Freimarkt«, erklärt Soumar.

Sabine Postel zwinkert mir vom Tisch entgegen. »Vergiss mich nicht«, ruft sie mir zu. Vielleicht wird ihn diese ganze Kulturdiskussion aus dem Konzept reißen und wir bleiben doch zu Hause.

»Kennst du das Wort Mitleid?«, frage ich. Natürlich meine ich den englischen Begriff und nicht das Konzept an sich.

Soumar überlegt.

»Mitleid ...? Nein.«

»Das bedeutet, dass man das Leid, das jemand empfindet, nachvollziehen kann.«

»Ah okay. Jemand leidet, nicht ich, aber ich verstehe, wie es ihm geht. Auf Arabisch heißt das ash-shafaga.«

»Wenn man sich ein Theaterstück anschaut, dann spielt dieses Mitleid eine große Rolle. Wenn der Held leidet, dann leide ich mit ihm und das soll einen reinigenden Effekt auf meine Seele haben. Das nennt man ›Katharsis‹. Lessing, der Autor, der auch ›Nathan der Weise‹ verfasst hat, hat darüber geschrieben. Die Idee kommt eigentlich von den alten Griechen und bedeutet so viel wie ›Reinigung‹. Für Lessing war aber vor allem wichtig, dass dieses Mitleid nicht im Theater bleibt, sondern dass man es mit dem Leben an sich in Bezug setzt. Er schreibt, dass das Theater den Menschen nur dann zu einem besseren Menschen machen kann, wenn er mit ALLEN mitfühlt und das Mitleid nicht nur zwischen ihm selbst und dem Helden eine Rolle spielt.«

Das zumindest ist die verkürzte Version.

»Ich frage mich aber, ob das wirklich zutrifft. Du hast ja selbst gesehen, wie viel Kultur wir haben, Theater, Filme und Dokumentationen, wo wir uns in die Situation anderer Menschen hineinversetzen müssen. Und trotz aller Bildung und Kultur in Deutschland wirst du immer noch gefragt, warum du nach Deutschland gekommen bist. Ich meine, da verbringt jemand den ganzen Tag in der Bibliothek und liest und schaut Theaterstücke und weiß trotzdem so wenig über das, was da draußen eigentlich los ist.«

»Ich weiß nicht, ob die Leute, die mir diese Fragen stellen, wirklich ins Theater gehen. Ich glaube auch, dass viele Leute mich sowas fragen, weil sie sonst nicht wissen, was sie eigentlich sagen sollen. Und was in Syrien passiert, ist anders als das, was auf der Bühne passiert. Von daher ist es sogar gut, wenn sie fragen.«

»Okay. Sie fragen, weil sie sich generell für dich interessieren und eine Unterhaltung beginnen wollen?«

»Ja, ich glaube schon. Am Anfang, als ich in Deutschland war, dachte ich, dass die Menschen doch Bescheid wissen müssen über diese Dinge. Für mich lag es auf der Hand. Aber dann habe ich verstanden, dass die Menschen hier über sehr viele Dinge nachdenken müssen. Nicht nur über Syrien. Was mich stört, sind nicht diese Fragen, sondern Verallgemeinerungen. Man glaubt, dass es in Syrien nur Moslems gibt oder dass von Marokko bis Pakistan alles gleich ist. Aber das ist es nicht. Überhaupt nicht. Ich weiß nicht mal, ob ich in Algerien oder Marokko leben könnte. Ich kenne diese Länder gar nicht. Ich sage auch deshalb immer, dass ich Syrer bin und kein Araber.«

»Genau das meine ich. Ich habe den Eindruck, dass wir trotz der ganzen Bildung und Kultur immer noch in dieser Blase leben. Wir haben uns oft über Konsum und Materialismus unterhalten. Und in jedem Theaterstück lernen wir, oder sollen wir lernen, auf die wesentlichen Dinge zu achten. Wir gehen also ins Theater und sehen: Liebt euch! Kein Krieg! Wir applaudieren und denken: ›Ich habe wirklich verstanden, was der Autor mir sagen wollte.‹ Und dann gehen wir in den Media Markt und kaufen irgendeinen Fernseher, den wir nicht brauchen. Ist das nicht absurd?«

»Natürlich. Aber das machen die Menschen doch immer. Das sind halt Massenbewegungen. Und das Problem mit Massenbewegungen ist, dass die meisten in der Masse keine Ahnung haben, warum sie sich in diese Richtung bewegen.«

Keine zwei Stunden später machen wir uns in Richtung Innenstadt auf. Wir treffen uns mit Annette zum Essen. Um ein wenig in Stimmung zu kommen, gehen wir danach in eine alte Bremer Rockerkneipe um die Ecke. Es ist dunkel und stickig. Von der Decke hängen Gitarren. Auf Nichtraucher nimmt man hier aus Überzeugung keine Rücksicht und macht auf einem Schild an der Tür auch direkt darauf aufmerksam. Der Zigarettenrauch von zwanzig Jahren dringt aus dem rustikalen Holz. Es herrscht allgemeine Biergemütlichkeit und ich sehe meine letzte Chance, den Kirmesabend zu umgehen. Doch Soumars Plan steht fest. Nach einer Stunde gepflegter Kneipengesellschaft drängt er zum Freimarkt, und auch Annette scheint nicht abgeneigt. Also ziehen wir los durch den Regen und die frühe Bremer Nacht in Richtung Bahnhof. Dieser ist rappelvoll mit Leuten. Bilder vom Kölner Karneval schießen mir durch den Kopf. Der einzige Unterschied ist, dass die besoffenen Leute hier keine Clowns- oder Indianerkostüme tragen und dass am Ende der Veranstaltung kein Nubbel die Schuld auf sich laden wird. Der Bremer trägt die Verantwortung für seine Sünden schon selbst. Das Volksfestgelände befindet sich hinter dem Bahnhof. Wir treten durch den hinteren Ausgang ins Freie. Vor unseren Augen erstreckt sich ein Lichtermeer aus Buden und Fahrgeschäften. Zwischen den kleinen Häuschen, Achterbahnen und Bierständen sind die vielen Menschen zu einer zähflüssigen Menschenmasse zusammengeschmolzen, die sich langsam durch das verzweigte Wegenetz frisst, vorbei an Glühwein, Nackenkoteletts, gebrannten Mandeln und Zuckerwatte. Alles erinnert an Endzeitprophezeiung, irgendeine Netflix-Serie über den Untergang der Menschheit. Ein ideales Tatortsetting.

Direkt neben uns steigen Menschen in den Panoramafahrstuhl eines riesigen Turms.

»Lass uns das machen. Da sieht man die ganze Stadt«, schlägt Soumar vor. Ich bin einmal im Gasometer in Oberhausen mit dem Glasfahrstuhl nach oben gefahren. Schon als sich das Ding in Bewegung gesetzt hatte, habe ich verstanden, dass ich das besser nicht getan hätte. Oben angekommen musste ich mich an der Wand entlang tasten. Ganze zwei Meter habe ich ausgehalten, dann bin ich zurück zum Fahrstuhl.

»Nee, auf keinen Fall. Das ist der Horror für mich.«

Soumar schaut mich ratlos an. Offensichtlich hat er mich waghalsiger eingeschätzt, aber, sorry, jedes Abenteuer kennt seine Grenzen. Diese testet Soumar auf dem Weg zum Bayernzelt am Kettenkarussell noch einmal aus, aber ich bleibe hart. Fahrgeschäfte sind einfach nichts für mich.

Als wir am Bayernzelt ankommen, frage ich mich, ob das Kettenkarussell nicht die bessere Alternative gewesen wäre. Ein Pulk Menschen klebt vor dem Eingang wie Insekten an Fliegenfängern. Security-Leute in billigen Uniformen versuchen dem großen Interesse am Inneren des Zeltes, aus dem die übliche Bumm-Bumm-Schlagermucke schallt, irgendwie Herr zu werden. Vor der Absperrung diskutiert die Vorhut der Bayernprivatpolizei mit der aufgeladenen Menge. Auf dem langen Balkon über dem Eingang reiht sich der protokollarische Dienst. Die Hände hinter dem Rücken verschränkt, überblicken sie die Masse aus der Vogelperspektive. Aus einem Lautsprecher fordert eine Frauenstimme die Besucher zu Ruhe und Ordnung auf.

»Bitte nicht drängeln! Bitte in einer Reihe aufstellen! So können wir niemanden ins Zelt lassen.«

»Klingt fast so, als ob wir da nicht reinkommen«, sage ich hoffnungsvoll zu Annette und Soumar.

Leider scheint die Drohung, niemanden mehr ins Zelt zu lassen, beim Pöbel auf offene Ohren zu stoßen. Wie von göttlicher Hand geleitet, formen sie Ordnung aus dem Chaos.

»Ich will jetzt wissen, ob die Soumar reinlassen«, sagt Annette kampfbereit. Also reihen wir uns ein. Von allen Seiten wird gedrängelt. Nach etwa zehn Minuten schaffen wir es einzeln vor die Security. Annette ist bereits drinnen. Während ein freundlicher Mann meine Tasche nach Waffen und – vor allem – Fremdalkohol durchsucht, sehe ich, wie Soumar drei Meter neben mir bereits mit dem Bayernzeltarmband dekoriert wird. Er hat es geschafft. Und ich auch. Endlich angekommen, entfaltet sich vor unseren Augen die ganze Pracht abendländischer Kultur. Das Durchschnittsalter liegt weit unter meinem eigenen. Bremer Teenager in Dirndln und Lederhosen stehen auf den Bierbänken; zumindest die, die es noch können. Wie in Ekstase begleiten sie textsicher deutsches Liedgut. Ehe ich mich versehe, drücke ich einem Kellner 30 Euro in die Hand und erhalte dafür drei Liter Bier in drei riesigen Gläsern. Wir stellen uns auf die Bank zu den anderen Zeltbesuchern. Mir gegenüber stehen Soumar und Annette, prosten mir zu und bewegen sich zum Takt der Musik. Neben ihnen kämpfen Bremer Oberstufenschüler gegen die Promille in ihren jungen Körpern. Soumar und der Kellner sind die einzigen Nicht-Deutschen in Sichtweite. Fremd aber erscheinen mir die knapp 3000 Bremer in Bayerntracht, die um uns herum einen Mords-Gaudi haben. Die Musik bringt die Massen so richtig in Wallung. Alle singen mit, die Buben und auch die jungen Madln: »Deine Freundin, die kann blasen, blasen, blasen.« »Deine Freundin ist so eng, eng, eng.« Hier werden ganze Jahrzehnte Emanzipation das Klo runtergespült. Dafür ist das nächste Stück kindergartengeeignet: »Und ich flieg, flieg, flieg wie ein Flieger, bin so stark, stark, stark wie ein Tiger, und so groß, groß, groß wie 'ne Giraffe, so hoch. Wooo.« Janoschs Traumstunde für Komasäufer.

Als ob der Text nicht verständlich genug wäre, begleitet die grölende Masse den Gesang mit den passenden Gesten. Beide Arme von sich gestreckt, symbolisiert der nach rechts und links wiegende Körper den Flieger. Neben mir stürzt ein etwa 16-jähriger Pseudobayer von der Bank. Um ihn rum sind seine Freunde gerade dabei, ihre Bizepse anzuspannen, passend zur Textzeile ›stark, stark, stark wie ein Tiger‹. Ich beobachte ein Mädchen am Nachbartisch dabei, wie sie für den Giraffenteil routiniert die Arme emporstreckt. So ist's scho recht. Erst als sie meinen Blick erwidert und mir fragend gestikuliert, was denn das Problem sei, fällt mir auf, dass ich nicht beobachte, sondern sie entgeistert anstarre. Peinlich berührt drehe ich mich um. Da ist er wieder, dieser Stock im Arsch. Annette und Soumar stehen mir gegenüber auf der Bank, die Hand in alter Bierzeltmanier abgestützt auf der Schulter des Trinkpartners und haben Spaß. Vielleicht ist es an der Zeit, mich für ein paar Stunden auf die Bierzeltkultur einzulassen, den Stock aus dem Arsch zu ziehen und mitzufeiern. Da hilft nur eins: ein tiefer Blick ins Glas. Und noch einer. Unerwarteterweise kommt mir die Band mit einem Klaus-Lage-Cover zu Hilfe. Zeit, mich in die grölende Menge einzureihen. Die ist auf einmal weniger textsicher und konzentriert sich darauf, das Gleichgewicht zu halten. Annette und ich sind naive Solisten, die ein junges Liebespaar besingen, das sich tausend Mal berührt hat, ohne dass überhaupt irgendwas passiert, während der verstummte Chor nach dem Oralsexlied erst einmal Pause macht.

Wir gehen nach draußen in den Raucher-Toiletten-Bereich. Auf dem Klo entdecke ich die dritte Nichtdeutsche neben Soumar und dem Kellner. Zwischen den wankenden Zeltbesuchern, die sich Mühe geben, ins Pissoir zu treffen, kämpft eine Afrikanerin um ein Mindestmaß an Sauberkeit. Als ich fertig bin, geselle ich mich zu Annette und Soumar. Wir rauchen eine Zigarette und ich frage mich, ob er deutsche Musik auch aus anderen Situationen kennt.

»Hörst du eigentlich manchmal, wenn du in Bremen unterwegs bist, deutsche Musik?«, frage ich Soumar.

»Nur im Radio.«

Ich erinnere mich, dass er mir von einer Sängerin erzählt hat, die in Syrien überall gespielt wird und die er auch in Bremen jeden Tag zum Aufstehen hört.

»Es gibt doch diese Sängerin in Syrien …«

»Ferouz!«, ruft Annette.

»Ja! Und du hast doch erzählt, dass jeder sie kennt und mitsingen kann.«

Als ich ihm erklären will, dass es in Deutschland eigentlich keine Musik gibt, die sich zeitlos über alle sozialen Klassen hinwegsetzt, unterbricht uns ein junger Mann, der sich nach Gesellschaft sehnt. Dass wir uns auf Englisch unterhalten, scheint sein Interesse noch zu steigern. Freundlich versucht er, sich vor unseren Augen auf den Beinen zu halten und dabei eine sinnvolle Konversation zu beginnen. Er behauptet, Englisch und Geografie zu studieren. Darauf folgen Liebesbekundungen an Bremen und die Information, dass er nächstes Jahr Abi macht. Ein Mann der Widersprüche.

»Ich bin halber Australier«, erklärt er auf Englisch mit starkem, deutschem Akzent. »Ich bin da aufgewachsen und mein Vater hat mich immer mit Surfen genommen. I love se söahf.«

Er erklärt, dass er dringend aus Deutschland weg wolle.

»Geh' doch«, ermuntert ihn Annette. »Du bist ja noch jung und kannst machen, was du willst.«

Davon lässt er sich nicht beeindrucken. »Ich will einfach weg hier.«

»Wie alt warst du, als du nach Deutschland gekommen bist?«, will ich wissen.

»Sechs Jahre«, antwortet er.

Er hat wohl früh mit dem Surfen angefangen. Sehr früh.

»Deutschland ist scheiße«, fährt er fort. »Der Staat kontrolliert alles! In Australien sind die Leute frei. Sey love se söahf!«

»Aber es ist wichtig, dass der Staat Kontrolle bewahrt. Das ist doch der Sinn des Ganzen. Sonst würde Chaos herrschen und jeder würde sich einfach nehmen, was er will«, kommt Soumar, selbst nicht mehr ganz nüchtern, der Bundesrepublik zu Hilfe.

Völlig versunken in seinen Gedanken ignoriert der junge Mann Soumars Einwand. Er sehnt sich nach der Freiheit Australiens, jenem Land, das Flüchtende auf einer kargen Insel ›untergebracht‹ hält, die 3000 Kilometer vor der Küste in der Südseesonne brutzelt. Jedem sein eigenes Paradies.

Plötzlich hört die Band auf zu spielen und wir werden aufgefordert, das Zelt zu verlassen. Bayerische Sperrstunde! Wie authentisch. Wir machen uns auf den Weg nach draußen. Am Hauptbahnhof verabschieden wir uns von Annette und machen uns auf Richtung Viertel.

»Also, das, was wir heute Abend gesehen haben, das ganze Mitgegröle und deutsche Musik, das ist nicht der Alltag. Nur in Bierzelten gibt es sowas.«

»Ja. Ich weiß. So jemanden wie Ferouz habt ihr nicht. Zumindest habe ich nie was von gehört.«

»Wunderst du dich nicht, warum das so ist?«

In Spanien habe ich zum ersten Mal erlebt, dass Leute in meinem Alter und jünger, Musik hören, die selbst ihre Eltern und Großeltern schon gehört haben. In Griechenland ist es auch so.

»Ich meine, wir haben in Deutschland nur diese Bierzeltmucke oder dann halt Schubert, Bach und Beethoven, also klassische Musik. Entweder ganz elitär oder Pöbel. Aber wir haben eben nicht diese generationenübergreifende Musik, mit der jeder was anfangen kann.« Wie melodramatisch – und irreführend. Als ob es außerhalb des Bierzelts keine gute Musik gäbe. Anstatt Soumar in das Facettenreichtum der deutschen Musik einzuführen, wiederhole ich einfach ganz plakativ irgendwelche elitären Vorurteile.

»Ist mir aufgefallen, aber ich weiß nicht, warum das so ist. Ich höre viel Musik aus den 70er- und 80er-Jahren. Auch in Deutschland. Mich hat mal jemand gefragt, ob ich ein alter Mann sei, weil ich diese Musik mag. Ich wollte von ihm wissen, ob es Musik in Deutschland gibt, die alle hören oder mit der zumindest niemand ein Problem hat. Ich meine, es gibt auch in Syrien Leute, die Ferouz hassen. Aber wenn man so jemanden trifft, dann fragt man: ›Was ist los mit dir? Sie ist großartig.‹«

»In Deutschland haben wir so eine Musik nicht.«

»Ich dachte, dass die CD, die du mir geschenkt hast ... wie heißt er noch?«

»Thomas Quasthoff?«

Er meint die Winterreise von Schubert. Die habe ich ihm mal aus Hamburg mitgebracht.

»Ja, die, ich dachte, das wäre so eine Musik. Aber den kannte niemand von den Leuten, die ich gefragt habe.«

»Ist halt klassische Musik und dann noch gesungen. Das ist nicht jedermanns Sache. Die Deutschen hatten mal so eine Musik, mit der viele etwas anfangen konnten. In den 20er-Jahren zum Beispiel gab es eine große Chanson-Kultur, die sich wirklich mit ihrer Zeit auseinandergesetzt hat. Dann kam Hitler und hat bestimmt, was Kunst ist und was nicht. Bücher wurden verbrannt, Künstler umgebracht; alles, was der Islamische Staat gerade in Syrien versucht. Es ging nur noch um die deutsche Rasse. Und natürlich gab es auch nach Hitler immer deutsche Musik. Direkt nach dem Krieg vor allem seichte Schlager. Die Leute wollten vergessen und sich nicht auseinandersetzen. Erst die 68er haben etwas bewegt und sich international orientiert. Jazz, Blues, Rock, Chanson und diese ganzen Sachen. Das war wichtig und hat die deutsche Musikkultur für andere Stilrichtungen geöffnet.«

Und es gab auch Hildegard Knef. Und Ton Steine Scherben oder die Einstürzenden Neubauten. Es gab Westernhagen und Grönemeyer, die Ärzte, die Fantastischen Vier und viele Musiker, die ganz bewusst auf Deutsch gesungen haben. Das aber war immer die Musik einer Zeit, Ausdruck eines bestimmten Lebensgefühls von Menschen einer Epoche, die sich durch eben diese Musik definiert hat. Die generationsübergreifende ›Volksmusik‹, die in Deutschland einen schlechten Ruf hat, in anderen Ländern aber, selbst in Frankreich oder Schweden, einen anderen Stellenwert genießt, haben wir im Zuge des Faschismus verloren.

Wir machen einen kurzen Halt in einer kleinen Kneipe. Vor der Theke drängelt sich eine Handvoll Bayernzeltbesucher, die nach der frühen Sperrstunde noch nicht nach Hause wollen. Aus den Lautsprechern tönt entspannte Elektromusik. Wir trinken einen kleinen Schnaps und machen uns dann auf den Heimweg.

»Ich glaube, dass es für viele Menschen in Deutschland nicht einfach ist, deutsche Musik zu hören«, schließe ich aus meinem kleinen, subjektiven Vortrag zur deutschen Musikgeschichte. »Erstens, weil man es nicht gewohnt ist, Deutsch gesungen zu hören, aber auch, weil es beim Singen ja ums Gefühl geht und man Angst hat, sich emotional auf die Sprache einzulassen. Irgendwie will man zeigen, dass man keinen Millimeter mehr in dieser Nazi-Ideologie steckt. Wir haben auch Angst vor dem Vorurteil, dass wir nicht gut sind mit Fremdsprachen. Dabei sprechen die meisten inzwischen eine oder sogar zwei Fremdsprachen. Und jetzt reden wir mit Erasmus-Studenten ständig auf Englisch und Spanisch, obwohl die Deutsch lernen wollen, nur um zu zeigen: ›Ich bin kein Nazi! Ich spreche deine Sprache. Ich bin Weltbürger.‹ Bei einigen ist das so stark, dass sie vergessen haben, dass sie immer noch Deutsche sind. Sie schämen sich einfach. Ich meine, sie können noch so viel spanische Musik, amerikanische Musik oder die Musik von indigenen Stämmen aus dem venezolanischen Dschungel hören und sie sind immer noch deutsch. Es gibt immer diese Angst, dass wir wieder faschistisch werden. Und wir vergessen, dass es eigentlich etwas Gutes ist, wenn man eine eigene Musik hat, die generationsübergreifend ist.«

»Ja. Man wird kein Faschist, nur weil man Musik hört.«

»Genau. Vielleicht wird man eher Faschist, weil man keine Musik hört. Ich liebe es in Griechenland, wenn die Leute einfach die Gitarre oder ihre Bouzouki rausholen und alle singen mit. In Deutschland passiert das selten.«

»Nein. Nicht so wie im Süden.«

»Weil wir diesen Stock im Arsch haben.«

»... und man Angst hat, sich lächerlich zu machen.«

»Ja. In diesen Mitsing-Situationen in Griechenland fühle ich mich immer richtig Deutsch. Selbst wenn ich das Lied kennen würde, würde ich nicht mitsingen. Das ist mein Deutschsein. Ich glaube, wir diskutieren und reden lieber. Und da kennen wir dann keine Scham. Musik funktioniert halt anders. Da muss man mehr Gefühl zeigen. Da sind wir vorsichtig.«

»Ich rede und diskutiere auch gerne, aber ich würde sofort mitsingen. Das ist meine Natur. Man fühlt sich dann mit allen verbunden, selbst wenn man sie nicht kennt.«

»Ja. Und anders, als wenn man sich nur etwas zusammen anschaut, wie du von dem Konzert im Bürgerpark erzählt hast. Das ist auch wichtig, darüber zu reden und sich gemeinsam auseinanderzusetzen. Aber das ist passiv. Wenn man singt, wird man auf andere Weise verbunden. Es ist deine Stimme mit vielen anderen Stimmen, die den Raum ausfüllt.«

»Ich meine, ich würde jetzt nicht in der Oper mitsingen. Die würden mich sofort rausschmeißen. Aber in so einem kleinen Restaurant irgendwo, in einer Kneipe, wie im Süden auf jeden Fall.«

»Und heute hast du ja gesehen, dass Deutsche auch manchmal mitsingen. Und es gibt nicht nur diese perversen Schlager. Viele alte Leute hören Volksmusik, so zum Mitsingen und Schunkeln, also wenn man sich einhakt und dann mit der Musik mitschwingt. Aber das ist keine Musik wie in Spanien oder Griechenland, in der es um Politik geht und gesellschaftliches Aufbegehren. Wenn man das mitsingt, wird man zu einem Teil von etwas, von einer Bewegung und einem kollektiven Aufbegehren. Man drückt seine Freiheit aus. Die Musik in Deutschland ist eher zur Unterhaltung gedacht. Da sitzt man rum und schunkelt, drückt aber nichts aus. Das ist Trinken und Amüsement, keine politische Stellungnahme oder sozialer Aufschrei.«

Das ist natürlich auch schon wieder so eine Stock-im-Arsch-Analyse. Wenn jemand diese Musik mag, dann mag er sie halt. Und dann hat sie auch Bedeutung, zumindest für diese Person. Nur weil ich lieber Schubert höre, heißt das nicht, dass ich mir über Volksmusik ein Urteil erlauben darf. Das wäre gegen jedes Prinzip von Freiheit. Und wenn irgendeine Frau auf ›Herzilein‹ von den Wildecker Herzbuben abfährt, dann erinnert es sie vielleicht daran, wie sie ihren Mann kennengelernt hat. Dann ist sie wirklich gerührt und das Stück hat eine tiefe Bedeutung für sie. Da habe ich nicht dazustehen und zu sagen »Das ist niveaulos«.

Zurück in Soumars Wohnung setzen wir uns für ein Gute-Nacht-Bier ins Wohnzimmer. Vom Tisch aus wirft mir Sabine Postel einen enttäuschten Blick zu. Sie ist sauer, dass ich mit einer Bierfahne nach Hause komme und mich lieber von einem Syrer ins Bierzelt ziehen lasse, anstatt ihn in die Welt des Tatorts einzuführen. Ich entscheide, sie zu ignorieren und frage Soumar nach der Schubert-CD.

»Kanntest du die Musik vorher? Also die Winterreise, die ich dir geschenkt habe?«

»Nein, zum ersten Mal gehört.«

»Fandest du sie nicht komisch?«

»Komisch? Nein. Ich mochte sie, aber ich kannte sie halt nicht.«

»Hört sich das Deutsch an für dich?«

Soumar schaut verwirrt hinter seiner Bierflasche vor.

»Na ja, schon. Weil er auf Deutsch singt.«

»Das meine ich nicht. Ich meine die Musik.«

»Das kann ich nicht sagen. Ich weiß nicht, wie der deutsche Stil ist.«

»Auf jeden Fall ist es nicht syrisch.«

»Nein, syrisch ist es nicht.«

»Was ist der Unterschied zwischen deutscher und syrischer Musik?«

»Die Art einfach. Orientalische Musik ist anders.«

»Ja. Schon klar. Ich will keine Analyse von dir haben. Mich interessiert, wie sich die Musik für dich anfühlt. Mit der syrischen Musik hast du eine Verbindung. Du bist damit aufgewachsen.«

»Ja. Und meistens ist die Musik mit irgendwas verbunden. Mit einer Person, einem Ort oder irgendeiner Situation. Mit irgendwas, was aus meinem Leben kommt. Schubert verbinde ich mit dir. Du hast mir die CD gegeben und ich mag sie. Aber es gibt keine Handlungen oder so, die ich mit der Musik assoziiere. Wie mit Ferouz. Jeder kennt sie und die Musik läuft überall.«

»Bewegt dich die Schubertmusik? Es ist eine traurige Geschichte, in der der Protagonist zum Schluss stirbt, weil er vor einer unmöglichen Liebe flüchtet. Die Musik reflektiert das. Hörst du das?«

»Ich konnte diese Traurigkeit nicht so richtig fühlen, also, ich konnte das schon hören, dass es nicht super glücklich ist, aber ich fühlte mich eher entspannt. Es hat sich gut angefühlt.«

Für heute reicht es. Egal welche Musik. Immerhin war alles dabei: Classic Rock in der Kneipe, perverse Schlager und Klaus Lage im Bayernzelt, Elektro auf dem Heimweg und Schubert in Gedanken. Und Sabine Postel muss sich gedulden. Die Bibliothek rennt ja nicht weg. Und manchmal ist ein Abend mit falschen Bayern aufschlussreicher als 90 Minuten auf der Couch.

BESUCH IN EINER ART HEIMAT

»Ich bin aufgeregt«, schreibt mir Soumar auf Facebook. Es ist November. In Deutschland hat der erste Frost eingesetzt, in Schleswig-Holstein ist die Vogelgrippe ausgebrochen und in Griechenland hofft man mal wieder darauf, dass Deutschland in punkto Schuldenschnitt endlich einlenkt. Soumars Aufregung aber hat mit alldem nichts zu tun. Vor ein paar Wochen lag ein Brief in seinem Briefkasten, auf den er lange gewartet hat. Darin stand, ganz offiziell, dass seinem Asylantrag stattgegeben wurde und er nun drei Jahre in Deutschland bleiben darf. Das bedeutet, dass er sich mit einem Reisedokument der Bundesrepublik im Schengen-Raum frei bewegen darf. Zeit also für eine Reise nach Thessaloniki. Nachdem er mir in den letzten 11 Monaten insgesamt siebenmal Obdach gewährt hat, kann ich mich endlich revanchieren. In diesen elf Monaten bin ich mit aller Umsteigerei in 18 Flugzeuge gestiegen, die mich von, über und nach Thessaloniki, Athen, Hamburg und Bremen transportiert haben. Für mich ist das Routine, meistens eine mühselige. Für Soumar ist es das erste Mal seit seiner Flucht aus Syrien, dass er überhaupt fliegen darf. In Syrien ist er drei-, viermal zwischen Damaskus und Aleppo hin- und hergeflogen und dann ein letztes Mal von Beirut nach Izmir. Dann kam die Flucht nach Europa, was ihn in punkto Pass zu einer Persona non grata gemacht hat, zumindest für Luftfahrtunternehmen. Jetzt wird Soumar in Hamburg in ein Flugzeug steigen, fast wie ein ganz normaler Bürger der westlichen Welt, nach Athen fliegen, dort umsteigen, um dann nach Thessaloniki weiterzureisen. Für die Strecke von Athen nach Bremen hat er als Flüchtender im Sommer 2015 ganze zehn Tage gebraucht und knapp 2000 Euro ausgegeben. Der Flug von Hamburg nach Athen dauert keine drei Stunden und hat mich etwa 100 Euro gekostet.

Auch ich bin aufgeregt. Zum einen, weil ich mich freue, dass Soumar reisen darf und ich die Gelegenheit bekomme, ihm mein Zuhause zu zeigen, und zum anderen, weil er eben doch nicht so richtig Bürger der westlichen Welt ist und ich mir Sorgen mache, dass irgendein Athener Grenzschutzbeamter dem Braten nicht traut, Soumar am Flughafen festhält und so der Weiterreise nach Thessaloniki ein jähes Ende setzt. Also habe ich ihm eine Einladung geschrieben und mir Mühe gegeben, ihr einen offiziellen Klang zu geben. Vor keinem Gericht würde ich damit durchkommen, aber ich setze auf die Kraft der Symbolik. Vor allem habe ich Freunden in Athen Bescheid gesagt, die mit Flüchtenden arbeiten, den Umgang mit Behörden gewohnt sind und für den Notfall bereitstehen.

Gegen 17.30 Uhr griechischer Zeit erhalte ich die Nachricht, dass er in Athen angekommen ist und niemand ihn kontrolliert hat. Gegen 21.00 Uhr die nächste Nachricht, dass sein Flieger nach Thessaloniki zum Abflug bereit ist. Keine 20 Minuten später sitze ich im Auto und fahre zum Flughafen, der seit etwa einem Jahr übrigens im Besitz der deutschen Fraport ist, die diesen und 13 weitere griechische Regionalflughäfen zum Geiz-ist-geil-Preis sowie zu Konditionen erworben hat, die dem Unternehmen besonders steuerarme und lukrative Geschäfte versprechen. Gegen 22.20 Uhr geht die Tür zum Sicherheitsbereich auf. Zwischen den vielen Geschäftsleuten, die von ihren Dienstreisen nach Hause kommen, läuft Soumar, etwa zwei Köpfe kleiner als alle um ihn herum, aber stilecht mit Rollkoffer, frisch rasiert und glücklich. Mir fällt ein Stein vom Herzen.

»Hat dich niemand kontrolliert?«, frage ich ihn auf dem Weg zum Auto.

»Nee. Alles lief glatt. In Athen hat mich eine Frau auf Griechisch angesprochen. Ich habe ihr dann auf Englisch erklärt, dass ich kein Grieche bin. Sie hat dann trotzdem weiter Griechisch gesprochen.«

Daran hatte ich gar nicht gedacht. Soumar verschwindet mit seiner Südländerphysiognomie faktisch unter den Griechen. Wahrscheinlich hat die Frau ihn für einen Landsmann mit persischen Vorfahren gehalten. Davon gibt es viele in Griechenland. Überhaupt fallen Geflüchtete hier anders auf als in Deutschland, nur durch ihre Kleidung und ihre Armut. Über den Landweg sind Syrien und Griechenland nur durch die Türkei getrennt. Zypern liegt vis-à-vis der syrischen Mittelmeerküste. Keine Distanzen, die Gewohntes von Exotischem trennen.

»Es war kalt hier die letzten Tage«, erkläre ich. »Ist es wärmer als in Deutschland?«

»Viel wärmer! In Athen stand ich die ganze Zeit vor dem Flughafen und habe eine Zigarette nach der anderen geraucht.«

Offensichtlich hat er sich an die deutsche Version von Wärme gewöhnt und hält die 12 Grad Außentemperatur wirklich für angenehm. Ich für meinen Teil friere.

Zu Hause gibt es ein freudiges Wiedersehen. Die Begrüßung zwischen Soumar, der sich nichts sehnlicher wünscht als einen Hund, und Nondas, meinem griechischen Schäferhundmischling, der Soumar vor über einem Jahr aus der Menge gefischt hatte, dauert seine Zeit. Wir bestellen Gyros und stoßen mit Mythos-Bier auf die Reise an. Vor uns liegen drei Tage in Thessaloniki und ein Tag in Athen. Soumar ist zurück im Süden. Nur etwa 1400 Kilometer trennen ihn von seiner Familie. Das ist weniger als die Strecke von Bremen nach Barcelona.

Am nächsten Morgen machen wir uns auf ins Zentrum. Ich zeige ihm das Atatürk-Haus, bevor wir rechts in Richtung Rotonda abbiegen, einem Bau aus römischen Zeiten, der im dritten Jahrhundert nach Christus errichtet wurde und sowohl als Kultstätte für antike Götter als auch als Moschee und christliche Kirche genutzt wurde. Der Bau gilt – laut Wikipedia – als älteste, noch betriebene Kirche der Welt. Soumar aber interessiert sich für ganz andere Sachen.

»Das ist original Latakia!«

Latakia ist eine Stadt an der syrischen Mittelmeerküste. Dort und in Tartuz hat er große Teile seines Lebens verbracht.

»Alles, wirklich alles! Man kann das Meer in der Luft spüren, die Gebäude, die Cafés!«

Tja, Bremen, du magst den Schlüssel zur Welt haben, aber mit Latakia kannst du nicht mithalten. Am Aristoteles-Platz will ich ihm eine Freundin vorstellen, die dort Mitbesitzerin eines kleinen, aber gut sortierten Plattenladens ist. ›Stereodisc‹ ist die Anlaufstelle der Stadt für Musikkenner, und wenn Mema morgens da ist, dann ist auch Ziggy bei ihr, ein kleiner schwarzer Mischling, der alleine Gassi geht. Aus dem kurzen Besuch werden vier Stunden mit Kaffee, Zigaretten und langen Gesprächen. Die Art, wie sie miteinander reden, lässt erahnen, dass Griechenland und Syrien eine gemeinsame Geschichte haben. Soumar erzählt einen alten Witz, den Mema in einer anderen Version kennt. Als es ums Essen geht, reden beide von denselben Gerichten und sprechen lediglich den Namen anders aus. Es ist schön, Soumar in dieser Situation zu sehen, als offenen, weltgewandten Menschen, der immer irgendeinen Draht zu anderen findet, den die Gesellschaft von Fremden glücklich macht und der selbst als Fremder nie fremd wirkt. Wir laufen am Meer entlang zurück. Wie meistens versteckt sich der Olymp und die gegenüberliegende Küste des thermaischen Golfs im Nebel, sodass man meinen könnte, Thessaloniki läge am offenen Meer. Die untergehende Sonne legt den Golf und die Stadt in ein milchiges Sepia. Matt scheint sie durch die Wolken hindurch und hinterlässt nur an wenigen Stellen auf dem Wasser helle Lichtinseln.

»Kennst du dieses Licht?«, frage ich Soumar.

»Ja, das kenne ich sehr gut«, antwortet er nachdenklich.

»Woher?«

»Aus meiner Heimat. Aus Syrien.«

Als wir nach Hause kommen, ist es bereits dunkel. Wir gehen mit dem Hund spazieren und ich zeige Soumar die Nachbarschaft. Später gibt es persisches Essen. Den Rest des Abends verbringen Nondas und Soumar quasi allein. Beide scheinen eine ähnliche Vorstellung von Abendplanung zu haben. Man kämpft um einen schwarzen Gummiknochen und rennt durch die Wohnung. Soumar lässt nachts seine Zimmertür auf und Nondas gesellt sich zu ihm. Hallo Bremen: Dieser Syrer braucht dringend einen Hund. Kümmert euch!

Der zweite Tag wird weniger entspannt. Schließlich ist Soumar nicht einfach im Urlaub, sondern auf einer Art Dienstreise. Für das Buch stehen noch wichtige Interviews an. Um nach Thessaloniki reisen zu dürfen, musste er sich beim Jobcenter in Bremen freinehmen, denn wenn ein Hartz-IV-Empfänger an Werktagen ohne Genehmigung die Stadt verlässt, kann das Amt den Bewilligungsbescheid wieder aufheben.

Nach dem Frühstück machen wir uns auf den Weg in die Stadt. Ich will mehr darüber erfahren, warum Griechenland ihn an seine Heimat erinnert.

»Erklär mal, was dir hier alles vertraut erscheint«, bitte ich ihn.

»Als Allererstes die Leute. Diese Leute habe ich 29 Jahre jeden Tag gesehen, diesen Typus Mensch aus dem Nahen Osten. Den ganzen Tag. Wenn wir in Syrien Westeuropäer gesehen haben, war das immer exotisch.«

»Und hier ist Atatürks Geburtshaus, da, wo wir gestern schon vorbeigelaufen sind. Was denkst du?«

Soumar verzieht sein Gesicht zu einer fragenden, kritischen Grimasse.

»Keine Ahnung.«

»Zeigt zumindest, dass wir nicht in Berlin oder Bremen sind.«

»Ja, das schon«, antwortet er, wohl eher aus Gefälligkeit. Für mich sind das Atatürk-Haus und die Busse mit den türkischen Touristen, die hier jeden Tag durchgeschleust werden, immer mit ein wenig Heimatgefühl verbunden. Dann höre ich Türkisch und denke an Kreuzberg und das Ruhrgebiet. Soumar, der zwar hin und weg war von Istanbul, hat in der Türkei weniger gute Erfahrungen gemacht. Menschenschmuggler, Betrug, Würdelosigkeit und Misshandlung durch die Polizei. Verständlich also, dass wir das Gebäude mit unterschiedlichen Augen betrachten.

Wir laufen über die Agios-Dimitrios-Straße in Richtung Basilika. Hier gibt es eigentlich nichts Besonderes zu sehen. Die Straße ist eine Art Lebensader zwischen den Wohnvierteln im nördlichen Zentrum und den südlichen Ausläufern der Hochstadt. Es gibt kleine Bäckereien, Cafés, eine Handvoll Supermärkte, Blumenläden und Grillstuben. Es ist eine Straße, die zum Leben gedacht ist und nicht zum Staunen.

»Was fällt dir ein, wenn du Thessaloniki mit Bremen vergleichst?«

Soumar schaut sich um.

»Hmmm ... schwierig.«

Wir laufen an einem dieser Läden vorbei, die ich auch vom Kottbusser Damm in Neukölln kenne. Man bekommt hier alles – vom Staubwedel über Batterien, Fußmatten, Papier, bunten Glühbirnen bis zu Klodeckeln mit Airbrushtigeraufdruck. Die Waren stapeln sich bis zur Straße und lassen dem Fußgänger nur eine enge Gasse zum Durchgehen.

»In Bremen vermisse ich sowas hier«, sagt er und zeigt auf den Krimskrams um uns herum. »Das haben wir in Syrien überall.«

»Also Läden, wo du alles mögliche Zeugs kaufen kannst?«

»Genau. Und dass man den halben Bürgersteig vollstellt. Das gibt es in Bremen nicht.«

»Und das vermisst du?«

»Nicht wirklich. Es gehört halt nicht zu Bremen.«

Oft weiß man nicht, was man vermisst, denke ich, oder versteht es erst, wenn man es nach einer langen Zeit wiederentdeckt, so wie ein Lieblingshemd, das irgendwo im Schrank verschwunden war und das einem beim Ausmisten zufällig in die Hände fällt.

»In Bremen würde niemand den Bürgersteig so zustellen, dass du auf die Straße ausweichen musst. Dem Ladenbesitzer hier ist das egal. In Deutschland machen sich Leute Gedanken über so was, manchmal schon übertrieben. Weißt du, in Bremen muss ich mir beim Radfahren keine Gedanken machen. Wenn die Ampel grün ist, dann kommt auch niemand von rechts oder links und fährt dich um. Alle Leute halten an und ich weiß das. Das ist nicht überall so.«

»Genau. Hier solltest du das lieber nicht ausprobieren«, rate ich jemandem, der sich gerade nicht so wirklich bewusst ist, ob er durch Thessaloniki oder durch Latakia läuft. Die Stadt ruft Erinnerungen in ihm wach, die ganz tief sitzen. Schon gestern ist mir aufgefallen, dass Soumar ›hier‹ sagt und eigentlich ›Syrien‹ meint. Ein wenig wie meine ersten Tage in Bremen. Das Vertraute schimmert durch das Fremde.

»Bis vor Kurzem habe ich automatisch angehalten, wenn ein Auto kam, egal ob bei Rot oder Grün. Einmal haben wir beide angehalten und der Fahrer hat komisch geguckt. Jetzt langsam habe ich Vertrauen.«

»Warum erinnert dich Thessaloniki eigentlich so konkret an Latakia?«

»Es ist halt so ähnlich. Überall. Die Stadt ist am Meer, hat aber auch Berge. Deutschland ist flach und grün, da sieht man ewig weit.« – Sagt der Syrer aus Bremen, dem mitten im Thessaloniker Verkehrschaos auf einmal auffällt, wie Ordnung und Regeln die Bundesrepublik fest im Griff haben.

»Das ganze Leben hier erinnert mich an Latakia. Schau mal, jetzt ist rot und alle Leute gehen über die Straße. Wenn man das in Deutschland machen würde, würden alle sagen: ›Guck dir die Trottel an.‹ Und die Gebäude, selbst die Farben. Das ist in Latakia quasi gleich. Überall Balkone. Keine Straßenbahn. Die Gasflaschen überall. Diese Kabel zwischen den Gebäuden, mit denen man irgendwo Strom anzapft und die sich zu komplexen Netzwerken zusammenfügen.«

Wir sind inzwischen rechts abgebogen. Die Autos parken auf dem Bürgersteig und in der Tat baumelt über unseren Köpfen eine riesige Traube aus dicken, schwarzen Kabeln. Hinter uns will ein Auto vorbei und wir weichen zur Seite aus.«

»Der denkt jetzt auf jeden Fall, dass wir Arschlöcher sind, weil wir auf der Straße laufen«, interpretiert Soumar. Nach ein paar Metern bleibt er stehen und atmet tief ein.

»Fühlst du das Salz in der Luft?«, fragt er.

»Ja. Und die Luftfeuchtigkeit. In Thessaloniki redet man die ganze Zeit darüber. Auf Griechisch heißt das υγρασία. Quasi das Wasser in der Luft.«

»Genau, man kann das Meer spüren. Da fühle ich mich sofort an Latakia oder Tartuz erinnert. Jedes Mal, wenn ich aus dem klimatisierten Bus gestiegen bin, hat mich das überrollt, diese heiße, salzige Luft, und man beginnt zu schwitzen.«

»Verursacht dir diese Luft gerade ein wenig Heimweh?«

»Ja. Ein wenig. Wegen dieser Sachen. Aber ich sehne mich auch nach dem Wetter in Bremen.«

Soumar ist der erste Südländer, dem ich begegne, der sich nicht über das deutsche, speziell über das nasskalte norddeutsche Wetter beschwert.

»Da ist es kühl, ganz frisch. Wenn man morgens die Fenster öffnet, fühlt man die frische Luft in den Lungen. Hier hat man dieses Gefühl nicht. Diese Schwüle ist nur auszuhalten, wenn man am Strand ist«, sagt er und klingt original wie ein Thessaloniker im Sommer.

»Guck mal, das ist der alte römische Markt«, sage ich und zeige auf das Amphitheater und die Ausgrabungen der vielen, kleinen Geschäfte.

»Ah! Da, wo sie die Sklaven getötet haben«, lacht Soumar.

»Nein. Nur verkauft. Schau, da wurde Essen verkauft, da gab es Wein, direkt daneben feinste Tongefäße und gegenüber halt Sklaven. Und dann hat man denen in den Mund geschaut, um zu sehen, ob sie gute Zähne haben. Na ja, niemand damals hatte gute Zähne.«

»Nur im Film. Da haben auch die Römer strahlend weiße Zähne und gebügelte Anziehsachen.«

»Genau. Dann sind sie schön sexy.«

»Und immer frisch rasiert.«

»Das kommt auf den jeweiligen Stil an. Gerade ist Gesichtshaar in, also haben die Hollywood-Römer auch Bart.«

Beim Anblick der antiken Ausgrabungen um uns herum muss ich daran denken, dass auch Syrien voll ist von solchen Dingen.

»Wie fühlst du dich, wenn du diese alten Ruinen siehst? Ich meine, in Bremen gibt es die Domsheide und den Marktplatz. Wunderschön, ohne Frage. Aber hier gibt es diese ganzen Ausgrabungen aus der Antike, die einfach mal 2000 Jahre alt sind. Erinnert dich das an Syrien?«

»Klar. Auf solchen Straßen bin ich jeden Tag gelaufen.«

»Wie ist es, wenn man in einem Land aufwächst, wo man jeden Tag mit der Antike konfrontiert wird? Diesen Gebäuden und so?«

»Ich denke dabei an die Menschen, die da gewohnt haben. Die lassen irgendwas von sich zurück. Und sie hatten auf ihre Art ein funktionierendes System. Das finde ich beeindruckend.«

Ich kann das nachvollziehen. Ich laufe jeden Tag an diesen Mauern vorbei und irgendwas verändert diese Routine in mir. Als Tourist ist es anders. Da guckt man sich ein Museum und eine Ausgrabungsstätte nach der anderen an. Dann denkt man an die Bilder, die man aus der Schule kennt, von athletischen Männern und Frauen in weißen Umhängen, die Tonkrüge mit sich rumschleppen und meistens auf dem Weg ins Theater sind. Wenn diese Ausgrabungen zum Alltag gehören, ist das anders. Dann fragt man sich, was die sonst so gemacht haben, außer sich auf dem Marktplatz den neuesten Sophokles anzugucken. Man wundert sich, wie die Straßen, auf denen man täglich im Verkehr feststeckt, wohl vor 2000 Jahren ausgesehen haben, und man bekommt einen anderen Bezug zu Konzepten wie Beständigkeit und Vergänglichkeit. Wenn man durch Thessaloniki läuft, dann läuft man durch die Ruinen von ehemaligen Weltreichen, die alle untergegangen sind.

Wir biegen ab in den Bit Bazaar, den alten türkischen Markt, der tagsüber als letzter, unorganisierter Flohmarkt der Stadt fungiert. Abends gibt es hier Restaurants und Bars, immer brechend voll. Jetzt stehen überall Händler und bieten alte Messingkannen, Aschenbecher, Bilder, Aufladekabel fürs Handy, Retro-Föhne oder Bücher an.

»Sag nichts, Soumar, das habt ihr in Syrien auch.«

»Aber hallo. Überall. Und jeden Tag!«

»In Deutschland ist sowas komplett durchorganisiert und findet jeden zweiten Donnerstag von 10 bis 17.30 Uhr statt«, spottete ich.

»Wie lange bist du schon in Thessaloniki? Zwei Jahre?«

»Drei Jahre.«

»Weißt du, hier sind solche Dinge gar nicht organisiert. Man lebt ständig im Chaos.«

Wieder verschmelzen Syrien und Griechenland zu einem Ort. Und während ich Partei ergreife für den Süden, nimmt Soumar sein Zuhause in Deutschland in Schutz.

»Magst du das am Süden?«, frage ich.

»Nein, das nervt mich. Da wird einfach alles dahin geschmissen. In Deutschland wäre das nie der Fall.«

»Ist das besser?«

»Ja. Nicht unbedingt schöner, aber schon besser. Man kann sich besser bewegen.«

Ich bin ein wenig beleidigt. Was hat er denn an diesem Flohmarkt auszusetzen? Ich hätte gedacht, dass er wie in Trance und heimatlicher Routine durch das griechische Chaos gleitet.

»Aber vermisst du diese Atmosphäre nicht? Ich meine, gut, in Deutschland organisieren wir alles, aber manchmal denke ich, dass wir nie richtig spontan sind, und wir uns auch so mit der Stadt verhalten. Hier sagt man: Das ist meine Stadt und ich mache, was ich will.«

Na ja, das stimmt so auch nicht. Ich habe 13 Jahre in Berlin gelebt und auch wenn es dort im Vergleich zu Thessaloniki recht geordnet zugeht, kann man sich eigentlich nicht über einen Mangel an Eigeninitiative beklagen. Guerilla Gardening, spontane Konzerte, illegale Clubs und Bars: Das sind nicht gerade die typischen Symptome von Regelfetischismus. In Deutschland geraten solche Dinge dann aber meistens irgendwann in einen Prozess der Einordnung, mit Fokus auf Ordnung, werden irgendwie bürokratisiert, bekommen eine Verwaltung und verlieren so ihre spontane Magie. Aber sie bleiben dafür am Leben. In Griechenland sind die Leute so spontan, dass sie manchmal nicht zusammenfinden. Damit wird die Stadt im Kern nicht verändert, was nach der Krise sehr viel nötiger wäre, als ein wenig an der Oberfläche zu kratzen. Das ist eine Tragödie, denn viele Thessaloniker wollen etwas verändern und haben großartige Ideen. Vielleicht scheitern sie ja gerade an der Spontaneität, die das Flair der Stadt ausmacht. Größtenteils aber liegt das an einer Sparpolitik und einem absurden Steuersystem, die kaum Raum lassen für Veränderung.

»Klar vermisse ich das«, lenkt Soumar ein. »Wenn ich in Bremen durch die Stadt laufe, denke ich oft, dass alles gleich aussieht. Hier ist das nicht so. Aber weißt du, wenn man zum Beispiel was ausdrucken will, dann gibt es dafür in Deutschland feste Preise. In Syrien muss man handeln und wird dann wahrscheinlich übers Ohr gehauen.«

»Daran denkst du, wenn du hier durch die Stadt läufst? An die ganzen nervigen Sachen, die dich in Syrien gestört haben?«

»Auch. Aber auch an schöne Dinge. Man lernt ja, mit diesen ganzen nervigen Sachen umzugehen. Und dann wird das Leben irgendwie spannender. Da geht man nicht über die Ampel, sondern da über die Straße, wo es gerade geht.«

Wir überqueren die Egnatia-Straße, die in der Antike als Verlängerung der Via Appia Rom mit Konstantinopel verbunden hat. Autos schlängeln sich durch den einsetzenden Feierabendverkehr. Die antike Egnatia liegt ungefähr drei Meter tiefer. Die Jahrhunderte haben Schichten auf der Stadt hinterlassen. Wir betreten den Kapani-Markt, die zentralen und ältesten Markthallen der Stadt.

»Was vermisst du vom Süden?«, frage ich Soumar. Um uns herum liegen frisches Gemüse, Obst, Nüsse, Oliven und Käse zum Verkauf. Überall drängeln sich Menschen.

»Das Wetter. Zuallererst. Und diese vielen Menschen auf der Straße. Alles wirkt lebendiger.«

Wir biegen nach rechts ab in die Fleischstraße des Marktes. Tote Hühner haben hier noch ihren Kamm und ihren Schnabel. Auf großen, schweren Holzblöcken hacken die Metzger Schweinehälften in verkaufspassende Stücke. An Haken hängen tote Lämmer.

»Das habe ich nicht vermisst«, kommentiert Soumar die Situation. Ich bin überrascht.

»Echt? Was stört dich?«

»Das ist furchtbar. Wir essen das doch.«

»Aber ist das nicht besser als in Deutschland? Ich mag das hier, dass es eben nicht so wie im Rewe ist, wo das Fleisch schön nebeneinander in der Theke liegt und man meinen könnte, dass es Gemüse ist. Guck dir das Lamm an. Es ist getötet worden. Und jetzt hängt es da, für jeden sichtbar mit der Botschaft: Ich bin ein Lamm. Ich wurde getötet. Wenn du mich essen willst, dann musst du damit klarkommen. Findest du nicht?«

»Nein. Wenn man weiß, dass etwas getötet wurde, dann ist das etwas anderes, als wenn man es sieht.«

»In Deutschland haben Fleischesser doch vergessen, dass eine Hähnchenbrust von einem lebenden Wesen kommt. Die liegt da verpackt und man denkt: Mensch, das ist gesund, das macht sich auch gut im Salat. Und es gibt Leute, die nur filetierten Fisch essen, weil sie die Augen nicht sehen wollen. Einfach nur, um sich nicht damit auseinanderzusetzen, dass man dieses Tier zum Essen getötet hat.«

»Aber das, was man hier sieht, ist im Wesentlichen dasselbe wie im Rewe, nur dass es da verpackt ist. Und dass man nicht das ganze Lamm hat, so, wie es hier hängt.«

»Aber guck mal da, da hängt ein ganzer Pansen. In Deutschland essen wir das nicht, weil wir es für widerlich halten. Also verstecken wir es. Wir essen Schwein und töten viel mehr Schweine, als wir essen, nur, damit wir uns die Filets rausnehmen können. Man zieht ein Tier groß, oft unter jämmerlichsten Bedingungen, dann tötet man es, nimmt sich, was schön aussieht und der Rest wandert in den Müll. Findest du das okay?«

Wenn das mal nicht das Paradebeispiel einer moralisierenden Suggestivfrage ist.

»Nein. Natürlich nicht.«

Sehr gut, Soumar. Die einzig mögliche Antwort. Wir schlendern weiter über den Markt. Soumar kauft Lokum, diese Fruchtgeleebomben mit Puderzucker, und eine Auswahl an Nüssen.

»In Syrien haben wir genau dasselbe, aber original.«

Dann finden wir Koukiá, getrocknete grüne Bohnen. An einem anderen Stand hatte uns die Verkäuferin gesagt, dass es wegen des komischen Wetters dieses Jahr keine griechischen Koukiá gäbe. Diese sind aus Syrien.

»Hier im Süden ist die Stimmung zwischen den Menschen wärmer. Weißt du, was ich meine?«, beschreibt Soumar seinen Eindruck.

»Ja, absolut.«

»Zum Beispiel gestern, an der Ampel hat sich eine alte Frau einfach an mich angelehnt. Das ist für mich total okay. In Deutschland ist das, glaube ich, anders.«

»Ja, wir halten eher Distanz. Vermisst du diese Nähe?«

»Schon. Manchmal in Deutschland ist diese Distanz so groß, dass ich denke: ›Beruhig dich mal. Ich bin nicht gefährlich.‹«

Und dabei geht es nicht um seine Herkunft, sondern um uns. Deutsche sind halt nicht die herzlichen Küsser und Berührer. Keine körperliche Nähe, wenn es nicht sein muss. Ich vermisse diese Nähe auch nicht. Im Gegenteil. Ich finde es manchmal unangenehm, oder weiß nicht, wie ich damit umgehen soll, wenn mir Freunde in Griechenland körperlich zu nahe kommen. Da wächst sofort der Stock im Arsch bis in den Hals, ich werde steif und fange dann wie ein Roboter an, die Schulter meines Gegenübers zu streicheln. Mit viel Pflichtgefühl und ohne Überzeugung. Das gilt aber nur für Berührungen, nie für Worte. Ich habe kein Problem mit dem körperlichen Abstand, weil ich weiß, dass wir deswegen nicht kaltherzig sind, sondern eine andere Art haben, mit Körperlichkeit umzugehen. Mir haben in Griechenland schon Leute gesagt, dass sie es als kalt empfinden, wenn man sich nur die Hand gibt. Ich finde, dass der Handschlag eine sehr schöne Geste ist. Ein wenig intim, aber nie überzogen, brüderlich, aber mit Abstand. Was ist daran kühl?

»Ist Obst und Gemüse hier teuer?«, will Soumar wissen.

»Das hier ist eher der Bioteil vom Markt. Hier kosten die Sachen ein wenig mehr. Aber eigentlich sind die Märkte nicht teuer. Nur die Supermärkte.«

»Also nicht so wie in Deutschland. Da ist es andersrum. Wie teuer sind die Sachen denn hier?«

»Schwer zu sagen. Es gibt ja hier vor allem Waren der Saison. Und die sind dann auch billiger, weil die meisten davon aus der Umgebung kommen und man nicht Milliarden Euro für sinnlose Logistik verschwendet. Rein ins Auto, raus aus dem Auto. Fertig. Ich liebe das.«

»Ja, das mag ich auch. *Das* vermisse ich. In Deutschland gibt es das ja auch, aber da ist das super teuer. Und man muss genau wissen, bei wem man kauft, wer einen Bauernhof hat und das anbaut, und so weiter.«

»Ich bin überrascht, dass dir die Märkte nicht gefallen.«

»Doch, ich mag sie schon, aber nicht, wenn sie meinen Alltag bestimmen, wenn ich zur Schule oder zur Uni gehe oder sowas. Da immer durchzulaufen, bei Hitze und bei Kälte. Das hat mich genervt. Weißt du, ich bin quasi mitten auf dem Markt aufgewachsen, genau da in der Nachbarschaft, in einer dieser Nebenstraßen. Auf dem Markt für Obst und Gemüse. Und ich kannte alle. Und jeder kannte mich. Das ist vielleicht ein Sonderfall in Syrien.«

»Dass jeder mit dir reden will?«

»Nein. Eher, dass man seine Freundin nicht mit nach Hause nehmen kann.«

»Ah, okay. Der Feind sieht mit.«

»Genau, überall Augen, die dich anstarren. Und sie fragen dich: ›Wer ist sie‹ und sie lassen dich nicht mehr in Ruhe. Das nervt.«

»Magst du die Anonymität in Deutschland? Dass, gerade in den Städten, sich niemand darum schert, was du tust?«

»Ja. Ich liebe das. Man kann tun, was man will, ohne dass man damit jemanden belästigt. Ich habe in Syrien auch gemacht, was ich wollte, aber ich musste ständig aufpassen.«

Soumar bleibt bei einem Olivenhändler stehen. Er untersucht die verschiedenen Sorten. Der Verkäufer kommt und fängt an zu reden. Obwohl ich übersetze und Soumar ohne mich kein Wort verstehen würde, glaube ich nicht, dass ich wirklich helfe. Er nimmt einzelne Oliven, probiert sie und zeigt auf die, die er haben will. Ich bin völlig überflüssig. Soumar nimmt die Olivenkerne aus dem Mund und wirft sie in einen großen Eimer vor dem Stand. Mit sowas bin ich in Griechenland immer völlig überfordert. Darf ich das anfassen? Wohin mit dem Kern? Lieber schlucken anstatt irgendeinen Fehler machen. Soumars Familie hat selbst Olivenbäume. Im Gegensatz zu Mett und Leberwurst sind Oliven für ihn nichts Exotisches, sie schmecken nicht nach Urlaub, sondern nach Heimat.

Es wird Zeit, etwas zu essen. Wir setzen uns in ein Psitopolio, ein Grillhaus, von denen es in Thessaloniki Hunderte gibt. Ich bestelle Soutsoukakia, also Hackfleischklöße vom Grill, die aus der Pfanne Keftedakia heißen und Soumar unter dem Namen Köfte bekannt sind. Die Kellnerin macht den Tisch zurecht, bringt uns Brot, Wasser und Tsipouro.

»Ist das Leben hier einfacher für dich?«, fragt Soumar.

Ich muss kurz überlegen.

»Nein, aber aufregender. Ich meine, hier muss man alles selbst organisieren. Man weiß gar nichts im Voraus oder sehr wenig. Vielleicht nicht ganz so schlimm wie in Syrien, aber im Vergleich zu Deutschland kann man sich auf nichts verlassen. Es wird einem versprochen, dass es irgendwas im Laden gibt und dann gibt es das nicht, oder dass der Handwerker um elf kommt und er kommt nicht. Man muss sich daran gewöhnen, viel Zeit für solche Dinge einzuplanen und davon habe ich am allerwenigsten. Auf der anderen Seite mag ich zum Beispiel, dass man auf dem Markt nie weiß, was es gibt. Man geht los und richtet sich nach dem, was da ist. In Deutschland habe ich immer alles vorher überlegt. Hier nie.«

Die Kellnerin bringt das Essen und stellt es vor uns auf den Tisch.

»Das ist Auberginencreme, Melitzanosalata«, erkläre ich.

»Sehr lecker. Kennst du mit Sicherheit.«

»Natürlich. Bei uns heißt es Baba Ghanoush. Ich liebe das.«

»Ist wie Baba Ghanoush, aber ohne Tahini.«

Fachsimpeleien. Ungefähr so wie Grünkohl mit Knacker oder Braunkohl mit Pinkel.

»Hier zu leben, hat mir gezeigt, wie es ist, nicht alles im Voraus zu planen. Ich mag das inzwischen. Was denkst du?«

»Ja, das ist schön. Wie ich vorhin meinte, wenn man das Chaos kennt, dann ist es aufregend.«

»Und wie ist es für dich? Das Leben in Bremen, meine ich. Einfach oder hart?«

»Nicht einfach, aber auch nicht sehr hart. Am Anfang war es sehr schwierig, dass alles um mich rum perfekt organisiert war. Und diese Pünktlichkeit. Ich habe in Syrien gehasst, dass man sich auf nichts verlassen konnte, aber ich war daran gewöhnt. Ich bin wirklich nicht gerne zu spät, aber dass es immer pünktlich sein muss, das kannte ich nicht. Trotzdem ist es gut, dass man sich auf Leute verlassen kann, dass ein Termin für die Arbeit nicht ausfällt, weil einer nicht kommt und man dann einen neuen Termin finden muss. In Syrien bin ich einfach irgendwann gegangen, wenn ich etwas erledigen musste. Wenn es heute nicht geht, dann eben morgen. In Deutschland gibt es kein morgen. Nur heute. Oder halt Donnerstag um 11.45 Uhr.«

»Wofür bist du dankbar in Bremen?«

»Man muss sich nicht über alles Gedanken machen. Man fühlt sich sicher. Da, wo ich aufgewachsen bin, hatte ich jeden

Tag Angst vor dem Verkehr auf der Straße oder dass mir bei Baustellen irgendwas auf den Kopf fällt. Die Angst habe ich in Deutschland nicht.«

»Du hast gesagt, dass du hier Menschen siehst, die dich an Menschen in Syrien erinnern. Fühlst du dich fremd in Deutschland? Merkt du an Reaktionen, dass du anders aussiehst als die anderen?«

»Ja. Schon. Na ja, das hängt davon ab. Manchmal ist es okay, manchmal nicht. Ich hasse es, wenn Leute mich anstarren, als ob ich irgendwie komisch wäre. Aber eigentlich habe ich keine Probleme.«

»Sehe ich anders aus als die Leute hier?«

»Ja, ich sehe, dass du kein Grieche bist. Die Haare, dein Aussehen, alles!«

Nachdem wir die Fleischspieße gegessen haben, bestellen wir noch Souvlakia, zwei mit Schwein und zwei mit Hähnchen. Auf der Karte stand das so nicht, aber das ist in Griechenland egal.

»Weißt du, warum ich den Süden mag?«

Die Frage ist natürlich rhetorisch.

»Wir sitzen hier auf dem traditionellen Markt, in einem authentischen Restaurant und die Leute nutzen das alles noch. Das ist kein Denkmal oder so, sondern Teil des Alltags. Ich habe die Frau gerade gefragt, ob wir Schwein- und Hühnersouvlakia mischen können und das war kein Problem. Das ist normal hier. Ich bin ihr Gast und sie will, dass es mir gut geht, nicht zuletzt, weil sie davon lebt. Das Menü ist kein Gesetz. In Deutschland gibt es überall diese Regeln. Da ist dann nicht die Frage, ob es für meinen Gast so besser ist, sondern eher: Wie soll ich das jetzt bongen? Wie soll ich dem System sagen, diese Änderung in der Matrix zu berechnen?«

Soumar lacht.

»Das meinte ich, als ich wissen wollte, ob das Leben hier einfacher ist.«

»Diese Dinge auf jeden Fall. Nicht alles ist fertig geplant, sondern man entscheidet zusammen. Was nicht passt, wird passend gemacht.«

Soumar schaut sich um. Sein Blick wandert über die vielen Olivenstände, die sich an dieser Ecke des Marktes befinden.

»Es ist in Deutschland wohl nicht erlaubt, diese ganzen Lebensmittel überall so rumliegen zu lassen?«, mutmaßt er.

»Eher nicht. Wenn Leute vom deutschen Gesundheitsamt hier einen Kontrollgang machen würde, würden sie vor Schock tot umfallen.«

»Einfach explodieren.«

»Wahrscheinlich würden sie alles in Brand stecken und alle Menschen drei Wochen in Quarantäne stecken, einfach, weil es zu dreckig ist.«

Wir lachen und stoßen mit Tsipouro auf die Toleranz der griechischen Gesundheitsbehörde an.

»Weißt du, was ich am Süden mag?«, fragt Soumar.

»Was?«

»Man kann mit wenig Geld einen Job bekommen.«

Wie bitte? Ich habe Stunden damit verbracht, ihm zu erklären, was es mit dieser ominösen Krise auf sich hat.

»Was meinst du? Wir sind hier in Griechenland. Arbeitslosigkeit ist ein riesiges Problem. Die Leute verdienen nichts und das Leben ist teuer. Die Souvlakia hier kosten jetzt so um die sechs bis acht Euro. Mindestlohn ist drei Euro fünfunddreißig. Man muss also zwei Stunden arbeiten gehen, um ein paar Souvlakia zu essen? Es ist extrem schwierig, hier Geld zu verdienen.«

»Das meine ich nicht. Aber wenn man keine Arbeit hat, verhungert man nicht. In Deutschland auch nicht, weil der Staat dann für einen aufkommt. Aber hier kann man sich einfach irgendwo hinsetzen und, was weiß ich, Gemüse aus dem Garten auf der Straße verkaufen. In Deutschland hätte derselbe

Verkäufer wahrscheinlich drei Aktenordner neben sich auf der Straße stehen und müsste einen auf große Firma machen.«

Ich muss grinsen und daran denken, dass Soumar inzwischen auch Aktenordner besitzt. Einen für das Amt, einen für die Uni und einen für die Bank. Zum ersten Mal in seinem Leben.

»Du hast gesagt, dass du Syrien ein wenig vermisst. Würdest du gern zurück?«

»Nein, ich bin glücklich in Bremen. Ich will jetzt erst mal machen, wofür ich gekommen bin. Studieren und so. Und ich mag mein Leben in Deutschland. Ich habe viel gelernt und dafür bin ich sehr dankbar. Wenn ich jetzt zurück nach Syrien müsste, könnte ich vielleicht besser mit dem Leben umgehen.«

»Ich wäre mir da nicht so sicher. Die Griechen, die in Deutschland gelebt haben und dann zurückkommen, haben gesehen, wie Dinge anders funktionieren können. Du weißt es ja viel besser als ich, aber das Chaos auf der Straße ist nicht nur auf der Straße, sondern auch in der Verwaltung. Es gibt Korruption, Günstlingswirtschaft usw. Gestern haben wir uns doch über die Bauarbeiter in meiner Straße unterhalten. Drei Leute standen um ein Loch, worin zwei gearbeitet haben, und jeder hatte eine bessere Idee, wie es gehen soll. Das sieht lustig aus, aber wenn man das jeden Tag um sich rum hat, man Zeit verliert und vor allem, wenn man gesehen hat, dass es so nicht sein muss, dann macht einen das wütend. Mich nicht unbedingt, aber für viele Griechen, die in Deutschland gewohnt haben, ist das ein Dorn im Auge. Viele meiner Freunde hier haben irgendeine Beziehung zu Deutschland und wir fühlen uns irgendwie verbunden, weil wir beide Welten kennen. Die regen sich auf jeden Fall die ganze Zeit über Griechenland auf. Nach dem Motto: ›Werden die hier nie schlauer aus ihren Fehlern?‹«

Und natürlich nehmen sie Griechenland vor den oft viel zu harschen und eindimensionalen Kritiken der Deutschen in Schutz. Für die Deutsch-Griechen ist es gerade nicht einfach. In Deutschland sind sie Griechen und in Griechenland Deutsche. Irgendwie sind sie immer halb fremd. Und in beiden Ländern müssen sie sich rechtfertigen für die Krise, in dem einen für Schulden, in dem anderen für die Sparpolitik.

An unseren Tisch kommt ein vielleicht vierzehnjähriger Junge und bietet uns Pakete Taschentücher zum Verkauf an. Das ist hier so eine Art des Bettelns, die ich nie richtig verstanden habe. Ich dachte, warum sollte ich Taschentücher kaufen? Jetzt greifen Soumar und ich simultan zu unseren Portemonnaies.

»Weißt du, was ich an den Griechen besonders schätze? Sie kaufen diese Taschentücher und Feuerzeuge einfach, um jemandem zu helfen. Selbst wenn sie selbst kaum was haben. Ich glaube, dass sie sich besser vorstellen können, wie es ist, richtig arm zu sein. Sie erinnern sich daran. In Deutschland tun wir das nicht. Wenn wir Bettler sehen, dann denken wir sofort an die Mafia dahinter. Dass sie das Geld sowieso abgeben müssen. Ist vielleicht auch wahr. Aber wir haben diese Wand um unseren Reichtum gebaut und teilen nicht. Wir geben nicht so einfach. Mit den Flüchtlingen ist das anders. Da war klar: Die kommen aus dem Krieg. Aber im Alltag auf der Straße sind wir vorsichtig.«

Soumar runzelt die Stirn.

»Was meinst du? Liege ich falsch?«

»Ich kann es wirklich nicht sagen. Es klingt schon logisch. Einfach auch, weil man nicht betteln muss. Der Staat zahlt ja für einen.«

Bis auf die Rentner und Hartz-IV-Empfänger, die Pfandflaschen sammeln, um über die Runden zu kommen. Als ich während des Studiums bei Thalia gearbeitet habe, hat der Hausdetektiv zur Weihnachtszeit mal eine alte Frau erwischt, die Geschenke für ihre Familie geklaut hat. Mitten in Steglitz, wo ja eher die solvente Mittelklasse wohnt. Es war eine furchtbare Situation für sie. Da saß sie, hinten im Lager, wie eine Verbreche-

rin und hat sich geschämt. Alle haben sich in diesem Moment geschämt, aber angezeigt wurde sie trotzdem.

»Gibst du Bettlern Geld?«, erkundige ich mich.

»Ja, aber nicht jedem. Ganz sicher nicht. Den Musikern gebe
ich Geld und alten Menschen. Einmal war einer in der Straßenbahn, der gesagt hat, dass er obdachlos sei und keine Arbeit bekommen habe. Würdest du so einem Geld geben?«

»Vielleicht.«

»Er sah aus, als würde er lügen.«

»Ich glaube, dass es in Deutschland nicht einfach ist zu sagen, wer Geld braucht und wer nicht. Einige sagen, dass sie
Drogensüchtigen kein Geld geben. Nur für Essen. Ich mache
diesen Unterschied nicht. Ich habe kein Recht, mir ein Urteil
über diese Leute oder ihre Sucht zu erlauben. Und ein Heroin-
süchtiger braucht sein Heroin. Wenn ich ihm kein Geld gebe,
wird er nicht auf einmal denken: ›Hey, der Typ in der U-Bahn
hatte recht. Was mache ich hier?‹ Das sind Probleme des Systems an sich.«

»Auf der anderen Seite kann ich verstehen, dass Leute hart
arbeiten für ihr Geld und das nicht an jemanden geben wollen,
dem sie nicht vertrauen.«

Nachdem wir aufgegessen haben, zahlen wir und machen uns
auf den Heimweg. Wie immer in Griechenland liegt das nächste
Essen nicht fern. Um neun Uhr sind wir mit ein paar Freunden
in einem kleinen Restaurant verabredet. Wir machen uns also
auf den Weg nach Hause, gehen Gassi mit Nondas und haben
ein Stündchen, um uns auszuruhen. Ehe wir uns versehen, sitzen
wir am gedeckten Tisch eines unscheinbaren Lokals, das zu den
besten der Stadt gehört. Schick ist es gar nicht, eher klein und
gemütlich. Wer es nicht besser weiß, würde meinen, in irgendeiner Kaschemme gelandet zu sein. Der Wandschmuck besteht aus
Bildern und Objekten vom Flohmarkt und zeigt, dass es dem Be-

sitzer nicht um Äußerlichkeiten geht. Auf einer Tafel stehen die Gerichte des Tages. Nach etwa einer Stunde sind wir zu neunt und der Tisch biegt sich vor Essen. Zwei Männer spielen Bouzouki und Gitarre. Dazu singen sie alte Revolutionslieder. Fast alle griechischen Gäste singen mit.

»Ist das ein kurdisches Instrument?«, fragt Soumar mit Blick auf die Bouzouki.

»Nein, das ist griechisch. Na ja, es ist bestimmt auch türkisch und kurdisch ...«

»... und syrisch. Nur die Musik klingt ein wenig anders.«

Zumindest den Instrumenten ist die Geschichte von Krieg und Besatzung völlig egal.

»Wenn ich den Text könnte, würde ich direkt mitsingen«, erklärt Soumar nach dem x-ten Glas Wein und wirkt irgendwie authentischer als im Bayernzelt auf dem Bremer Freimarkt.

»Bevor du es sagst, sage ich es: Solche Orte gibt es in Damaskus auch, oder?«

Soumar lacht und nickt.

»Ja klar. In sowas war ich voll oft. Nur, dass es da kein Essen gab, sondern nur Wein und Musik.«

Lange nach Mitternacht machen wir uns wieder auf den Heimweg. Ich gehe ins Bett und Soumar setzt sich mit einem Gute-Nacht-Bier, einer Kippe und meinem Hund auf den Balkon. Ich weiß nicht, wie er es aushält ohne Jacke. Mir nagt die feuchte Kälte Thessalonikis an den Knochen. Vielleicht sollte er mich besser nicht im Sommer besuchen, zumindest nicht in der Stadt. Ich sehe ihn schon mit Sandalen und weißen Socken durch die Mittagshitze schlendern, schweißüberströmt und einem Kreislaufkollaps nahe. Spätestens dann sollte man ihm einen deutschen Pass geben, schon alleine, weil es unmenschlich wäre, ihn nach der Umstellung auf das deutsche Klima zurück in den Süden zu schicken.

Am nächsten Tag fahren wir in die Berge von Chalkidiki, da, wo es ein wenig kühler und die Luft frischer ist. Es mutet winterlich an. Als wir durch die Dörfer fahren, riecht es nach Kaminfeuer.

»So ungefähr kann man sich das Dorf vorstellen, wo meine Eltern aufgewachsen sind.«

Ja. Ich habe verstanden. Griechenland ist wirklich ein wenig wie Syrien. Das, was wir im letzten Jahr theoretisch festgestellt haben, bestätigt sich hier an jeder Ecke. Nur, dass Griechenland zu Europa gehört, nicht nur zur EU, sondern zum geografischen Europa, das immer mehr in Vergessenheit zu geraten scheint. So, als sei der Kontinent ein wirtschaftliches Hirngespinst irgendwelcher Globalisierungspolitiker. So, als hätten sich Literatur und Kunst über die Jahrhunderte an Landesgrenzen gehalten und so, als hätten die antiken Kulturen des Mittelmeers rein gar nichts mit unserem westlichen Weltbild zu tun.

Soumar hat sich für seinen letzten Abend in Griechenland Fisch gewünscht. Bekommt er auch. Und es erübrigt sich an dieser Stelle, darauf einzugehen, dass er nicht zum ersten Mal Fisch isst und in Syrien, blablabla, Fisch in Latakia, laberrhabarber, selbes Meer, ähnliche Küche, haste nicht gehört ...

Am nächsten Morgen steigen wir um sieben Uhr in den Zug nach Athen. Bevor Soumar am Abend wieder zurück nach Deutschland fliegt, wollen wir dorthin, wo wir uns vor etwas mehr als einem Jahr verabschiedet haben. Sechs Stunden später steigen wir aus der U-Bahn, Station: der Hafen von Piräus. Der südliche Rand des europäischen Festlandes.

Soumars Reise – Teil IV

»Als wir an der österreichischen Grenze ankamen, mussten wir aussteigen und zu Fuß weiter, etwa sechs Kilometer. Aber es war okay. Wir sind über eine asphaltierte Straße gelaufen. Im Vergleich zu allem, was wir vor Ungarn durchgemacht haben, war das wirklich kein Akt. An der Grenze waren überall Journalisten und Fernsehteams. Sie haben uns gefragt, ob wir wüssten, dass Deutschland die Grenzen geschlossen hätte, jeden Zug kontrollieren würde und dass Flüchtlinge nicht mehr ins Land einreisen dürften. Wir haben geantwortet, dass wir keine Ahnung hätten. Ein Typ hat mich dann gefragt, ob ich nach Deutschland oder nach Österreich wolle. Deutschland, habe ich gesagt. Daraufhin wollte er genauer wissen wieso, und meinte, dass die beiden Länder dasselbe bieten würden. Ich habe ihm erklärt, dass es für mich gerade keine Rolle spiele, ich einfach froh sei, es bis nach Europa geschafft zu haben, dass ich nach Deutschland wolle, aber gucken müsse, was jetzt in Österreich passieren würde.

Wir haben von sieben Uhr morgens bis etwa elf Uhr abends an der Grenze gewartet. Die Polizei hat versucht, die Menschenmassen in Gruppen zu teilen und zu organisieren, sie mit Bussen zum Hauptbahnhof in Wien zu fahren. Ich habe dann zufällig Freunde getroffen, mit denen ich in Aleppo studiert hatte. 2014 habe ich sogar eine Zeit bei ihnen gewohnt, als ich Prüfungen hatte. Ich habe auf einmal meinen Namen gehört, mich umgedreht und da standen sie. Einer von ihnen ist jetzt in Düsseldorf und die anderen in Österreich.

Ab sieben Uhr abends war es dann richtig kalt. Es hat stark geregnet und stürmte. Da habe ich entschieden, ein Taxi nach Wien zu nehmen, und gefragt, wer mitkommen wolle. Wir hatten schon den ganzen Tag darüber geredet, konnten uns aber nicht einigen. Ich wollte dann einfach nur noch los. Wir sind also ins Taxi und waren todmüde. Ich habe alles verschwommen gesehen, fast wie auf Drogen. Ich konnte nichts mehr auf meinem Handy lesen und die roten Warnlichter von Windmasten sahen aus wie Gebäude. Den anderen ging es auch so. Die Freundin, die mit war, ist einfach eingeschlafen. Unser Taxifahrer war Serbe, er ist während des Jugoslawienkriegs nach Österreich geflüchtet. Er hat uns erzählt, wie gut es in Österreich sei, solange man sich richtig verhalte. ›Du gut, Europa gut‹, hat er uns gesagt. Er meinte, dass sie dir alles gäben und man den Krieg vergessen könne. Er selbst sei verheiratet, habe Familie und wolle nicht zurück nach Serbien. Er war Moslem.

Als wir am Bahnhof in Wien angekommen sind, haben uns irgendwelche Leute darüber informiert, dass es keine Züge mehr nach Deutschland gäbe. Andere haben das Gegenteil behauptet. Es gab auch welche, die sich Tickets gekauft hatten, um sie dann für teures Geld an andere Flüchtende weiterzuverkaufen. Das hat mich wütend gemacht. Die waren doch in derselben Situation. Von denen stammte das Gerücht, dass der Zugverkehr ganz eingestellt worden wäre und dass man ohne europäischen Pass kein Ticket bekäme. Wir haben dann nachgedacht und überlegt, dass keine Regierung so dumm sein und den Flüchtlingsstrom einfach so unterbrechen würde. Also haben wir uns am Schalter angestellt. Das war nicht einfach. Die Schlange war endlos. Du hast mir dann geschrieben und gesagt, dass laut Deutscher Bahn alles nach Plan verliefe. Na ja, ganz so war es nicht. Unsere Freundin konnte sich als Frau ein wenig vordrängeln und hat dann Zugkarten für uns alle nach Lebach bekommen, wo ihr Freund wohnt, aber erst am nächsten Abend. Das Ticket hat etwa 120 oder so pro Kopf gekostet.

Wir haben eine Nacht am Bahnhof verbracht. Wir konnten nur schlecht schlafen, ab vier Uhr eigentlich gar nicht mehr. Ich bin zur Toilette und habe mich notdürftig gewaschen. Ich kam mir so widerlich vor. Dann habe ich die Hose angezogen, die ich jetzt gerade anhabe. Weil wir nicht schlafen konnten, sind wir raus, um Tabak zu kaufen, aber alles war geschlossen. Auf einer Parkbank in der Nähe vom Bahnhof sind wir dann für eine halbe Stunde richtig eingepennt. Wir hatten schon ewig nicht mehr richtig geschlafen.

Morgens, gegen fünf, hat die Polizei dann alle aufgeweckt. Vor dem Bahnhof gab es Obst und andere Sachen zu essen für die Flüchtenden. Wir sind den Tag über in Wien spazieren gewesen. Das ist einer der schönsten Orte, die ich je gesehen habe. Wir haben Pizza gegessen und ein Bier getrunken. Das erste Bier in Europa. Dann sind wir zurück zum Bahnhof. Da kam Maria, mit der du gesprochen hattest, und hat uns eine Simkarte vorbeigebracht, damit wir kommunizieren konnten. Gegen Abend sind wir dann in den Zug gestiegen und nach Deutschland gefahren. Als Erstes habe ich mein Telefon aufgeladen und bin dann sofort eingeschlafen, zum ersten Mal seit mehr als zwei Tagen habe ich länger als eine halbe Stunde geschlafen. Selbst von der Grenze habe ich nichts mitbekommen. Niemand hat mich kontrolliert. Etwa eine Stunde vor Frankfurt bin ich aufgewacht. Mein Freund und ich sind dann ins Zugrestaurant und haben das erste Bier in Deutschland getrunken. Das war toll. Alle Leute haben uns angestarrt, als ob wir nicht alle Tassen im Schrank hätten. Wir haben überhaupt nicht gerafft, was die wollten. Der ganze Zug war voll mit Flüchtenden. Ich habe erst später verstanden, dass sie es komisch fanden, zwei angebliche Muslime mit Bier zu sehen. Ich habe dann Annette getextet. Die hat gefragt, warum ich ein Ticket nach Lebach hätte und dass ich auf jeden Fall nach Bremen kommen könne. Ich wusste bis zu diesem Zeitpunkt nicht genau, ob ich wirklich nach Bremen fahren sollte oder nicht. Ich hatte das ja nur als Ziel im Kopf, weil ich sonst niemanden in Deutschland kannte. Ich besprach das dann mit meinen Leuten, habe gesagt, dass ich nach Bremen wolle, und gefragt, ob jemand mitkommen will. Unsere Freundin wollte auf jeden Fall nach Lebach und meinte, dass uns dort ihr Freund helfen könne. Ich wusste aber, dass es ihm nur um sie ging und er uns wahrscheinlich eher loswerden wollte. Meinen Freund hat es nach Frankfurt gezogen. Für mich stand dann fest, dass ich nach Bremen will. Im Endeffekt war es mir egal, wo ich lande. Hauptsache Deutschland. Ob die Stadt jetzt schön ist oder nicht, hat in dem Moment keine Rolle gespielt. Mir war vor allem wichtig, dass Annette da war. In Deutschland war damals für mich noch alles gleich. Als ich in Griechenland ankam, dachte ich: ›Das ist die EU, hier ist alles sauber und geordnet‹ und dann war es das überhaupt nicht. Dieses Gefühl hatte ich, als ich in Europa ankam. Ich dachte: ›Ist das Syrien?‹ Wie gesagt, die Stadt war erst mal egal. Ich kam schließlich aus dem Krieg, ich konnte überall leben. Mein Freund hat sich dann doch entschieden, mit nach Bremen zu kommen. Ich habe Annette gefragt, ob das okay sei, und sie hat grünes Licht gegeben. Mi casa su casa.

Als wir in Frankfurt ankamen, ist unsere Freundin weitergefahren und wir mussten umsteigen. Der Abschied war komisch. Eigentlich haben wir uns nicht richtig verabschiedet. Sie sprach gerade am Telefon mit ihrem Freund, als der Zug ankam. Ich meinte zu ihr: ›Hey, der Zug ist da, wir müssen hier raus.‹ Sie hat dann einfach ›Okay‹ gesagt und das war's. Darüber war ich sauer. Ich meine, wir haben diese ganze Odyssee gemeinsam hinter uns gebracht und dann sowas. Wir haben die ganze Zeit auf sie aufgepasst. In Griechenland hatten wir sogar ein Angebot, nach Deutschland zu fliegen, aber sie wollte nicht bzw. ihr Freund in Lebach hat ihr das verboten. Wir sind bei ihr geblieben, um sie nicht alleine zu lassen. Na ja, wir sind dann raus aus dem Zug und haben noch einmal mit ihr telefoniert, als sie in Lebach war; dann noch ein anderes Mal halb mit ihr und halb mit ihrem Freund, und das dritte und letzte Mal nur noch mit ihm.

Er meinte, dass es ihr gut ginge, seitdem habe ich nichts mehr von ihr gehört.

Wir sind also raus in Frankfurt und mussten ein neues Ticket nach Bremen kaufen. Mit dieser Ticketmaschine sind wir überhaupt nicht zurechtgekommen. Dann kamen zwei merkwürdige Gestalten, überall tätowiert und gepierct und haben uns geholfen. Na ja, die haben das zumindest versucht, hatten aber auch keine Ahnung. Der Typ hat gar kein Englisch gesprochen und sie nur wenig. Aber er hat dann irgendjemanden auf dem Handy angerufen. Es war ungefähr ein Uhr morgens und wir konnten hören, dass der Typ am Telefon schon geschlafen hatte. Trotzdem hat er den beiden Schritt für Schritt erklärt, wie der Automat funktioniert. Und ich habe in dieser Nacht etwas gelernt: Wir haben den beiden nämlich das Geld für unser Ticket in die Hand gedrückt. Daraufhin haben sie gesagt, dass man in Deutschland besser niemandem Geld in die Hand drückt, vor allem nicht am Bahnhof. Wir mussten jeder 105 Euro bezahlen, hatten aber nur Scheine und kein Kleingeld. Dann haben wir gemerkt, dass der Typ den Rest mit seinem eigenen Geld bezahlt hatte, das haben wir ihm aber zurückgegeben.

Ein paar Stunden später sind wir mit dem Zug nach Köln. Als wir einsteigen wollten, sahen wir jemanden von der Deutschen Bahn auf dem Gleis. Den habe ich gefragt, ob das der richtige Zug sei. Er war mega-unhöflich und meinte nur so ›Ja ja‹ im Vorbeilaufen. Im Zug haben wir sofort gepennt. Dann kam der Schaffner. Der war auch ätzend. Hat uns wachgerüttelt und gerufen: ›Ey! Ticket. Du! Ticket.‹ Das haben wir ihm gezeigt und es war alles okay. Der Zug hatte Verspätung und wir mussten in Köln umsteigen. Unser Anschlusszug nach Bremen war da schon weg, und wir hatten keine Ahnung, ob wir mit demselben Ticket weiterfahren konnten. An der Info haben sie das Ticket geändert und wir haben um sieben Uhr morgens den letzten Zug dieser ganzen Reise genommen.

Draußen war es hell und alles war grün. In Bremen hat Annette schon auf uns gewartet. Als ich aus dem Zug stieg, habe ich sofort verstanden: ›Alter, du hast es geschafft.‹ Ich war so glücklich und aufgeregt. Ich dachte, dass ich getan hatte, was ich konnte. Es war wie eine Mission, die ich unbedingt erfolgreich ausführen musste. Annette hat uns nach Hause gebracht, musste aber sofort weg. Sie hat uns alles gezeigt und gesagt, dass wir alles nehmen könnten, was wir bräuchten. Wir haben dann das erste Mal nach drei Wochen geduscht, so lange hat die ganze Reise von Damaskus bis nach Bremen gedauert. Das Wasser war pechschwarz. Danach haben wir lange geschlafen. Sehr lange. Das war so ein gutes Gefühl. Und ich habe mich auf einmal so sicher gefühlt. Kein Krieg, keine Züge, keine Schmuggler, einfach schlafen. Dieser Albtraum war endlich vorbei.«

ZURÜCK AM MEER

Wir verlassen das Bahnhofsgebäude in Piräus und laufen an Schwarzhändlern vorbei, die Schuhe, DVDs, Uhren und Parfüm verkaufen wollen.

»Hier, original Calvin Kline«, behauptet einer von ihnen und hält uns eine Flasche unter die Nase.

»Ja, original, auf jeden Fall«, sagt Soumar, verdreht die Augen und erzählt: »Ich habe auch mal auf so einem Markt gearbeitet.«

»Was hast du verkauft?«

»Klamotten.«

Ich grinse in mich hinein bei dem Gedanken, wie ich Soumar in einem anderen Leben vielleicht in Damaskus begegnet wäre und er mir gefälschte Adidas-Pullis unter die Nase gehalten hätte.

Von der Straße aus sehen wir direkt den Hafen. Es ist dreckig und laut. Wir gehen Mittagessen in einem Goodys, der griechischen Version von McDonalds. Das Flaggschiff des Kapitalismus kommt in Hellas nicht gut an. Es gibt ein paar wenige, in Athen am Syntagma-Platz und auf ein paar touristischen Inseln. Auch Thessaloniki hatte mal McDonalds, bis sie pleite gegangen sind. Das Essen bei Goodys schmeckt natürlich genauso schlecht, aber es ist halt griechisch. Ein orthodoxer Priester steht vor uns in der Schlange. Wenn schwarz wirklich schlank macht, ist es schwer einzuschätzen, wie er ohne seine knöchellange Kutte aussehen würde. Irgendwie passt er zu Piräus. Sein Körpergewicht lässt gar nicht an Wohlstand denken, eher an Zerfall und

Krankheit. Da steht er, mitten in einem Schnellrestaurant, das sich wie David gegen Goliath dem übermächtigen McDonalds entgegenstellt, und sieht aus, als würden seine Knochen jeden Moment brechen und sein Körper unter der schwarzen, traditionellen Priesterkutte der orthodoxen Kirche in sich zusammenfallen.

Als wir mit dem Essen fertig sind, gehen wir zum Hafen. Hier legen die Fährschiffe an, die im Sommer Hunderttausende Menschen über die Südägäis transportieren. Wir suchen den Ort, wo wir im September 2015 gemeinsam von der Fähre auf das griechische Festland gestiegen sind. Soumar wirkt aufgeregt. Er läuft ein paar Meter vor mir und schaut sich dabei genau um.

»Ich glaube, hier war es!«, ruft er und zeigt auf ein Gebäude.

»Hier sind wir raus und da drüben haben wir uns verabschiedet.« Er dreht sich um und deutet auf einen Kiosk am Straßenrand.

Mir schießen die Bilder der Nacht durch den Kopf; ich sehe die hell erleuchtete Straße, über die sich die Autos von der Fähre in den Athener Verkehr einfädeln. Wir laufen ein Stück in Richtung Ausgang.

»Ja, hier war es. Hier waren die Busse.«

Direkt neben uns befinden sich ein paar Reisebüros, die vor allem Fährtickets verkaufen.

»Genau hier haben wir unsere Bustickets zur Grenze nach Mazedonien gekauft«, ruft Soumar.

Ich erinnere mich an ihn in dieser Nacht, zum ersten Mal auf europäischem Festland. Er sah damals eigentlich nicht anders aus als heute, höchstens übermüdet. Trotzdem steht da heute ein anderer Mensch, jemand, der seinen Rucksack gegen einen Rollkoffer ausgetauscht hat, und jemand, der in wenigen Stunden dieselbe Reise wie vor einem Jahr in einem Flugzeug und in nur wenigen Stunden hinter sich bringen wird.

Wir gehen Richtung Anleger, dorthin, wo sich das Mittelmeer mit dem Dreck des Hafens mischt. Rechts neben uns steht ein junges Liebespaar, das sich selbst mit dem Handy fotografiert. Im Hintergrund liegt ein Schiff im Hafenbecken, dessen rechte Seite nur noch knapp aus dem Wasser ragt. Im Zeitraffer versinkt es unter den Augen der vielen Fährgäste, Hafenarbeiter, Seefahrer und Touristen, die Tag für Tag hier vorbeikommen und den Zerfall des europäischen Südens entweder gewohnt sind oder ihm auf der Durchreise nur schnell ins Gesicht schauen.

Auf einer kleinen Wiese stehen Zelte, um die herum Flüchtende sitzen. Ein kleines Kind, das gerade laufen kann, wackelt auf uns zu. Ein älterer Junge rennt ihm nach, nimmt es beim Laufen auf den Arm und dreht sich um, ohne wirklich Notiz von uns zu nehmen.

An dem großen, gelb gestrichenen Anleger, über den wir letztes Jahr an Land gingen, liegt gerade kein Boot. Wir setzen uns hin. Neben uns steht ein Typ Mitte zwanzig, der gerade für seine Freundin Fotomodell steht. Ich höre, dass sie Deutsch sprechen und bitte sie, ein Foto von Soumar und mir zu machen. Als sie sich verabschieden, stelle ich mir vor, dass sie sich den Hafen von Piräus sicherlich romantischer vorgestellt haben, hier, wo Nicole in ihrem Schlager ›Allein in Griechenland‹ Wein getrunken hat. Man muss auf jeden Fall viel Wein trinken, um hier auf romantische Gedanken zu kommen. Soumar dreht sich eine Zigarette, steckt sie an, inhaliert einen tiefen Zug und schaut aufs Meer.

»Wo sind wir gerade?«, frage ich und er lächelt.

»Wir sind in Athen am Hafen, da, wo ich angekommen bin, um weiter nach Europa zu fahren.«

»Na ja, das ist Europa, der äußere Rand zumindest. Hier sind wir zusammen angekommen. Hier haben wir uns zufällig kennengelernt und von hier aus bin ich zurück nach Thessaloniki in meine schicke Wohnung und du bist von hier aus durch die Hölle gegangen. Wie ist es, wieder hier zu sein?«

»Als ich das alles hier wieder gesehen habe, ist die ganze Müdigkeit von der Flucht wieder in mir hochgekocht und ich habe die Last vom Gepäck an mir gespürt. Ich erinnere mich, dass hier meine große Sorge war, wie wir durch Ungarn kommen würden. Was ja dann wirklich ein Problem war.«

»Ja, das war nur ein paar Tage, bevor sie die Grenzen geschlossen haben. Du warst praktisch der Letzte, der durch ist. Und hier hast du dich mit deinem Freund gestritten.«

»Ja, direkt da drüben, bei den Bussen. Guck mal, dort haben wir mit diesem Paar gesprochen, von dem ich erzählt habe, die beiden, die wir in Samos kennengelernt hatten und die mit uns fahren wollten. Deswegen gab es ja überhaupt Streit.«

Ein paar Minuten sagen wir gar nichts. Der Wind weht uns ins Gesicht. Der Duft des Salzes dringt nur schwach durch das Motorenöl, das wie ein bunter Spiegel auf der Wasseroberfläche schwebt. In der Ferne sehen wir Luxusyachten, offensichtlich an einem besseren Teil des Hafens. Von der Promenade aus verschmelzen die grauen Fassaden der Häuser zu riesigen Blocks, die sich bis zum Horizont erstrecken. Irgendwo dazwischen, direkt am Wasser, strahlt eine frisch gestrichene, weiße Kirche. Ein grell-blaues Kreuz ragt aus der Kuppel, ohne Notiz zu nehmen vom tristen Grau der umliegenden Gebäude.

»Bist du traurig, wenn du das hier alles siehst?«

»Gemischt. Ich bin hin- und hergerissen zwischen ›Ich habe es geschafft‹ und ›Ich habe alles zurückgelassen‹.«

»Fühlst du dich heute anders, wenn du hier bist?«

»Ja.«

»Wie denn?«

»Na ja, ich habe Papiere, mit denen ich heute Abend in einen Flieger steigen und zurück nach Deutschland reisen kann. Ich muss nicht darüber nachdenken, was mir auf dem Weg alles passieren kann. Und ich fahre *zurück* nach Deutschland, zurück nach Bremen. Nach Hause. Ins Viertel. Ich werde meine Wohnungstür aufschließen, eine Zigarette rauchen und dann in meinem Bett schlafen.«

»Und in Hamburg wird dich jemand abholen, dem du sehr viel bedeutest.«

»Ja. Meine Freundin. Ich habe ihr gesagt, dass es kein Problem für mich ist, am Hauptbahnhof zu warten, bis der erste Zug nach Bremen fährt. Das mache ich immer so. Und ich wollte nicht, dass sie Unannehmlichkeiten wegen mir hat. Aber sie will unbedingt kommen. Das ist schön.«

»Wahrscheinlich hat sie etwas zu essen für dich, deine Bude ein wenig sauber gemacht und weihnachtlich geschmückt.«

»Wahrscheinlich. Und am Montag sehe ich meine Nachbarn wieder. Und ich gehe an die Uni. Diesmal bin ich auf Urlaub hier, nicht auf der Flucht.«

»Und gleich geht's zurück nach Hause.«

»Genau.«

»Fühlt es sich an wie ein richtiges Zuhause?«

»Ja. Absolut. Das ist jetzt mein Leben.«

»Beschreib mal Zuhause. Was ist das?«

»Da, wo man sich sicher fühlt. Dahin kommt man, wenn man müde ist oder allein sein will. Dann kann man nach Hause. Man kann tun, was man will. Man kann sich entspannen. Und alles gehört dir. Dein Bett, dein Sofa, dein Tisch, dein Fernseher, deine Bücher.«

»Und du kannst einfach die Tür zumachen.«

»Ja, Tür zu und nachdenken.«

»Du warst praktisch einen Monat obdachlos, ohne zu wissen, was passieren würde.«

»Ja. Ich hatte nicht die geringste Ahnung, ich wusste nicht, wie lange es so bleiben würde. Ich habe nie gedacht, dass ich obdachlos bin, oder mir vorgestellt, wie lange ich unterwegs sein oder in Camps leben würde. Ich dachte nur: ›Da muss ich jetzt irgendwie durch.‹ Vor 15 Monaten gab es ja auch noch eine andere Option, nämlich, dass ich gar nicht in Deutschland ankommen würde. Mir war bewusst, dass auf dem Weg viel hätte passieren können. Viele Flüchtende sind ausgeraubt worden oder irgendwie verschwunden.«

»Man hat dein Geld gestohlen. Nicht bei einem Überfall. Aber Busfahrer, Taxifahrer usw. haben sich an dir bereichert.«

»Ja, das stimmt.«

»Was fühlst du, wenn du hier aufs Meer schaust? Dieses Meer, wo sich in den letzten Jahren so viele schlimme Dinge zugetragen haben. Menschen wollten übersetzen und sind ...«

»... dabei gestorben.«

»Ja. Und du warst auch auf so einem Boot und wusstest nicht, ob du es schaffen würdest oder nicht. Siehst du das Meer jetzt anders?«

»Als wir uns hier hingesetzt haben, habe ich für einen kurzen Moment diese Angst gespürt, die ich *nicht* hatte, als beim ersten Versuch, nach Griechenland überzusetzen, auf einmal der Motor versagt hat. Da habe ich gar nichts gespürt. Jetzt fühle ich, was ich damals hätte spüren sollen. Ich weiß nicht, ob ich das noch einmal könnte. Zum Glück hat es geklappt. Ich und die anderen 50 Leute haben es geschafft.«

»Und wenn du woanders am Meer bist? Du warst doch mit deiner Freundin in Cuxhaven.«

»Na, da war ja Ebbe und es gab gar kein Meer.«

Wir lachen.

»Und wenn du in Bremerhaven bist und das Meer von Weitem siehst, also bei Flut? Erinnerst du dich daran?«

»Ja, ich erinnere mich, aber ich fürchte mich nicht. Hier ist es ein wenig anders. Vielleicht auch, weil ich mich gerade an so viele Dinge erinnere. Und auch, weil ich jetzt weniger Vertrauen habe zum Mittelmeer.«

»Du bist am Mittelmeer aufgewachsen.«

»Ja. Und ich bin auch schon einmal fast ertrunken. Man sagt doch, dass man sich an ganz viele Dinge erinnert, kurz bevor man stirbt. Das hatte ich da schon.«

»Das hast du erzählt. Ihr wart in Tartuz und du warst verant-wortlich für deine Cousins, oder?«

»Ja. Es war sehr windig und die Wellen waren hoch. Wir sind trotzdem schwimmen gegangen. Eine Welle hat mich weggetra-gen, ohne dass ich das gemerkt habe. Irgendwann war ich müde und wollte meine Füße auf den Boden setzen, aber das Wasser war zu tief. Die Wellen waren so stark, dass sie mich nach unten gedrückt haben und ich nicht atmen konnte. Ich habe versucht zu schwimmen, hatte aber das Gefühl, dass ich für jeden Meter, den ich Richtung Land schwimme, drei oder vier Meter aufs of-fene Meer hinausgezogen wurde. Mein Cousin wollte mir hel-fen und hat mir seine Hand entgegengestreckt, aber ich konnte ihn nicht erreichen. Ich hatte keine Energie mehr. Ich habe ihm dann zugewunken, um mich zu verabschieden, ohne Scheiß. Er hat das nicht verstanden, dachte, dass alles okay sei und ist zum Strand geschwommen. In dem Moment war ich sicher, dass ich sterben würde. Trotzdem bin ich geschwommen und geschwom-men, wie ein Delfin. Ich bin geschwommen, bis meine Hände im Sand schaufelten. Dann bin ich aufgestanden, konnte aber nicht laufen. Ich habe mich mit letzter Kraft zum Strand geschleppt und da erst mal zwei Stunden geschlafen.«

Soumar hält inne, kramt seinen Tabak aus der Tasche, zupft ein Blättchen aus der Schachtel und fängt an, sich eine neue Zi-garette zu drehen.

»Was ich eigentlich sagen will mit dieser ganzen Geschichte, ist, dass ich danach trotzdem wieder an diesen Strand gegangen bin. Ich habe nie bezweifelt, dass ich wieder schwimmen gehen würde. Aber die Sache mit dem Boot ist anders. Ich bin mir nicht sicher, ob ich heute einsteigen oder umkehren würde.«

»Was ist dir durch den Kopf gegangen, als wir uns heute Mor-gen auf den Weg gemacht haben, mit dem Zug gefahren, dann in Athen angekommen und nach Piräus gefahren sind? Mit dem Wissen, dass du zurückkommen würdest an diesen Ort?«

»Ich habe an all diese Leute gedacht, mit denen wir angekommen sind.«

»Warst du nervös?«

»Ein wenig. Ich wusste nicht, was ich fühlen würde.«

»Was hast du erwartet? Du kennst dich ja selbst am besten.«

»Ich wusste, dass diese ganzen Erinnerungen hochkochen würden. Und ich habe gedacht, wie einfach es jetzt war zu kommen, also mit dem Flieger. Ich mache mir nun keine Sorgen, dass mich die griechische Polizei festhalten könnte. Vor 15 Monaten war mein Kopf so voll mit Dingen, an die ich denken musste. Jetzt muss ich nur daran denken, zum Flughafen zu fahren. Pünktlich.«

»Bist du dankbar dafür, dass du dir jetzt keine Sorgen mehr machen musst, nur noch um Pünktlichkeit und vielleicht darüber, deinen iPod nicht irgendwo liegen zu lassen?«

»Ja. Sehr. Ich bin geflüchtet, weil ich diese Sorgen nicht mehr haben wollte. Jetzt mache ich mir natürlich auch Gedanken, aber anders.«

»Auf dem Boot hast du mir erzählt, dass du dir nichts sehnlicher wünschst als ein Bett, in dem du schlafen und deine Sorgen vergessen kannst. Wie weit bist du mit diesem Projekt gekommen? Ich meine, ich weiß, dass du das Bett hast, aber träumst du auch, ohne dir Sorgen zu machen?«

»Das Bett habe ich. Genau.«

»Und die Albträume?«

»Die habe ich noch heute. Ich träume vom Meer.«

»Träumst du auch von Syrien?«

»Ja. Natürlich. Ich träume von allem, was passiert ist. Vor ein paar Wochen konnte ich zwei Tage gar nicht schlafen. Alle zehn Minuten habe ich einen meiner Freunde gesehen, die im Krieg gestorben sind. Ich bin aufgewacht und habe die Hand nach ihnen ausgestreckt. Das passiert noch. Nicht jede Nacht wie am Anfang, aber es ist noch da.«

»Wie fühlst du dich, wenn du daran denkst, dass du überlebt hast und so viele deiner Freunde nicht? Dass du jetzt sogar ein neues Leben hast?«

»Ich weiß nicht, ob es egoistisch ist, was ich gemacht habe.«

»Was soll daran egoistisch sein?«

»Keine Ahnung ... Dass ich Leute zurückgelassen habe. Aber ich konnte nichts für sie tun. Manchmal weiß ich nicht, ob sie Verständnis dafür haben, dass ich geflüchtet bin. Aber ich bin ja weg, damit meine Familie nicht diese Trauer erleben muss wie die Familien meiner Freunde, die getötet wurden. Aus diesem Grund bin ich gekommen.«

»Was passiert, wenn du die toten Freunde in deinen Träumen siehst?«

»Ich sehe oft nur Gesichter. Ein- oder zweimal haben wir uns unterhalten. Ein Freund hat mich gefragt, was ich jetzt so mache. Wir waren in Bremen und er wollte wissen, warum ich auch in Bremen bin.«

»War er glücklich?«

»Ja, sehr glücklich. Ich habe ihn sehr lieb gehabt. Im Traum habe ich ihn am Wall gesehen, da an der Stadtbibliothek. Ich habe ihn gefragt: ›Hey, was machst du hier? Ich dachte, du bist in Latakia. Ich bin jeden Tag an der Uni, studiere Maschinenbau und mache meinen Deutschkurs.‹ Dann habe ich ihn gefragt, ob er im Deutschkurs sei, und er meinte, dass er seine Papiere noch nicht habe. ›Wie lange bist du schon hier?‹, habe ich ihn gefragt. ›Drei Jahre‹, hat er geantwortet. ›Drei Jahre und du hast immer noch keine Papiere?‹ ›Ich verstehe es auch nicht‹, hat er mir gesagt. Alle Geflüchteten in Deutschland hätten Papiere bekommen, nur er nicht. Dann hat er sich für mich gefreut, dass ich studiere, und mir gesagt, dass ich immer klug gewesen sei. Dann bin ich aufgewacht.«

»Wie hast du dich dann gefühlt?«

»Ich habe geweint. Richtig geweint. Ein anderes Mal bin ich weinend aufgewacht, weil ich geträumt habe, dass man meinen

Bruder aus dem Bus gezogen hat. Sowas passiert ja andauernd und dann werden Leute misshandelt. Im Traum hat mein Bruder erzählt, dass er gefoltert wurde. Dann bin ich aufgewacht und habe ihm sofort getextet. Sowas träume ich.«

»Aber die Träume werden besser?«

»Ja. Aber es ist wieder schlimmer geworden, nachdem wir in Bergen-Belsen waren. Dann kamen die Träume wieder, nach allem, was ich da gesehen habe. Ich habe das sofort mit dem verglichen, was ich in Syrien gehört oder selbst gesehen habe. Nach dem Tag in Bergen-Belsen kam das alles wieder hoch. Diese Dokumentation, wie sie die Leichen mit einem Bagger in die Gräber geschoben haben. Das habe ich auch gesehen im Traum, aber mit Leuten, die ich kenne. Mit einem war ich in der Schule. Ein anderer war mein bester Freund, als ich sechs war. Sie alle lagen da zwischen den Leichen von Bergen-Belsen.«

»Meinst du, dass du über diese ganze Geschichte irgendwann mal hinwegkommen wirst?«

»Das muss ich.«

»Ich weiß nicht, ob man über sowas wirklich hinwegkommt. Die Menschen, die Bergen-Belsen überlebt haben, schleppen das immer noch mit sich herum. Oder deutsche Soldaten, die an der russischen Front waren. Ich glaube nur, dass sie nicht viel darüber reden. Viele alte Menschen in Deutschland haben Silvester Angst vor dem Feuerwerk, weil es sie an die Bomben erinnert, die auf ihre Städte gefallen sind und sie als kleine Kinder mitten in der Nacht aufstehen und sich im Bunker verstecken mussten.«

»Ich denke nicht, dass ich wirklich darüber wegkommen werde, aber dass es besser wird, wenn ich nicht so viel darüber nachdenke. Auf der anderen Seite will ich mich auseinandersetzen, einfach, um damit richtig klarzukommen und weiterzumachen. Weißt du, einmal bin ich mit dem Bus durch ein Dorf gefahren. Da waren Bilder aufgehängt von denen, die gestorben sind. Im Vorbeifahren habe ich gedacht: Moment mal, diesen Typen kennst du doch. Und dann war es ein sehr lieber Freund, mit dem ich in Aleppo auf der Uni war. Ich hatte keine Ahnung. Ich habe später von seiner Familie erfahren, dass er in einem Trainingslager vom Militär war und bei einem Angriff der Freien Syrischen Armee umgekommen ist. Ich war so schockiert.«

»Wir haben uns in den letzten Monaten sehr viel über das alles unterhalten. Wie war das für dich?«

»Es war nicht einfach. Aber manchmal will ich darüber reden. Dann geht es mir besser. Manchmal aber auch nicht. Dann will ich nicht reden. Dann geht mir das alles auf den Sack. Das hängt von meiner Stimmung ab. Weißt du, wenn ich darüber rede, dann erinnere ich mich daran, dass meine Familie immer noch in dieser Lage ist. Ich will nicht immer an schlechte Dinge denken. Wer weiß, vielleicht hat das Einfluss auf meine Familie. Keine Ahnung.«

»Und du hast viele gute Dinge, über die du nachdenken kannst.«

»Ja.«

»Auch für deine Eltern. Wenn du studiert hast und dann eine Arbeit findest, kannst du ihnen wirklich helfen.«

»Ja. Klar. Das habe ich dir schon auf dem Boot gesagt, dass ich genau das machen will. Aber ich weiß nicht, ob ich dazu die Gelegenheit bekomme. Andauernd passiert etwas. Da muss nur eine Autobombe hochgehen in der Straße, wo meine Eltern wohnen. Die müssen nur zur falschen Zeit am falschen Ort sein. Mein Bruder war mal an einem Checkpoint und direkt hinter ihm ist ein Auto explodiert. Ihm ist nichts passiert, aber das war Glück. In Syrien könnte ich nichts tun, um zu helfen. Gar nichts. Das Problem ist, dass ich ihnen sofort helfen muss, aber dafür noch einen langen Weg vor mir habe.«

»Aber es wird passieren.«

»Natürlich wird es das.«

»Du wartest ja auch nicht, bis irgendwas passiert, sondern tust die ganze Zeit Dinge. Vor 15 Monaten hattest du einen

Rucksack und warst ungeduscht. Als ich dich wenige Monate später zum ersten Mal in Bremen gesehen habe, hattest du schon Freunde, konntest Deutsch und hattest sogar einen Vorgarten bei Annette. Als ich das zweite Mal da war, hattest du deine eigene Wohnung im beliebtesten Bezirk der Stadt. Dann hattest du einen Job und eine Freundin. Du hast dich so schnell entwickelt. Jetzt hast du deine Papiere und hast erst einmal drei Jahre Ruhe. Das ist enorm.«

Vom offenen Meer aus weht uns der Wind ins Gesicht. Ein Schiff fährt in den Hafen und steuert auf den Anleger neben uns zu. An Deck stehen Touristen und warten auf die Ankunft.

»Vor 15 Monaten standest du hier, ohne alles, und hattest nur eine Vorstellung von Europa und Deutschland. Wie ist das jetzt?«

»Jetzt, wo ich das alles von innen kenne?«

»Ja. Wie hat sich deine Vorstellung verändert und wie klingen Wörter wie Europa und Deutschland heute für dich?«

»Na ja, vor einem Jahr war Europa für mich einfach Österreich oder Holland oder Norwegen oder Dänemark. Da waren keine Unterschiede. Zuallererst wollte ich sogar nach Dänemark, bloß, weil ich dachte, dass es so weit weg ist. Wenn ich jetzt Deutschland höre, dann ist das nicht wie Türkei oder Österreich oder sowas. Das ist mein Zuhause, mit meinen Freunden und meiner Freundin. Irgendwie kommt ein Leben, wie ich es in Syrien hatte, jetzt zurück. Nur auf Deutsch.«

»Bist du jetzt wieder du selbst geworden, bloß in einer deutschen Version?«

»Ja. Ich habe viel verloren, aber ich habe jetzt wieder viel von dem, was wirklich wichtig ist. Ein Zuhause, Freunde und Arbeit. Jeder Deutsche, jeder Einzelne hilft. Ich meine, das Geld, das ich vom Jobcenter bekomme, das sind ihre Steuergelder. Sie geben mir das und sie fragen nicht.«

»Was meinst du, sie fragen nicht?«

»Dass sie nicht sagen, dass das Geld besser an jemanden anders gegangen wäre oder so. Nur an Deutsche. Niemand hat sich beschwert. Sie halten ein System am Leben, das mir erlaubt, ein neues Leben anzufangen. Für mich ist Deutschland jetzt auch mein Land. Wenn ich es in den Nachrichten höre, dann will ich wissen, was passiert. Wenn ich Österreich oder Amsterdam höre, dann nehme ich davon kaum Notiz, obwohl ich beide Orte mag. Aber mein Land ist Deutschland. Selbst wenn ich München höre, das weit weg ist von Bremen, höre ich zu, weil es Deutschland ist.«

»Für mich hat sich auch etwas verändert. Wenn ich Bremen höre, dann höre ich genau hin. Selbst Werder Bremen. Ich mag immer noch keinen Fußball, aber ich denke: Ah, die haben wieder verloren. Oder der Bremer Tatort. Ich habe neulich eine Wiederholung gesehen und da haben sie eine Szene im Viertel gehabt. Und ich habe zu meinem Freund gesagt: ›Hey, das ist am Sielwall, direkt da um die Ecke wohnt Soumar. Da haben wir Pizza gegessen, da ist Eliá, dieser Grieche, wo wir nie waren.‹«

Soumar schaut auf die Fähre, die jetzt angelegt hat. Mit einem lauten Geräusch schießt der Anker immer tiefer ins Wasser, bis er auf den Meeresboden prallt.

»Ich habe so einen komischen Komplex. Immer, wenn ich etwas weiß, dann denke ich, dass alle Leute das wissen. Ich kann mir nicht vorstellen, dass, wenn ich etwas kenne, es Leute gibt, die das nicht kennen. Und als du nach Bremen gekommen bist, konnte ich mir nicht vorstellen, dass du es nicht kennst.«

»So war es aber. Ich war wirklich das erste Mal in Bremen – wegen dir. Ich war vorher nur auf der Durchreise, nie wirklich in der Stadt. Du hast mir die Stadt gezeigt. Und jetzt kenne ich mich ein wenig aus, kenne sogar Leute. Einmal habe ich sogar jemanden auf der Straße getroffen.«

»Wenn ich irgendwann mal aus Bremen wegziehen sollte, wird diese Stadt immer ein Ort sein, an den ich zurückkehre. So wie Damaskus und Aleppo.«

»Ist es Heimat oder Zuhause?«

»Zuhause. Ich habe ein Gefühl für die Stadt. Wenn ich aus Hamburg komme oder aus Hannover und ich fahre nach Bremen rein, dann fühle ich mich zu Hause. Nicht in meine Wohnung. Einfach in die Stadt. Das ist fast schon wie Heimat. Jetzt habe ich eine Beziehung zur Domsheide und zum Roland, der die Stadt gegen die Kirche verteidigt.«

»Wenn du durch Bremen läufst und einen schlechten Tag hast, weil du von toten Freunden geträumt hast und nicht schlafen konntest, denkst du nicht manchmal: Das ist alles so absurd? Dass das Leben in Bremen weitergeht und du die Erinnerungen an Krieg und Flucht mit dir trägst? Ich weiß, dass du dankbar bist und glücklich, für alles, was im letzten Jahr passiert ist, aber denkst du nicht manchmal: Ihr bescheuerten Deutschen! Ihr wisst nicht einmal, was ihr hier habt?«

»Manchmal sage ich Leuten, dass es gut ist in Deutschland, dass es Frieden gibt und Sicherheit. Und wenn ich Leute auf der Straße sehe, die unglücklich aussehen, frage ich mich: Was ist los? An anderen Orten der Welt verhungern sie.«

»Macht dich das wütend?«

»Nein, nicht wütend. Weil ich verstehe, dass die meisten Menschen keine Ahnung haben vom Krieg. Bevor der Krieg ausbrach, dachte ich auch nur, dass da ein paar Panzer hier und ein paar Flugzeuge da sind, die sich alle gegenseitig kaputt bomben. Aber der Krieg ist mehr. Krieg ist alles. Er hat Einfluss auf das ganze Leben. Alles ändert sich. Mein Leben hat sich zweimal komplett verändert. Einmal mit dem Krieg und das nächste Mal nach der Flucht. Ich habe mich verändert.«

»Wie?«

»Na ja, jetzt bin ich mir viel bewusster darüber, was ich habe. Ich bin dankbarer. Ich werde auch mehr darauf Acht geben. Ich weiß schließlich nicht, ob ich das alles noch einmal verliere. Auch Freundschaften. Wenn ich mit jemandem lange nicht gesprochen habe, dann rufe ich an, weil ich Angst habe, dass dieser Mensch vielleicht auch plötzlich weg ist. Ich muss dann wissen, ob er sauer ist und ob es ihm gut geht. Ich will niemanden mehr verlieren. Oder etwas. Im Krieg habe ich mich verändert, weil ich gelernt habe, dass man alles und jeden zu jeder Zeit verlieren kann. Sogar sich selbst. Menschen verlieren alles. Das will ich jetzt nicht mehr. Ich weiß nicht, wie ich reagieren würde, wenn es noch mal passieren würde. Ich habe wirklich keine Ahnung.«

»Dieses Gespräch hier wird die Grundlage für das letzte Kapitel des Buchs sein. Gibt es etwas, was du den Deutschen sagen willst?«

»Danke. Ich will mich bedanken.«

»Nur das?«

»Nein. Achtet darauf, dass ihr euer Sozialsystem nicht verliert. Manchmal höre ich von Deutschen, dass sie es nicht mögen, oder dass es falsch ist. Das verstehe ich nicht. Es ist etwas Wunderbares.«

»Warum?«

»Wenn man ein Land hat, dann sind das nicht nur Grenzen und Städte. Ein Land ist die Verbindung zwischen den Menschen. Es gibt ein Gesetz und in Deutschland hält man sich an das Gesetz. Wie ich dir gesagt habe: Wenn ich in Deutschland mit dem Rad fahre, dann habe ich keine Angst, bei Grün zu fahren. Ich kann vertrauen. Es ist so einfach anzuhalten, wenn Rot ist, und die anderen fahren zu lassen. Es ist respektvoll. Und alle Menschen, denen ich in Deutschland begegnet bin, wollten helfen und sie haben mir etwas gegeben.«

»Und was könnten wir besser machen?«

»Fragt einfach, wenn ihr etwas wissen wollt. Über den Krieg, über Syrien, über mich. Menschen wie ich, die geflüchtet sind, bringen auch gute Dinge mit. Jeder hat etwas Gutes zu geben und danach kann man suchen.«

EPILOG

Es ist Abend in Thessaloniki. Ich sitze an meinem Schreibtisch. Vor mir liegt mein Hund und schaut aus dem Fenster. Gleich wird die Dezembersonne hinter den Hügeln von Pieria untergehen. Der kalte Nordwind hat die Stadt vom schwülen Dunst befreit, sodass sich der Olymp in klaren, schwarzen Konturen hinter dem Wasser des thermaischen Golfs abzeichnet. Seit genau drei Jahren wohne ich jetzt in Griechenland. Als ich hier ankam, hat mir eine Frau auf der Straße erzählt, dass man in Thessaloniki und Santorini die schönsten Sonnenuntergänge des Landes sehen könne. Ich habe das in diesem Moment für blinden Lokalpatriotismus gehalten. Heute weiß ich, dass sie recht hat. Gerade im Winter, wenn die Sonne ein wenig näher an der Stadt zu liegen scheint, senkt sie sich wie ein sattes Stück Glut hinunter zu den Hügeln, auf denen der Sage nach die neun Musen leben, in direkter Nachbarschaft zu den Göttern auf dem heiligen Berg, auf dessen schneebedeckter Doppelspitze sich das rote Abendlicht spiegelt. Zur gleichen Zeit füllt sich der Himmel mit Tausenden von Schwalben, die aus dem Norden gekommen sind, um im milderen Süden den Winter zu verbringen. Vor dem feuerfarbenen Horizont ziehen sie auf der Suche nach Nahrung ihre Bahnen. Ihre sich ständig ändernden Formationen malen abstrakte Bilder in den Himmel; Bilder, die nur für den Bruchteil einer Sekunde existieren, bevor sie sich auflösen und in neuer Form zusammensetzen. Immer wieder stürzen die Vögel hinunter auf das spärliche Grün zwischen den Häuserschluchten, die sich eng an das Meer klammern. Thessaloniki ist eine Stadt des Winters. In der leisen Kälte leuchten die vielen Gebäude wie ein Gedicht, aus dem heraus die Stimmen der Menschen, das Hupen der Autos im Feierabendverkehr und das Bellen der Straßenhunde in den Himmel steigen, um sich dort mit dem sanften Licht der Abendsonne zu vermischen. Das ist mein Zuhause. Das, was vor drei Jahren noch fremd war, ist mir vertraut geworden. Am Montag werde ich in ein Flugzeug steigen und keine drei Stunden später in Berlin landen, meiner Heimat, dort, wo ich mich vor drei Jahren auf einmal fremd gefühlt habe. Ich werde all meine Freunde sehen, ins Theater gehen, Grünkohl essen und am Kanal spazieren gehen. Etwa 400 Kilometer nordwestlich von Berlin liegt Bremen, eine Stadt, die ich bis vor einem Jahr nur vom Namen her kannte. Dort wohnt Soumar, den ich im Verlauf der letzten Monate öfter gesehen habe als meine Familie oder meine Freunde in Deutschland. Aus einer zufälligen Begegnung auf einer Fähre irgendwo im Mittelmeer ist ein Buchprojekt geworden und aus dem Buchprojekt eine Freundschaft. Für uns beide hat sich die Welt dadurch ein Stück weit verändert, auch, weil wir beide völlig offen und unbefangen kommuniziert, Sprachhürden und geografische Distanzen überbrückt und uns gegenseitig zugehört haben. In stundenlangen Interviews musste sich Soumar oft mehr mit seinem Dasein als Geflüchteter, seiner Vergangenheit, dem Trauma der Flucht und mit Deutschland auseinandersetzen, als ihm lieb war. Heute kommunizieren wir anders. Es ist entspannter. Wir reden einfach ohne die Pflicht (oder das Privileg), davon etwas zu Papier bringen zu müssen. Wir planen nächste Besuche, erzählen von unseren Leben, darüber, was mit und nach dem Buch passiert und besprechen Dinge, die mit dem Flüchtlingsdasein nichts zu tun haben. Soumar ist angekommen in Deutschland und hat mit Dingen zu kämpfen, die einen normalen Alltag ausmachen. Liebe, Job, Uni, Winter.

Auch für mich war die Zeit in Bremen mehr als Recherche oder der Beginn einer neuen Freundschaft. Noch nie bin ich in so kurzer Zeit so oft in eine Stadt zurückgekehrt, zu der ich eigentlich keinen Bezug hatte. Dabei war es nicht nur eine Rückkehr nach Bremen, sondern eine Rückkehr nach Deutschland an sich, in meine Heimat. Ich habe dieses Wort eigentlich nie benutzt. Es hat diesen biederen Nachgeschmack, diesen Klang jener Stimmen, die von den Stammtischen der Ewiggestrigen hallen. Selbst ›mein Land‹, etwas, was in Griechenland zur Alltagssprache gehört, geht mir nicht leicht über die Lippen. Es klingt nach einem Bekenntnis, so, als erhöbe man Ansprüche auf etwas, in das man aus reinem Zufall hineingeboren wurde. Ich erhebe keinen Anspruch. Ich bin nicht stolz auf Deutschland. Ich bin kein Patriot und werde es auch nie sein. Aber ich bin deutsch. Das merke ich jeden Tag, wenn ich in Thessaloniki durch die Straßen gehe und mit meinen griechischen Freunden in einem Café sitze. Wenn man in Deutschland lebt, ist man eigentlich nicht deutsch. Dann ist man Berliner, Münchener oder Ruhrpottler, Wessi oder Ossi, Rheinländer oder Franke. Dann klingt Deutschland nach einer abstrakten Idee, die vielleicht zu tun hat mit Politik und Wirtschaft, aber die für das eigene Leben eigentlich keine Bedeutung hat. Erst, wenn man Deutschland von außen sieht, ergeben die Unterschiede, die das Land von innen heraus definieren, auch in ihrer Gesamtheit Sinn.

Soumar hat Syrien das erste Mal als Syrien erkannt, als er es vom Libanon aus gesehen hat. Vorher war es Aleppo, Damaskus, Tartuz und Latakia. Jetzt lebt er in Deutschland und versteht mehr denn je, dass er Syrer ist. Währenddessen zerfällt sein Land im Krieg. Die vielen Orte, aus denen sich Syrien zusammensetzt, die Städte und Dörfer, die von Gewalt, Flucht und Terror gezeichnet sind, haben ihre Kraft verloren. Die Menschen haben sich vergessen unter den Bombenangriffen, explodierenden Autos und dem Feuer der Maschinengewehre, denn der Krieg lässt keinen Raum für Individualitäten. In Deutschland herrscht Frieden. Und wenn Soumar jetzt durch Bremen läuft, dann trägt er einen kleinen Teil Syriens mit sich und bewahrt es in der Hoffnung, dass in seiner Heimat irgendwann wieder Platz dafür ist. Mehr als eine Million Menschen sind seit 2015 nach Deutschland gekommen. Wie Soumar sind sie vor dem Krieg geflüchtet, um zu überleben, diesen ständigen Kampf, der das Leben zu einer biologischen Notwendigkeit degradiert. Sie haben das Leben in Deutschland nicht einfacher gemacht. Sie haben uns aus der Bequemlichkeit unserer kleinen, sicheren Lebenswelt gerissen und selbst den Schwächsten im Land gezeigt, dass es schlimmer geht. Dabei haben sie ungewollt eine große Debatte entfacht. Was ist Deutschland eigentlich und was bedeutet es, deutsch zu sein? Jetzt geht es um Integration. Aber in was genau sollen sie denn integriert werden? Darüber herrscht Unklarheit. Eine Antwort darauf wird es auch nie geben. Integration ist kein Vorgang, der in einer Masse entsteht. Sie findet im Mikrokosmos des Alltags statt, mal besser, mal schlechter, mal schneller, mal langsamer. Und in manchen Fällen auch gar nicht. Fakt ist jedoch, dass die Debatte um Integration das Konzept der eigentlichen Durchführung eigentlich nicht zu greifen vermag. Wenn die Vorstellung von Deutschland als Ganzem zu abstrakt ist, dann gilt das auch für die Integration. Eine Kultur ist ein komplexes Konstrukt, das sich in einem ständigen Wandel befindet. In den meisten Fällen finden diese Veränderungen so graduell statt, dass wir sie nicht als solche empfinden und sie einfach Teil unseres Lebens werden. Manche Ereignisse aber haben einen solchen Einfluss, dass sie auch kollektiv wahrgenommen werden. In Deutschland speziell ist das zuletzt mit dem Fall der Mauer und der Wiedervereinigung geschehen. Und dann im Sommer 2015, als der große Flüchtlingsstrom über die Balkanroute nach Deutschland gelangte.

Seitdem hat sich für die meisten das Leben kaum verändert. Der Applaus an den Bahnhöfen ist verklungen. Der Alltag ist zurückgekehrt und Geflüchtete sind zu einem Teil von ihm geworden. Die Frage ist nicht mehr, ob wir das schaffen, sondern wie. In einer Kultur gibt es nie ein Zurück. Das verstößt gegen die physikalischen Gesetze der Zeit. Der Wunsch, dass alles irgendwann wieder so wird, wie es mal war, ist eine naive Illusion. Selbst, wenn man jetzt damit anfangen würde, so viele Geflüchtete wie möglich wieder auszuweisen, dann würde das keinen Frieden bringen. Zum einen, weil das ›wohin‹ nicht beantwortet werden kann, und zum anderen, weil das Prinzip ›Aus den Augen, aus dem Sinn‹ in einer globalisierten Welt einfach nicht mehr funktioniert. An vielen Orten auf unserem Planeten brodelt es heftig vor sich hin. Davor haben wir lange genug die Augen verschlossen. Und was wir nicht sehen wollten, ist nun zum Teil unseres Alltags geworden. Wir werden lernen müssen, damit umzugehen. Deutschlands Reichtum ist nicht einfach das Produkt unseres Fleißes und unserer Ordnung. Wir sind Profiteure eines wirtschaftlichen Systems, das viele andere Länder, auch innerhalb von Europa, in soziale Notstände geführt hat. Inwiefern Deutschland dabei eine Verantwortung trägt, muss an einer anderen Stelle diskutiert werden. Hier geht es darum, dass die Bundesrepublik als eines der wenigen Länder über die Kapazitäten verfügt, mit dieser Anzahl von Menschen umzugehen.

Gleichzeitig wächst im reichen Deutschland das soziale Elend, sodass sich auch hier die ohnehin schon Benachteiligten darüber sorgen, in Konkurrenz mit den Geflüchteten nun noch weiter in den Abgrund zu rutschen. Was aber würde passieren, wenn diese Menschen zurück in die Türkei geschickt würden oder auch nach Griechenland? Was würde passieren, wenn sie an Orten landen, die ihnen keine Perspektiven zu bieten haben? Der Kampf um soziale Ressourcen würde eskalieren. Von Europa enttäuschte Menschen würden sich radikalisieren. Jene Terrornetzwerke, vor denen wir uns schützen wollen, würden sich unkontrolliert ausbreiten. Der sich immer weiter vermehrende Rechtspopulismus in Europa und der westlichen Welt allgemein würde, so wie wir es in Ungarn und auch in den USA bereits gut erkennen können, den politischen Mainstream erreichen. Die Situation würde außer Kontrolle geraten und dem Frieden in Europa ein Ende setzen. Das kann nicht das Interesse der Bundesrepublik sein.

Es gibt kein Zurück in eine Welt ohne Geflüchtete. Die Frage ist, wie man mit kulturellen Unterschieden umgeht, wie man sich schützt vor sexistischen Übergriffen und einem politisch motivierten Islamismus auf der einen, und der wachsenden Bedrohung durch Rassismus und Nationalismus auf der anderen Seite. Auch darauf gibt es keine pauschale Antwort. Vielleicht ist es auch eher an der Zeit, einfach einmal Fragen zu stellen. Zum Beispiel, wer denn da überhaupt gekommen ist und welche Motive diese Menschen hatten, ihr Land zu verlassen. Es wird Zeit, das Konzept der ›Geflüchteten‹ als homogene Masse hinter uns zu lassen und stattdessen Hintergründe zu erfragen. Das kann aber nur im Dialog mit den Geflüchteten selbst passieren. Nicht alle sind so integrationsfreudig wie Soumar. Aber es gibt viele wie ihn, die für ein besseres Verständnis beitragen und vermitteln können. Es wird Zeit für die Deutschen, sich mit der Situation im Nahen Osten auseinanderzusetzen, sich zu beschäftigen mit der Komplexität der Konflikte, den diversen Kulturen und ethnischen Gruppierungen. Das wäre ein wichtiger Schritt in Richtung Integration. Es geht schließlich nicht darum, eine diffuse Menschenmasse in ein System zu assimilieren. Integration bedeutet vielmehr die kritische Auseinandersetzung mit sich selbst und der eigenen Kultur. All das wird Zeit brauchen und Geduld. Es wird Rückschläge geben und Erfolge. Das lässt sich nun einmal nicht verhindern. Ich weiß nicht, ob wir es schaffen oder was uns erwartet, wenn wir es mal irgendwann geschafft haben. Wichtiger ist die Frage, was es denn eigentlich ist, was geschafft werden müsste. Und ebenso wichtig ist, sich nicht mit einfachen Antworten abzufinden. Damit gewinnt man vielleicht Wahlen. Probleme aber löst man nicht.

Es wird also Zeit, sich mit der Heimat zu beschäftigen. Und zwar nicht mit dem Begriff, sondern mit der Praxis. Ich habe durch meine Freundschaft mit Soumar und auch durch mein Leben in Griechenland gelernt, dass Heimat kein Ort ist. Heimat ist ein individuelles Gefühl, das ich auf einen Ort beziehe. Es gibt keine Leitkultur, die diesen Begriff so definieren könnte, dass sich jeder Deutsche darin wiederfinden würde. Es ist vielmehr ein Komplex und eine Entwicklung von Erfahrungen, die jeder Einzelne für sich macht. Daher ist es auch völlig sinnlos, mit dem Begriff Heimat Wahlwerbung zu machen. Jeder Versuch einer Verallgemeinerung ist automatisch zum Scheitern verurteilt. Ich persönlich habe gelernt, dass mir meine Heimat Privilegien mit auf den Weg gegeben hat, über die ich mir erst bewusst geworden bin, als ich sie verlassen habe. Und ich habe gelernt, dass diese Privilegien mir nicht nur Vorteile bringen, sondern auch die Verantwortung, andere daran teilhaben zu lassen. Deutschland ist ein demokratisches Land. In der Logik der Demokratie sichert das Wohlergehen des anderen mein eigenes Wohlergehen. Das deckt sich mit den meisten gängigen Religionen und Moralvorstellungen. Wenn man sich auf der Welt umschaut, mag man dies bezweifeln und zwar aus gutem Grund. Gleichzeitig aber führt die dauernde Abstraktion globaler Entwicklungen zu Zynismus und Isolation. Dabei in Vergessenheit gerät eine einfache Grundformel: Das Wohl des anderen gehört zum Konzept des unmittelbaren Lebens. Es ist direkt vor unseren Augen und spielt sich dort ab, wo Integration und Heimat zusammenfinden.